Sebastian Henn / Michael Behling (Hg.)
Aspekte integrierter Stadtteilentwicklung

D1671762

Sebastian Henn / Michael Behling (Hg.)

Aspekte integrierter Stadtteilentwicklung

Ergebnisse und Erfahrungen
aus dem Leipziger Osten

Frank & Timme

Verlag für wissenschaftliche Literatur

Bildautoren Titelbild:
Hans Bagehorn (Logo), Christiane Eisler, Eberhard Mai,
Stefanie Tettich, Christian Tell, Erika Bischoff (Layout)

Diese Publikation wird durch das Projekt „OstWerkStadt" innerhalb des
ESF-Bundesprogramms „Soziale Stadt – Bildung, Wirtschaft, Arbeit
im Quartier (BIWAQ)" aus dem Europäischen Sozialfonds der Europäischen
Union, aus Mitteln des Bundesministeriums für Verkehr, Bau und
Stadtentwicklung sowie aus Mitteln der Stadt Leipzig gefördert.

ISBN 978-3-86596-305-5

Layout: Christian Tell

Herstellung durch das atelier eilenberger, Taucha bei Leipzig.
Printed in Germany.
Gedruckt auf säurefreiem, alterungsbeständigem Papier.

www.frank-timme.de

Inhaltsverzeichnis

SEBASTIAN HENN, MICHAEL BEHLING

Integrierte Stadtentwicklung im Leipziger Osten – Konzeptioneller Hintergrund, Lösungsansätze und unmittelbare Stadtteilarbeit

Perspektivenwechsel in der Stadtplanung

Verschiedene gesellschaftliche und politische Entwicklungen haben in den vergangenen Jahren verstärkt zur Entwicklung sogenannter integrativer Entwicklungskonzepte in der Stadtplanung und deren Rezeption im akademischen Diskurs geführt (vgl. z. B. BMVBS/BBSR 2009; BBR 2008; Franke et al. 2007; Rolfes/Wilhelm 2007; Seelig 2007; Pristl 2001; Walcha 2001). Die in den heutigen Ansätzen zum Ausdruck gebrachte integrierte Sichtweise auf städtische Entwicklungen ist dabei nicht grundsätzlich neu, sondern wurzelt historisch in den 1950er Jahren. Damals war die städtische Planung durch ein starkes Bevölkerungswachstum, Wohnraummangel, die rasant gestiegene Motorisierung, eine nur unzureichende Infrastruktur, aber auch die fehlende Koordination unterschiedlicher Planungseinheiten untereinander, knapper werdende finanzielle Ressourcen und die reifende Erkenntnis, dass sich nicht alle Probleme auf Grundlage sektoraler Planungen lösen lassen sukzessive unter erheblichen Handlungsdruck geraten (Heinz 1998, 235; Seelig 2007, 41). Mit der Absicht, den anstehenden Problemen effektiv zu begegnen, wurde Anfang der 1960er Jahre die sog. (kommunale) Entwicklungsplanung als „integratives und perspektivisches Gestaltungsinstrument kommunaler Politik" (Seelig 2007, 41) konzipiert. Nach Norbert Lenort, einem frühen Vertreter dieser Ansatzes, handelte es sich bei ihr um die „Gesamtheit der Tätigkeiten, mit denen die Schaffung, nachhaltige Sicherung und ständige Verbesserung der materiellen und immateriellen Voraussetzungen für das Wohl der Gemeindemitglieder und für die Funktionsfähigkeit des Gemeindeorganismus unter Berücksichtigung der Dynamik des sozialen Lebens angestrebt wird" (Lenort 1960, 31f.). Im Kern galt es, die bis dato bestehende räumlich orientierte Planung stärker ressortübergreifend auszurichten und in diesem Zusammenhang mit der Finanz- und Investitionsplanung besser abzustimmen (Franke et al. 2007, 17). Planung betraf gemäß diesem Verständnis folglich mehr als allein baulich-räumliche Aspekte, sondern wurde vor allem als „Teil einer langfristigen politischen Organisation von Wachstumsressourcen" (Seelig 2007, 41) bzw. als Beitrag zu einer effizienteren Ressourcenallokation begriffen (Sinning 2008, 193). Hinter dieser primär wachstumsorientierten Sicht auf Stadtplanung stand letztlich auch ein spezifisches Bild von staatlichem Handeln: Der Staat wurde als synoptische, zentralistisch-hierarchische Instanz wahrgenommen, die durch entsprechende Intervention zur Veränderung gesellschaftlicher Realitäten beitragen sollte. In der Praxis artikulierte sich dieses Verständnis in der Erstellung sehr ambitionierter, umfangreicher und strategisch ausgelegter integrativer Stadtentwicklungspläne (so z. B. in Nürnberg, München, Münster) (Weidner 2005, 13). In zahlreichen Kommunen wurden in diesem Zusammenhang sowohl Stellen eingerichtet, die sich explizit mit Fragen der Stadtentwicklung beschäftigten und zur Schaffung ressortübergreifend angelegter Gremien beitragen sollten. Nicht zuletzt vor dem Hintergrund der Annahme, dass eine stärkere Verwissenschaftlichung der Planung zu besseren Entscheidungsgrundlagen beitrage (Franke et al. 2007, 17), wurden zudem wissenschaftliche Mitarbeiter eingestellt bzw. Dienststellen mit Bezug zur Stadtforschung und Statistik ebenso wie zur Weiterentwicklung sozialempirischer Methoden eingerichtet (zum Vehältnis von Planung und Wissenschaft vgl. auch Lenort 1960, 35ff.). Auch erste Formen der Bürgerbeteiligung gelangten in dieser Phase zum Einsatz (Heinz 1998, 237).

Insgesamt sollten diese frühen Planungskonzeptionen jedoch nicht lange Bestand haben. Die Gründe für das rasche Ende dieser Phase sind vielschichtig: Erstens konnten die Pläne in vielen Fällen nicht ihren hohen Ansprüchen ge-

© Frank & Timme   Verlag für wissenschaftliche Literatur

recht werden, waren sie doch oftmals bloß additiver Natur und nur selten umsetzungsorientiert. Zweitens standen einer integrativen Umsetzung vielfach das Ressortprinzip sowie der oftmals eingeschränkte finanzielle und politische Handlungsrahmen entgegen. So ist es nach Heinz (1998, 239f.) tatsächlich „zu einer in einigen Städten ursprünglich vorgesehenen Integration sektoraler oder teilräumlicher Konzepte in ein gesamtstädtisches Entwicklungskonzept [...] nirgendwo gekommen". Drittens entfaltete eine entsprechend wissenschaftlich aufbereitete Datengrundlage nicht zwangsläufig auch politische Entscheidungsrelevanz. Schließlich ließen der Ölpreisschock und die in diesem Zusammenhang einsetzende Debatte um „die Grenzen des Wachstums" (Meadows 1972) eine vornehmlich auf Ressourcenwachstum ausgerichtete Stadtentwicklungspolitik zunehmend fragwürdig erscheinen. In der Konsequenz wurden die zu dieser Zeit vorherrschenden Vorstellungen von Steuerung zugunsten eines von neuen Erkenntnissen aus den Naturwissenschaften inspirierten Weltbildes aufgegeben, das fortan Aspekte der „Komplexität, Nichtlinearität, Instabilität und Selbstorganisation" (Ritter 2007, 10) betonte und damit auch dem gesellschaftlichen Wertewandel zu „mehr Demokratie" Rechnung trug. In der Gesamtheit bedingten diese Entwicklungen in den 1980er Jahren eine klare Abkehr von dem bis dato vorherrschenden integrierten Planungsverständnis. Selbst der Begriff der Entwicklungsplanung – 1976 erst in das Bundesbaugesetz eingeführt – wurde in dem 1987 nachfolgenden Baugesetzbuch nicht wieder aufgenommen. Diese Entwicklung ist dabei nicht als deutsches Spezifikum zu werten; vielmehr waren auch andere Länder zu dieser Zeit durch eine regelrechte „Planungsfeindlichkeit und Deregulierung" (Sinning 2008, 193) gekennzeichnet. Für die Praxis bedeutete dies, dass in dieser Periode an die Stelle des Denkens in Plänen der sog. „perspektivische Inkrementalismus"[1] (Ganser 1991, 59) im Sinne einer konsensori-

---

[1] Wie Hutter (2006, 213) zurecht hervorhebt, handelte es sich bei dem perspektivischen Inkrementalismus strenggenommen um den konzeptionellen Ansatz der IBA Emscher Park

entierten Vorgehensweise trat, die auf einer Vielzahl kleiner, durch eine gemeinsame Perspektive gekennzeichneter Schritte und Projekte aufbaute und dabei auf eine flächendeckende Steuerung verzichtete. Auch die Planungsmethodik als solche unterlag dabei insofern einem Wandel als die steuerungstheoretische Kritik an der „Handlungsfähigkeit des Staates am Ende des 20. Jahrhunderts" (Scharpf 1992) die Herausbildung auf Kooperation und Verhandlung beruhender Steuerungsformen begünstigte.

Spätestens Mitte der 1980er Jahre sahen sich die Kommunen mit einer Fülle neuer Herausforderungen konfrontiert, die erneut mit Veränderungen in der Planungspraxis einhergingen: Zunächst trug der mit der zunehmenden Globalisierung verbundene technologisch-ökonomische Strukturwandel vielerorts zur Modernisierung bisheriger Planungsansätze bei. Zweitens bedingten sich verengende Haushaltsspielräume und der gestiegene interregionale Wettbewerb eine übergreifende Prioritätensetzung für die Entwicklung langfristiger Perspektiven. Drittens verlangten die zahlreichen geplanten und in der Umsetzung befindlichen Projekte nach einer stärkeren Koordination. Schließlich führte der Einbezug zahlreicher unterschiedlicher Akteure auch vor Augen, dass die Einführung von Leitbildern in der Planung zur Verbesserung der Kommunikation der Beteiligten untereinander beitragen könne. In ihrer Gesamtheit bedingten die hier nur angerissenen Aspekte die bisweilen auch als „Renaissance der großen Pläne" (Seelig 2007, 41; vgl. BMVBS/BBRS 2009, 18ff.) umschriebene Herausbildung von „Stadtentwicklungsplänen der zweiten Generation" (Seelig 2007, 42). Auch diese waren gesamtstädtisch, multisektoral und perspektivisch angelegt, unterschieden sich jedoch von den vorangegangenen Planungen zugleich nicht nur durch ihren umsetzungsorientierten diskursiven und konsensorientierten Cha-

---

im Ruhrgebiet, der nicht konsequent auf die Stadtentwicklung, aber als Referenzrahmen zur Erläuterung des Planungsverständnisses diverser Projekte aus der Stadtentwicklung angewendet worden ist.

© Frank & Timme   Verlag für wissenschaftliche Literatur

rakter, sondern durch ihren Einsatz im Rahmen interregionaler Kooperation und die damit aufgehobene Beschränkung auf administrative Grenzen (Seelig 2007, 43). Mit der angesprochenen Interaktion verschiedener Akteursgruppen vollzogen sie zudem gewissermaßen eine „Abkehr von der Suche nach ‚der richtigen‘ Lösung und damit verbundener ‚Expertokratie‘ hin zu ‚lernenden‘ Systemen" (BMVBS/BBSR 2009, 21).

In den 1990er Jahren kam es – im internationalen wie auch im nationalen Maßstab – erneut zu einer grundlegenden Veränderung der Stadtpolitik, wobei sich durchaus Verbindungen zu früheren Planungsphasen ausmachen lassen. Tatsächlich führten die damals anstehenden tiefgreifenden, heute nach wie vor bestehenden Herausforderungen wie „Globalisierung, Transformation der neuen Bundesländer, soziale Polarisierung, demographischer Wandel, räumliche Fragmentierung, Umweltprobleme, Finanznot der öffentlichen Hand" (Franke et al. 2007, 18) dazu, dass auch der Begriff der „integrierten Stadtentwicklungspolitik" spätestens mit der Veranstaltung des Städtetags zur „Stadt der Zukunft" im Jahre 1998 neu in die Debatte eingeführt wurde (Ritter 2007). Auch das in der Folge aufgelegte EU-Programm URBAN II bzw. die Bund-Länder-Programme „Soziale Stadt" (ab 1999) und „Stadtumbau Ost" (2002) haben zu einem Bedeutungsgewinn integrierter Stadtentwicklungspläne beigetragen (siehe auch weiter unten). Im Gegensatz zu den vorangehenden Konzepten beschäftigen sich die neuen Ansätze, bisweilen auch als Pläne dritter Generation bezeichnet (so z. B. Seelig 2007, 43), primär mit neuen urbanen Herausforderungen wie der Zunahme sozialer Problemlagen in innerstädtischen Quartieren sowie demographischen Herausforderungen, mit denen sich zahlreiche schrumpfende Städte insbesondere Ostdeutschlands konfrontiert sehen. Da die Lösung derart komplexer Problemlagen ein ressortübergreifendes Denken erfordert, ist im Sinne eines effizienten Einsatzes öffentlicher Mittel deren Vergabe an das Vorliegen integrierter Stadtentwicklungspläne gebunden. Tatsächlich wurde die integrierte Stadtentwicklungsplanung mit der im Mai 2007 in Leipzig verabschiedeten „Leipzig Charta zur nachhaltigen europäischen Stadt" auch auf politischer Ebene verankert. Alle 27 EU-Staaten verpflichteten sich damals dazu, „das Instrument der integrierten Stadtentwicklung voranzubringen, die Governance-Strukturen für deren Umsetzung zu unterstützen und die hierfür erforderlichen Rahmenbedingungen auf nationaler Ebene zu schaffen" (EU 2007, 1). Integrierte Stadtentwicklungspolitik im Sinne einer gleichzeitigen und gerechten „Berücksichtigung der für die Entwicklung von Städten relevanten Belange und Interessen" wird seitdem auch als „zentrale Voraussetzung für die Umsetzung der europäischen Nachhaltigkeitsstrategie" (EU 2007, 1) verstanden.

Stadtentwicklungsplanung heute

Im Gegensatz zu den formalen Planungen wie der Flächennutzungsplanung handelt es sich bei der Stadtentwicklungsplanung im heutigen Verständnis um einen informalen Plan, d. h. um eine Planung, die ohne gesetzliche Grundlage auf freiwilliger Basis von der zuständigen Planungsverwaltung aufgestellt werden kann und insofern lediglich behördenverbindlich ist (Weiland/Wohlleber-Feller 2007, 152). Gleichwohl sind „die Ergebnisse eines von der Gemeinde beschlossenen städtebaulichen Entwicklungskonzeptes oder einer von ihr beschlossenen sonstigen Planung" nach § 1 Abs. 6 Nr. 11 BauGB bei der Bauleitplanung zu berücksichtigen. Die fehlende Bindung an ein förmliches Verfahren kann dabei insofern als Vorteil begriffen werden als sie eine hohe Flexibilität von Stadtentwicklungsplanung ermöglicht (ebd., 153).

In integrierten Stadtentwicklungsplänen werden unterschiedliche Governance-Typen miteinander kombiniert: Neben hierarchischen Steuerungsmodellen, d. h. gesetzlichen Regelungen (insbesondere aus dem Baurecht), verbindlichen kommunalen Planungen und staatlichen Interventionsmöglichkeiten spielen auch finanzielle (insbesondere Fördermaßnahmen durch Bund und Länder) und ak-

© Frank & Timme   Verlag für wissenschaftliche Literatur

teursorientierte Steuerungsmodelle (Formen der Konsensbildung und Kooperation) eine wesentliche Rolle (zur steuerungstheoretischen Debatte vgl. auch Sinning 2002, 49ff.).

Grundsätzlich kann sich ein Stadtentwicklungsplan (Abk. STEP oder auch Stadtentwicklungskonzept, Abk. SEK) entweder auf die Ebene der Gesamtstadt beziehen oder nur auf einzelne Teilgebiete der Gemeinde. Letztere Perspektive wird u. a. im Bund-Länder-Programm „Stadtteile mit besonderem Entwicklungsbedarf – Soziale Stadt" (mit dem Instrument „Integriertes Handlungskonzept") eingenommen: Ziel des 1999 ins Leben gerufenen Programms ist es, die Lebensbedingungen von Quartieren durch ein Aufhalten kleinräumiger Negativentwicklungen städtebaulicher, sozialer, wirtschaftlicher und ökologischer Natur zu verbessern. Dabei wird eine Einbettung der getroffenen Maßnahmen in gesamtstädtische Strategien angestrebt. Kennzeichen integrierter Entwicklung sind hier u. a. die Einbeziehungen zahlreicher Akteure auch jenseits von Politik und Verwaltung, vernetzte Organisationsstrukuren sowie eine Orientierung der Projekte, Strategien, Maßnahmen und Ziele an den tatsächlich vor Ort bestehenden Problemen.

Der gesamtstädtischen Ebene kann im Rahmen integrierter Entwicklungskonzepte eine Steuerungsfunktion für die Quartiersentwicklung zufallen. Im Idealfall dient dabei ein integriertes Entwicklungskonzept eine Grundlage, die über folgende Elemente verfügt (Franke et al. 2007, 15f.):

- Analyse und Darstellung von Stärken und Schwächen der Stadt und einzelner Stadtteile auf Basis leistungsfähiger Monitoringsysteme.
- Pro Teilraum:
  - o Formulierung erreichbarer Ziele;
  - o Zielorientierung an tatsächlichen Problemlagen;
  - o Erarbeitung angepasster Verfahren und Lösungen;

o Erarbeitung von Handlungskonzepten unterschiedlicher Reichweite (kurz-, mittel-, langfristig).

- Erhöhung der Wirkung öffentlicher Maßnahmen durch frühzeitige Abstimmung und Bündelung öffentlicher und privater Finanzmittel: Schaffung von Planungs- und Investitionssicherheit, Kostenreduktion, Einbeziehung Dritter (z. B. Banken).

- Integration unterschiedlicher teilräumlicher, sektoraler und technischer Pläne: Vernetzung unterschiedlicher Politikfelder und Akteure zwecks Planung „aus einer Hand"; Optimierung des Ressourceneinsatzes; an dem vor Ort tatsächlichen gegebenen Bedarf orientiertes Vorgehen.

- Beteiligung von Bürgerinnen und Bürgern, Unternehmen und anderen Akteuren; Erhöhung der Akzeptanz von Maßnahmen; Ausweitung der Verantwortung für Stadtentwicklungsprozesse auf neue Partnerschaften zwischen Bürgerinnen und Bürgern, Privatwirtschaft und öffentlicher Hand.

- Abstimmung der Entwicklungsziele mit Umlandkommunen: Nutzung von Partnerschaften zwischen Stadt und Land für eine positive Entwicklung der Gesamtregion.

Stadtentwicklung in Ostdeutschland und Leipzig nach der politischen Wende

Nach der Wiedervereinigung standen für die ostdeutschen Städte komplexe Veränderungen an (zur Stadtentwicklung in der DDR und nach der politischen Wende vgl. auch Nutz 1998; Häußermann/Neef 1996): Zunächst waren sie durch eine weitgehend ungelenkte Entwicklung gekennzeichnet, die sich aus dem Zusammenspiel von großem Veränderungsbedarf, rechtlichen Sonderregelungen und schwacher kommunaler Einflußnahme ergab. Daneben gingen die einsetzenden Schrumpfungsprozesse mit gravierenden Auswirkungen auf den lokalen Wohnungsmärkten einher, die nicht durch kleinräumige Einzelmaßnahmen, sondern nur auf Grundlage einer gesamtstädtischen, Planung, Immobilien- und Wohnungswirtschaft integrierenden Herangehensweise zu koordinieren waren. Letztlich bestand infolge des Einbezugs von Akteuren aus Wirtschaft, Banken und Versorgungsträgern ein erhöhter Bedarf an Transparenz und Nachvollziehbarkeit und damit auch an Berechenbarkeit von Stadtentwicklung (Seelig 2007, 44). In der Gesamtheit verlangten die erwähnten Faktoren vielfach nach integrativen und langfristigen Ansätzen kommunalen Handelns und zogen dementsprechend oftmals die Implementierung integrierter Stadtentwicklungskonzepte nach sich, so z. B. in Berlin (Senatsverwaltung für Stadtentwicklung 2009), Greifswald (Seelig 2007, 94ff.) oder Wismar (Hansestadt Wismar 2005).

Eine von der postsozialistischen Transformation in besonderer Weise betroffene Stadt war Leipzig. Allein im Zeitraum von 1989 bis 1998 verzeichnete das sächsische Oberzentrum mit einem Bevölkerungsrückgang von knapp 100.000 Einwohnern einen – im Vergleich mit anderen ostdeutschen Großstädten – der höchsten absoluten Verluste (Steinführer et al. 2009, 178). Die Ursachen dieser drastischen Entwicklung lagen in interregionalen Abwanderungen in die alten Bundesländer, vor allem aber auch in intraregionalen, d. h. Stadt-Umland-Wanderungen. Der mit den Wanderungsbewegungen einhergehende Wohnungsleerstand wurde durch insbesondere am Stadtrand erfolgende Neubaumaßnahmen, welche nicht zuletzt durch attraktive Abschreibungsmöglichkeiten angeheizt worden waren, weiter verstärkt. Insgesamt dürfen die starken Schrumpfungserscheinungen allerdings auch nicht darüber hinweg täuschen, dass Leipzig im Sinne einer bipolaren Stadt an anderer Stelle zugleich durch beachtliche Wachstumsprozesse gekennzeichnet war. Hervorzuheben sind in diesem Zusammenhang die wirtschaftlichen Entwicklungen am nördlichen Stadtrand, allen voran der Ausbau des Flughafens Leipzig-Halle, die dortige Ansiedlung von DHL, das in der Nähe befindliche Güterverkehrszentrum, die Neue

Messe sowie die Werke von Porsche und BMW (Tiefensee 2003, 4; IHK Leipzig 2006).

Die Stadtentwicklungsplanung in Leipzig nach der politischen Wende der Jahre 1989/90 wurde von verschiedenen Autoren gründlich aufgearbeitet (vgl. u. a. Steinführer et al. 2009; Weigel/Heinig 2007; Bontje 2004; Herfert/Röhl 2001; Lütke Daldrup 2001; Doehler/Rink 1996), weshalb an dieser Stelle auf eine ausführliche Darstellung verzichtet wird und lediglich auf die Entwicklungen nach dem Jahr 2000 hingewiesen sei. Zu dieser Zeit – von Steinführer et al. (2009, 181) als wichtige Zäsur in der jüngeren Entwicklung der Stadt bezeichnet – hatte einerseits die oben angedeutete Suburbanisierung an Bedeutung verloren, andererseits zeichneten sich zunehmend Differenzierungen innerhalb des Stadtkörpers ab: Die Entwicklungen der im Norden, Nordwesten, Süden und Südwesten der Stadt gelegenen Altbaugebiete ließen auf den Eintritt in eine Reurbanisierungsphase schließen, verzeichneten diese Stadtteile doch starke Bevölkerungszuwächse und waren dementsprechend durch eine geringe Leerstandsquote und einen hohen Sanierungsgrad gekennzeichnet. Auf der anderen Seite wiesen die ehemaligen Arbeiterquartiere im Osten und Westen der Stadt (Lindenau, Neustadt-Neuschönefeld, Volkmarsdorf) nur geringe Einwohnerzuwächse, partiell sogar -rückgänge auf, waren aber auch durch zahlreiche Leerstände und eine hohe Arbeitslosigkeit der Wohnbevölkerung gekennzeichnet. In der Konsequenz wurde diesen Quartieren als vorrangigen Problemgebieten in der Stadtentwicklungspolitik Leipzigs besondere Beachtung geschenkt (Tiefensee 2003, 4f; vgl. Steinführer et al. 2009, 200).

Die historische Entwicklung des Leipziger Ostens

Der vorliegende Band widmet sich ausgewählten Aspekten integrierter Stadtentwicklung im Leipziger Osten. Der 340 Hektar große, aus mehreren Ortsteilen bestehende Stadtteil liegt östlich des Leipziger Stadtkerns. Das Gebiet wird nördlich und östlich durch Bahntrassen, südlich durch die ehemalige Bahntrasse der sogenannten „Eilenburger Bahn" und westlich durch die Bundesstraße B2 (Abb. 1) begrenzt. Das Wohnquartier mit ehemals kleinteiliger Nutzungsmischung ist durch dichte gründerzeitliche Blockstrukturen und einen großen Anteil innerstädtischer Plattenbauten geprägt, wobei die Bausubstanz allgemein eine vergleichsweise geringe Qualität aufweist.

Die im Mittelpunkt der nachfolgenden Kapitel stehenden, den Stadtteil heute kennzeichnenden Problemlagen und Handlungsansätze werden transparenter, wenn man sich vorab die relativ junge Geschichte des Quartiers vor Augen führt (zu den Ausführungen vgl. auch Kühl 2008): Eine erste Belebung erfuhr das Gebiet nördlich des Leipziger Vorortes Volkmarsdorf mit Aufnahme des Eisenbahnverkehrs im Jahre 1837. Bei den ersten Bewohnern des Gebietes, dem heutigen Neustadt-Neuschönefeld, handelte es sich vornehmlich um Bauarbeiter der Bahngesellschaft, die einen Wohnort in der Nähe ihrer Arbeitsstätte suchten; ihnen folgten Arbeiter der 1842 in unmittelbarer Nähe zum Leipziger Hauptbahnhof errichteten Maschinenfabrik und Eisengießerei Gebrüder Harkort. Als es 1879 zur Verlagerung der Bahntrasse Richtung Norden kam, wurde der einstige Eisenbahndamm wieder abgetragen und in eine Straße umfunktioniert, die im Gedenken an ihren Ursprung den Namen „Eisenbahnstraße" erhielt. Die räumliche Nähe zur Stadt Leipzig bedingte in der Folgezeit den Anschluss an eine Pferdebahn im Jahr (1882) bzw. an das Straßenbahnnetz (1896) der 1890 in die Großstadt eingemeindeten Vororte. Für dasselbe Jahr ist im Gebiet des heutigen Leipziger Ostens von wenigstens fünf größeren Fabriken mit einem entsprechenden Arbeitsplatzangebot für die Anwohner auszugehen. Infolge des raschen Bevölkerungswachstums während der Gründerzeit und dem damit in Verbindung stehenden Nachfragewachstum entwickelte sich die Eisenbahnstraße um 1900 zu einer Einkaufsstraße mit Angeboten des kurz- und mittelfristigen Bedarfs. Die Branchenstruktur der Gewerbe innerhalb der Straße ließ bereits zu

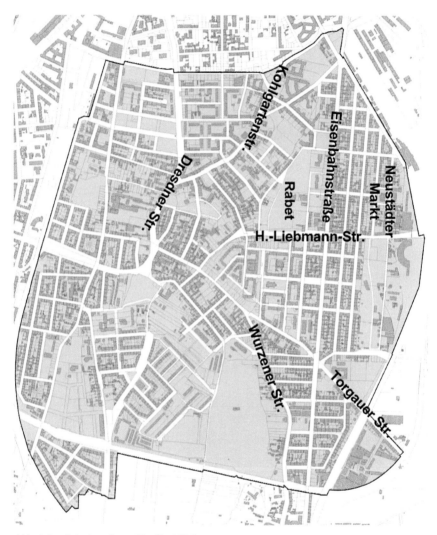

Abb. 1: Der Leipziger Osten (Quelle: ASW)

dieser Zeit eine sehr starke Einzelhandels- und Dienstleistungsorientierung erkennen. Bis zum Zweiten Weltkrieg blieb das Viertel ein typisches Arbeiterquartier, das durch eine räumliche Ballung von Wohnen, Industrie und Einzelhandel, eine hohe Bevölkerungsdichte, bescheidene Wohnungen in einfacher Aus-

stattung, fehlendes Grün und eine Ausrichtung der Infrastruktur auf Zweckmäßigkeit und Schnelligkeit geprägt war. Nach dem Zweiten Weltkrieg wurde das Umfeld der Eisenbahnstraße im Wesentlichen dem Verfall überlassen. Mehr als die Hälfte der Gebäude wies Ende der 1970er Jahre erhebliche Schäden auf; 84% der Wohnungen besaßen lediglich eine Außentoilette, 4% sogar noch eine Trockentoilette; im gesamten Gebiet gab es lediglich eine einzige moderne Heizungsanlage. Selbst im DDR-weiten Vergleich schnitt der Leipziger Osten damit schlecht ab (Tab. 1).

Kategorie	Beschreibung	Prozentsatz im Teilgebiet 1 [2] (1977)	Vergleich DDR gesamt (1980)
I	gut erhalten	0 %	21,2 %
II	geringe Schäden, aber behebbar (Verschleiß 6-25 %)	44 %	58,0 %
III	schwerwiegende Schäden (Verschleiß 26-50 %)	51 %	19,1 %
IV	nicht mehr nutzbar, ruinös	5 %	1,7 %

Tab. 1: Bauzustand der Gebäude im Leipziger Osten 1977 (Quelle: eigene Darstellung nach Daten in: BCA 1977, 6; Friedrichs/Kahl 1991, 187)

In sozialstruktureller Hinsicht traf man im Leipziger Osten auf eine überalterte, beruflich wenig qualifizierte Wohnbevölkerung mit einem relativ hohen Anteil Frauen und wenigen Kindern im Haushalt (Kahl 1981). Die Bevölkerungszusammensetzung wurde von Angehörigen sozial schwacher Schichten dominiert, eine Wohnraumzuweisung erfolgte vor allem für sogenannte „Sozialfälle" oder

---

[2]   Teilgebiet 1 umfasste die Gebäude, die im Westen von der Kohlgartenstraße, im Süden von der Dresdnerstraße, im Osten von der Bernhardstraße und im Norden von der Eisenbahnstraße eingegrenzt werden; dabei wurde jedoch die Eisenbahnstraße als Ganzes mit einbezogen.

auch ehemalige Straffällige (Richter 2000, 74). Die restriktive Politik der staatlichen DDR-Wohnungszuweisung bedingte darüber hinaus eine vergleichsweise geringe Fluktuation der Wohnbevölkerung: Über 50 % der Bewohner/-innen lebten schon länger als 20 Jahre im Stadtteil, 36 % sogar in derselben Wohnung. Der schlechte bauliche Zustand des Gebietes führte Ende der 1970er Jahre zur Entwicklung groß dimensionierter Umgestaltungsvorhaben durch das Büro des Chefarchitekten der Stadt Leipzig. Diese sahen Abriss- und komplexe Wohnungsneubauvorhaben am Neustädter Markt sowie im Bereich südlich der Konradstraße vor. Ferner sollten die Altbauquartiere der Eisenbahnstraße östlich der Hermann-Liebmann-Straße und der westlich davon liegende linke Straßenzug der Eisenbahnstraße (stadtauswärts) modernisiert bzw. sämtliche Gebäude der rechten Straßenseite stadtauswärts vollständig neu gebaut werden. Insgesamt sahen die Planungen den Abriss von rund 60 % der Wohnungen bis zum Jahre 1990 vor; von den übrig gebliebenen sollten 75 % modernisiert, der Rest instand gesetzt werden. Der Flächenabriss sollte durch einen Neubau von 2.400 Wohnungen ausgeglichen werden mit dem Ziel, die ursprünglich knapp 14.000 Wohnungen um ca. 40 % auf 8.200 Wohnungen zu reduzieren. Damit wäre die Einwohnerdichte von 283 auf 171 Bewohner/-innen pro Hektar herabgesenkt worden. Die Beispielplanung enthielt zudem u. a. Funktionsänderungen produktiver Bereiche, Maßnahmen im Umweltschutz und zur Verkehrsanbindung sowie auch die bemerkenswerte Planung, die gesamte Eisenbahnstraße aufgrund großer Personenverkehrsströme (bis zu 3.200 Passanten pro Stunde) in eine Fußgängerzone zu verwandeln (vgl. BCA 1977). So ehrgeizig und umfangreich die Pläne auch waren – ihre bis zum Ende der DDR erfolgte Umsetzung beschränkte sich fast ausschließlich auf die Schaffung des Stadtteilparks Rabet (nach Flächenabriss) sowie den Abriss und die Neubebauung (Plattenbauten) rund um die Lukaskirche (Volkmarsdorf).

Integrierte Stadtentwicklung im Leipziger Osten

Die strukturellen Besonderheiten aus der Vergangenheit begründen, warum der Leipziger Osten heute Vorreiter, zugleich aber auch Problemkind der Stadterneuerung in Leipzig ist. Seit 1992 durchlief der Stadtteil alle Phasen der Stadterneuerung von der klassischen Sanierung bis hin zur integrierten Stadtentwicklung. Im Jahr 2000 wurde er in das Bund-Länder-Programm „Stadtteile mit besonderem Entwicklungsbedarf – Soziale Stadt"; seit dieser Zeit ist der Leipziger Osten auch ein EFRE-Fördergebiet (Europäischen Fonds für Regionale Entwicklung) (siehe Abb. 2).

Seit Jahren schon fungiert das Quartier im Wesentlichen als „Durchgangsbahnhof" für neu in die Stadt kommende Bewohner: Neuankömmlinge lassen sich hier nieder, bauen ihre Existenz auf, fassen Fuß, etablieren sich, finden Arbeit oder gründen ein Gewerbe und verlassen den Stadtteil, sobald sie wirtschaftlich dazu in der Lage sind. Vor Ort verbleiben die wirtschaftlich Schwachen und die folgenden Neuankömmlinge. Um diesen Kreislauf verträglich zu gestalten, bedarf es einer entsprechenden Unterstützung sowohl in baulicher, als auch in sozialer und wirtschaftlicher Hinsicht. Der Leipziger Osten bietet zugleich auch Chancen für ein „Upgrading" im Sinne eines kreativen Wohnens und Bauens, die es zu nutzen gilt: Die Mieten sind vergleichsweise niedrig, Grünflächen und Spielplätze neu geschaffen oder saniert, die Häuser meist instand gesetzt. Bauland für Stadthäuser ist preiswert zu bekommen.

Dass der Leipziger Osten auch künftig ein Schwerpunkt der Stadterneuerung bleibt, bestätigen die Analysen im Stadtentwicklungskonzept Leipzig 2020. Die in den letzten Jahren durchgeführten großdimensionierten Baumaßnahmen – wie der Umbau der Eisenbahnstraße und die Neugestaltung des Freizeitparks Rabet – haben Impulse für die Stadtteilentwicklung gegeben. Die Entwicklung der südlichen Kante des Parks, initiiert durch die Investitionen im öffentlichen Raum, ist ein augenfälliges Beispiel dafür: Wo in den letzten Jahren noch Ruinen

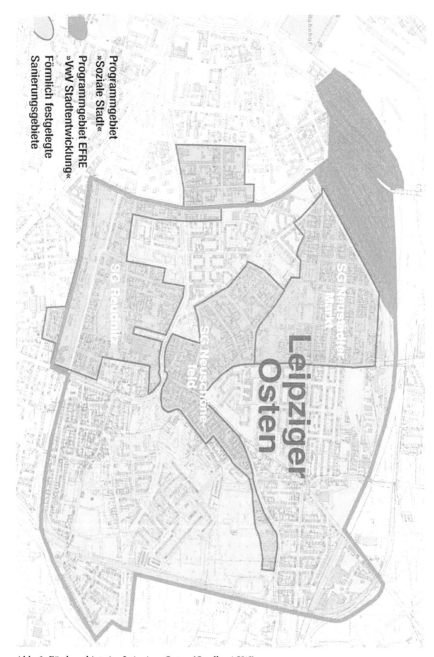

Abb. 2: Fördergebiete im Leipziger Osten (Quelle: ASW)

standen, gibt es heute Stadthäuser – fertig erstellt, im Bau und in der Planung. In einer alten Wagenfabrik am Rabet entstanden Loftwohnungen. Diese Beispiele belegen, dass die für das Rabet eingesetzten Fördermittel in Höhe von bislang rund 4,5 Mio EUR erhebliche private Investitionen nach sich ziehen und auch zu einer nachhaltigen Imageaufwertung beitragen konnten.

Die baulichen Entwicklungen dürfen aber auch nicht darüber hinwegtäuschen, dass sich im Osten weiterhin soziale Problemlagen konzentrieren: So leben heute über 70 % der Kinder von Sozialgeld, das durchschnittliche Haushalteinkommen beträgt lediglich 918 EUR, der Anteil von Migranten liegt bei fast 30 % (Stand: 2010). Um Voraussetzungen zur Lösung der vor Ort bestehenden Probleme zu schaffen, bedarf es neben Bildungsmaßnahmen in erster Linie einer Verbesserung der Beschäftigungsangebote.

Ein Kernpunkt der Stadterneuerungsstrategie ist die Wirtschaft, d. h. die Lokale Ökonomie, die einen erheblichen Beitrag zur weiteren Entwicklung des Leipziger Ostens leistet. Vor Ort befinden sich mehr als 800, in der Regel durch den Inhaber geführte Kleinunternehmen, vorrangig Handwerker, Händler oder andere Dienstleister. Im Bereich der Eisenbahnstraße sind fast 50 % der Unternehmen migrantengeführt, für den gesamten Leipziger Osten beträgt dieser Anteil ca. 20 %. Um das Vorhandene zu nutzen und zu entwickeln, stehen gerade diese kleinen Unternehmen im Fokus der Stadterneuerung: Aktuell gibt es seit 2009 wieder ein Programm aus EU- und städtischen Mitteln (EFRE – Nachhaltige Stadtentwicklung), das Investitionen kleiner Unternehmen bezuschusst. In einem zweiten, aus EU-, Bundes- und kommunalen Mitteln finanzierten Programm (Programm Bildung, Wirtschaft, Arbeit im Quartier – BIWAQ) ist es erstmals (nach einer Erprobungsphase im XENOS-Sonderprogramm „Leben und Arbeiten in Vielfalt – Beschäftigung, Bildung und Teilhabe vor Ort") möglich, sozialräumlich orientiert Mittel des Europäischen Sozialfonds (ESF) einzusetzen (vgl. BBR 2010). Für den Stadtteil bedeutet dies, den Unternehmen neben komplexer Beratung auch Geldzuschüsse anzubieten, wenn neue Arbeits- oder Ausbildungsplätze geschaffen werden. In enger Zusammenarbeit mit der IHK und der Handwerkskammer trifft die städtische Verwaltung die Entscheidung über die Vergabe der Fördermittel, damit die begrenzten Mittel größtmögliche Effekte erzielen. Diese Praxis kommt dem Stadtteil zugute, aber auch die Bewohner/-innen, die Kundinnen und Kunden sowie die Unternehmen profitieren unmittelbar. Gleichzeitig wird das Instrument der Mikrofinanzierungskredite auch für den Leipziger Osten passfähig gemacht. In diesem seit April 2010 bestehenden Programm können Existenzgründer/-innen und Unternehmer/-innen unbürokratisch kleine Kredite für ihr Unternehmen bekommen.

Auch in Zukunft ist die Stadterneuerung auf eine aktive Bürgerschaft, Vereine, Eigentümer, Gewerbetreibende und alle anderen Aktiven ebenso wie auf die Unterstützung der Politiker in den Ausschüssen, Stadtrat und Landtag angewiesen, droht unter den bestehenden Rahmenbedingungen doch andernfalls die Entwicklung sozialer Brennpunkte.

Konzeption des vorliegenden Buches

Eine Besonderheit dieses Sammelbandes ist die nebeneinander stehende Betrachtung der Stadterneuerung durch Praktiker sowie deren Reflexion aus Perspektive der Wissenschaft. Die Verschränkung der verschiedenen Ansätze, Ansichten und Wertungen schafft eine Spannung, die den unmittelbaren Ideen, Prozessen, Konflikten und Ergebnissen im Leipziger Osten nahe kommt. Besonderen Raum nehmen dabei Fragen der Stadtteilökonomie ein. Mit dem in die Gesamtstrategie eingebetteten Projekt „OstWerkStadt" kann im Leipziger Osten mittelfristig (von 2009 bis 2012) ein Leitprojekt realisiert werden, das modellhaft Ansätze ausprobiert, verallgemeinert und verstetigt. Die „OstWerkStadt" wird innerhalb des ESF-Bundesprogramms „Soziale Stadt – Bildung, Wirtschaft, Arbeit im Quartier (BIWAQ)" realisiert und aus Mitteln der Europäischen Union,

© Frank & Timme   Verlag für wissenschaftliche Literatur

der Stadt Leipzig sowie privater Kooperationspartner finanziert. Eine wesentliche Säule dieses Projekts ist die KonzeptWerkStadt, die die operationellen Aspekte reflektiert und konzeptionell aufbereitet. In diesem Projektkontext ist es auch gelungen, diese Publikation zu erarbeiten und zu veröffentlichen.

Im nachfolgenden Abschnitt zeichnen Birgit Glorius, Michael Hanslmaier und Andrea Schultz die den Leipziger Osten seit 1990 prägenden Entwicklungen u. a. in den Bereichen Demographie sowie Beschäftigung nach. Die Ausführungen der Autoren machen deutlich, dass die gründerzeitlichen Arbeiterwohngebiete auch unter den marktwirtschaftlichen Bedingungen der Nachwendezeit durch einen großen Anteil statusniedriger Wohnbevölkerung charakterisiert sind – ein Aspekt, der wesentlich zum heute vorherrschenden Negativimage der Stadtteile Volksmarsdorf und Neustadt-Neuschönefeld beigetragen hat. Gleichzeitig wird deutlich, dass der Leipziger Osten im Gegensatz zu anderen Armutsgebieten über spezifische Vorzüge verfügt, die in einer Vielfalt an Ethnien, einem überdurchschnittlich hohen Anteil an Studierenden sowie einem wachsenden Segment Hochqualifizierter gesehen werden und das Potenzial besitzen, künftig einen differenzierten Entwicklungspfad des Gebietes einzuleiten.

Die den Leipziger Osten kennzeichnende städtebauliche Entwicklung der vergangenen 20 Jahre wird von einem Team aus Praktikerinnen und Praktikern des Amtes für Stadterneuerung und Wohnungsbauförderung der Stadt Leipzig reflektiert. Die komplizierte, teilweise dramatische Ausgangssituation skizziert das scheinbar aussichtslose, zugleich aber sehr mutige Unterfangen, eine integrierte Stadtentwicklung anzugehen. Beginnend bei der Sanierung der vorhandenen Gebäude rund um den Neustädter Markt (dem zweiten Sanierungsgebiet der Stadt Leipzig überhaupt) werden aus Sicht von Karsten Gerkens, Leiter des Amtes für Stadterneuerung und Wohnungsbauförderung (ASW), und seinem Autorenteam Petra Hochtritt und Heiner Seufert, Entwicklungsschwerpunkte und praktische Beispiele dargestellt. Zu speziellen Leipziger Ansätzen wie der „Gestattungsvereinbarung" oder dem „Haushalten" findet sich jeweils ein kurzer Exkurs.

Manfred Bauer beleuchtet „Standortfaktoren der Eisenbahnstraße als wesentliche Rahmenbedingungen für die gewerbliche Entwicklung". Von 2003 bis 2005 war die GMA – Gesellschaft für Markt und Absatzforschung Erfurt-Ludwigsburg in einer Arbeitsgemeinschaft mit Behling-Consult Halle durch die Stadt Leipzig beauftragt, am Standort ein integriertes Geschäftsstraßenmanagement zu realisieren. Anlass für diese Beauftragung war eine einjährige komplexe Baumaßnahme in der Eisenbahnstraße. Aus seiner Vor-Ort-Tätigkeit heraus nutzt Bauer – teilweise bis 2007 fortgeschriebene – empirische Erhebungen, um Verallgemeinerungen und Wertungen zum Standort zu treffen. Diese Begutachtung der Geschäftslage Eisenbahnstraße bildet mittelfristig eine solide strategische Grundlage für die Unterstützungsangebote an die lokalen Unternehmen und fördert bei den Stadtentwicklern sowohl eine objektivierte Einordnung der schwierigen Gegebenheiten als auch die Bestimmung der Potenziale im Leipziger Osten.

Vor dem Hintergrund, dass nicht nur die objektiv vorhandene Raumausstattung eines Quartiers, sondern auch dessen Wahrnehmung durch verschiedene Akteursgruppen, allen voran die Bewohner und lokalen Unternehmer, für die Entwicklung eines Stadtteils bedeutsam ist, setzt sich Matthias Pink in seinem Beitrag mit der Wahrnehmung der Eisenbahnstraße auseinander. Auf Basis einer Passantenbefragung zeigt er, dass der Stadtteil überwiegend negativ wahrgenommen wird. Die Tatsache aber, dass sowohl die Anwohner als auch die übrigen Bewohner Leipzigs die Entwicklung des Quartiers mehrheitlich positiv bewerten, wird als Beleg dafür angesehen, dass die angestoßenen Maßnahmen Erfolge zeitigen. Angesichts der Tatsache, dass die Veränderung eines Stadtteilimages einen langen Zeitraum in Anspruch nimmt, empfiehlt der Autor die Fortsetzung der Förderung vor Ort. Relevante Maßnahmenfelder werden dabei nach Akteursgruppen (Unternehmer, Konsumenten, Bewohner) und der Beeinflussbarkeit differenziert.

Michael Behling charakterisiert in seinem Beitrag in konzentrierter Form die Stadtteilökonomie im Leipziger Osten. Ausgehend von den Handlungsfeldern im integrierten Handlungskonzept stellt er den gegenwärtigen Stand dar, um darauf aufbauend Aussagen zur Wirtschaftsstruktur zu treffen. Der Rückgriff auf die historische Entwicklung, insbesondere der vergangenen 20 Jahre, fördert das Verständnis für die Situation, zeigt aber zugleich auch den dringenden Handlungsbedarf. Die erhebliche Spannbreite in der Stadtteilökonomie beschreibt er zwischen Subsistenz und Substrat. Folgerichtig stellt Behling anschließend Projekte für die Wirtschaftsakteure im Stadtteil vor. Neben abgeschlossenen werden vor allem auch aktuelle Projektansätze kurz erläutert. Besonderen Stellenwert legt er dabei auf das Leitprojekt innerhalb der lokalen Ökonomie, die „Ost-WerkStadt" im ESF-Bundesprogramm BIWAQ.

Mit einer besonderen Facette der Stadtteilökonomie beschäftigt sich Sebastian Henn, wenn er in seinem Beitrag die ökonomische Relevanz der lokalen ethnischen Ökonomie analysiert. Ausgehend von einer allgemeinen Auseinandersetzung mit dem Konzept der ethnischen Ökonomie und deren räumlicher Struktur führt er den Ansatz des Ethnic Business Districts (EBD) im Sinne kleinräumiger Ballungen miteinander in Beziehung stehender ethnischer Unternehmen ein. Die regionalwirtschaftliche Bedeutung eines EBD stützt sich dabei sowohl auf Beschäftigung als auch auf die Nachfrage von Waren und Dienstleistungen sowie die Versorgung der ortsansässigen Bevölkerung. Auf Grundlage einer Unternehmensbefragung zeigt der Beitrag auf, dass in den ethnischen Unternehmen im Leipziger Osten rund 90 Beschäftigte arbeiten und jährlich von rund 4,4 Mio. EUR Ausgaben, insbesondere für Miete, aber auch für Lohn- und Gehaltszahlungen auszugehen ist, von denen über 50 % zunächst auch in Leipzig verbleiben. Es wird ferner gezeigt, dass die lokale ethnische Ökonomie neben ihrer Funktion als Arbeit- und Auftraggeber auch als Versorgungsstandort für die Stadtteilbevölkerung in Erscheinung tritt.

Die ethnische Ökonomie im Leipziger Osten ist auch Gegenstand des Beitrags von Kristin Leimer, die sich mit den zwischenbetrieblichen Verflechtungen innerhalb des EBD auseinandersetzt. Auf Basis eines qualitativen Untersuchungsdesigns kommt sie zu dem Ergebnis, dass Kooperationen auf derselben Wertschöpfungsstufe zumeist auf informeller Basis und innerhalb von Familien bzw. derselben Ethnie erfolgen. Unterstützungen werden in Form gemeinsamer Einkäufe oder der Weitergabe relevanter Informationen realisiert. Während sich diese Vernetzungen als vergleichsweise dicht erweisen, sind wertschöpfungsstufenübergreifende Kooperationsformen mit Ausnahme lokaler Zulieferverflechtungen zwischen Lebensmittelhändlern und Gastronomen bislang nur vergleichsweise schwach ausgebildet. Als von großer Relevanz erweisen sich indes Verflechtungen zu Unternehmen, insbesondere zu Großhändlern innerhalb und außerhalb Leipzigs. Auf Grundlage ihrer Ergebnisse schlägt die Autorin vor, das zwischenbetriebliche Beziehungsgefüge vor Ort auch auf Grundlage gezielter Ansiedlungen weiter zu stärken.

Im Kapitel „Management und Beteiligung" stellen Karsten Gerkens und Petra Hochtritt Information, Beteiligung und Kooperation als unverzichtbare Bausteine vor, um erfolgreich Stadterneuerung zu praktizieren. Lebensqualität im Stadtteil und die Verbundenheit der Bewohnerschaft mit ihrem Quartier gehören untrennbar zusammen und müssen durch ein bürgernahes Verwaltungshandeln als eine permanente Aufgabe gesehen werden. Basis sind einerseits eine schlanke, nah an den Bürgerinnen und Bürgern realisierte Organisationsstruktur, andererseits aber vor allem Transparenz, Information sowie unmittelbar ermöglichtes und gefördertes Mitmachen der Beteiligten. Aus Bewohnerinnen und Bewohnern werden zunehmend Akteure, die an der Gestaltung ihres Stadtteils mitwirken. Mit verschiedenen Praxisbeispielen belegen die Autoren, dass Stadt-

© Frank & Timme   Verlag für wissenschaftliche Literatur

teilentwicklung ohne eine kontinuierliche, an den Interessen der lokalen Akteure orientierte Beteiligung keine Erfolgsaussichten hat. Die Verbindung der verschiedenen Länder- und Bundesprogramme sowie europäisch kofinanzierten Programme im Leipziger Osten erzielen Effekte im Stadtteil, wenn Fördermittel auf eine engagierte Bürgerschaft treffen, die informiert, in die Planung einbezogen und an der Umsetzung aktiv beteiligt wird. Das Quartier erfährt eine Aufwertung nicht nur in baulicher, sondern vor allem soziokultureller Hinsicht. Abschließend machen die Autoren deutlich, dass es auch künftig gute Ideen, aktive Umsetzende und nicht zuletzt finanzielle Mittel braucht, um im Leipziger Osten den Anschluss an die gesamtstädtische Entwicklung zu halten.

Die nachfolgende Mischung aus wissenschaftlich-konzeptionell und operationell-pragmatisch angelegten Beiträgen zeigt den Reiz, aber auch die Potenziale einer Zusammenarbeit von Wissenschaftlerinnen und Wissenschaftlern mit den Umsetzenden im Leipziger Osten. Bis 2012 ermöglicht das BIWAQ-Projekt „OstWerkStadt" die Fortführung dieser Kooperation. Danach gilt es, noch offene Felder zu definieren und neue Formen für eine Bearbeitung mit beidseitigem Vorteil zu finden.

Literaturverzeichnis

BBR [Bundesamt für Bauwesen und Raumordnung] (Hrsg.) (2008): Integrierte Stadtentwicklung: Praxis vor Ort ; gute Beispiele zu Vernetzung und Bündelung im Programm Soziale Stadt. Bonn.

BBR [Bundesamt für Bauwesen und Raumordnung] (Hrsg.) (2010): Bildung, Arbeit und Sozialraumorientierung (Informationen zur Raumentwicklung, Heft 2/3).

BCA [Büro des Chefarchitekten der Stadt Leipzig] (Hrsg.) (1977): Umgestaltung Leipzig Ostvorstadt. Beispielplanung für das Teilgebiet 1. Leipzig.

BMVBS [Bundesministerium für Verkehr, Bau und Stadtentwicklung] / BBSR [Bundesinstitut für Bau-, Stadt- und Raumforschung im Bundesamt für Bauwesen und Raumordnung (BBR)] (2009) (Hrsg.): Integrierte Stadtentwicklung in Stadtregionen Projektabschlussbericht. Bonn.

Bontje, M. (2004): Facing the Challenge of Shrinking Cities in East Germany: The Case of Leipzig. In: GeoJournal 61 (1), 13-21 .

Doehler, M.; Rink, D. (1996): Stadtentwicklung in Leipzig: Zwischen Verfall und Deindustrialisierung, Sanierung und tertiären Großprojekten. In: Häußermann, H.; Neef, R. (Hrsg.) (1996): Stadtentwicklung in Ostdeutschland. Soziale und räumliche Tendenzen. Opladen, 263-286.

EU [Europäische Union] (Hrsg.) (2007): LEIPZIG CHARTA zur nachhaltigen europäischen Stadt. Ohne Ort.

Franke, T,; Strauss, W.-C.; Reimann, B.; Beckmann, K. J. (2007): Integrierte Stadtentwicklung als Erfolgsbedingung einer nachhaltigen Stadt. Studie im Auftrag des Bundesamtes für Bauwesen und Raumordnung. Berlin.

Friedrichs, J.; Kahl, A. (1991): Strukturwandel der ehemaligen DDR. Konsequenzen für den Städtebau. In: Archiv für Kommunalwissenschaften 30 (2), 169-197.

Ganser, K. (1991): Instrumente von gestern für die Städte von morgen? In: Ganser, K.; Hesse, I.; Zöpel, C. (Hrsg.): Die Zukunft der Städte. Baden-Baden, 54-65.

Hansestadt Wismar (Hrsg.) (2005): Fortschreibung des Integrierten Stadtentwicklungskonzeptes (ISEK) für die Hansestadt Wismar 2005. Wismar.

Häußermann, H.; Neef, R. (Hrsg.) (1996): Stadtentwicklung in Ostdeutschland. Soziale und räumliche Tendenzen. Opladen.

Heinz, W. (1998): Stadtentwicklungsplanung. In: Häußermann, H. (Hrsg.): Großstadt. Soziologische Stichworte. Opladen, 234-245.

Herfert, G.; Röhl, D. 2001: Leipzig – Region zwischen Boom und Leerstand In: Brake, K. (Hrsg.): Suburbanisierung in Deutschland. Opladen, 151-162.

Hutter, G. (2006): Strategische Planung. Ein wiederentdeckter Planungsansatz zur Bestandsentwicklung von Städten. In: RaumPlanung 128, 210-214

IHK Leipzig [Industrie- und Handelskammer zu Leipzig] (Hrsg.) (2007): Wirtschaftliche Entwicklung der Stadt Leipzig. Verarbeitendes Gewerbe weiter im Aufwind. Leipzig.

Kahl, A. (1981): Vergleichende soziologische Studie zum Wohnen im Arbeiterviertel Ostvorstadt. Leipzig.

Kühl, A. (2008): Die Eisenbahnstraße Leipzig – vom Arbeiterquartier zum Migrantenviertel. Eine Analyse des soziokulturellen Wandels von der Gründerzeit bis heute unter besonderer Berücksichtigung der DDR. Unveröffentlichte Magisterarbeit am Institut für Kulturwissenschaften, Universität Leipzig. Leipzig.

Lenort, N. J. (1960): Strukturfoschung und Gemeindeplanung. Zur Methodenlehre der Kommunalpolitik. Köln, Opladen (Untersuchungen zur Gesellschaftslehre 15, Buchreihe des Seminars für Soziologie der Hochschule für Wirtschafts- und Sozialwissenschaften Nürnberg).

Lütke Daldrup, E. (2001): Leipziger Stadtentwicklungspolitik im Kontext der Suburbanisierungsprozesse. In: Akademie für Raumforschung und Landesplanung (Hrsg.): Erscheinungen, Wirkungen und Steuerungsmöglichkeiten von Suburbanisierungsprozessen Ergebnisse eines internationalen Planerforums in Prag. Hannover, 111-121.

Meadows, D. (1972): Die Grenzen des Wachstums. Bericht des Club of Rome zur Lage der Menschheit Stuttgart.

Nutz, M. (1998): Stadtentwicklung in Umbruchsituationen. Wiederaufbau und Wiedervereinigung als Stressfaktoren der Entwicklung ostdeutscher Mittelstädte. Stuttgart (=Erdkundliches Wissen 124).

Pristl, T. (2001): Stadt, Zuwanderung, Wohnen: Strategiebausteine für eine integrative Stadtentwicklungs- und Wohnungspolitik. Kassel.

Richter, J. (2000): Armut in Neustadt/Neuschönefeld. Helmholtz-Zentrum für Umweltforschung. Leipzig.

Ritter, E. H. (2007): Strategieentwicklung heute. In: Planung neu denken 1, 1-12.

Rolfes, M.; Wilhelm, J. (2007): Politische Steuerung und Zielperspektiven einer sozial-integrativen Stadtentwicklung im Bundesland Brandenburg In: Raumforschung und Raumordnung 65 (2), 109-121.

Scharpf, F. W. (1992): Die Handlungsfähigkeit des Staates am Ende des 20. Jahrhunderts. In: Kohler-Koch, B. (Hrsg.): Staat und Demokratie in Europa. 18. wissenschaftlicher Kongress der Deutschen Gesellschaft für Politische Wissenschaft. Opladen, 93-115.

Seelig, S. (2007): Stadtumbau und Aufwertung. Thesen zur Bewertung der Umsetzung des Programmteils Aufwertung im "Stadtumbau Ost" – Eine Untersuchung am Beispiel der Hansestadt Greifswald . (=ISR Graue Reihe 4, Institut für Stadt- und Regionalplanung, TU Berlin).

Senatsverwaltung für Stadtentwicklung (Hrsg.) (2009): Handbuch zur Sozialraumorientierung: Grundlage der integrierten Stadt(teil)entwicklung Berlin. Ergebnisbericht 2009. Rahmenstrategie Soziale Stadtentwicklung. Auf dem Weg zu einer integrierten Stadt(teil)entwicklung (Teil B). Berlin.

Sinning, H. (2008): Integrierte Stadtentwicklung in Europa. Herausforderungen, Strategien und Perspektiven. In: RaumPlanung 140, 193-198.

Sinning, H. (2002): Leistungsfähigkeit und Grenzen kommunikativer Planungsinstrumente am Beispiel nachhaltiger Freiraumpolitik in Stadtregionen. Aachen.

Steinführer, A.; Haase, A.; Kabisch, S. (2009). Leipzig – Reurbanisierungsprozesse zwischen Planung und Realität. In: Kühn, M.; Liebmann, H. (Hrsg.): Regenerierung der Städte: Strategien der Politik und Planung im Schrumpfungskontext. Wiesbaden, 176-194.

Tiefensee, W. (2003): Stadtentwicklung zwischen Schrumpfung und Wachstum. In: Aus Politik und Zeitgeschichte B28, 3-6.

Walcha, H. (2001): Integrative Stadtentwicklung: Großsiedlungen als Herausforderung und Chance. Wesseling.

Weidner, S. (2005): Stadtentwicklung unter Schrumpfungsbedingungen. Leitfaden zur Erfassung dieses veränderten Entwicklungsmodus von Stadt und zum Umgang damit in der Stadtentwicklungsplanung. Leipzig.

Weigel, O.; Heinig, S. (2007): Entwicklungsstrategien ostdeutscher Großstädte. Beispiel Leipzig. In: Geographische Rundschau 59 (2), 40-47.

Weiland, U.; Wohlleber-Feller, S. (2007): Einführung in die Raum- und Umweltplanung. Paderborn.

BIRGIT GLORIUS, MICHAEL HANSLMAIER, ANDREA SCHULTZ

Sozio-demographische Entwicklung des Leipziger Ostens

1 Einleitung

Das hier als „Leipziger Osten" bezeichnete Wohnquartier entstand ab Mitte des 19. Jahrhunderts als Arbeiterviertel östlich des Leipziger Stadtkerns (siehe hierzu den Beitrag von Henn/Behling in diesem Band). Es war eines von vielen Arbeiterwohngebieten, die – bedingt durch die Ansiedlung von Industrie- und Gewerbebetrieben – zwischen 1850 und 1920 in Leipzig entstanden (Grundmann et al. 1996, 87). Vorwiegend durch Mehrfamilienhäuser mit kleinen, einfach ausgestatteten Wohnungen bebaut, bot es der damals stark wachsenden Arbeiterbevölkerung ein kostengünstiges, arbeitsplatznahes Wohnquartier. Die homogenen Häuserzeilen begünstigten einen hohen Bevölkerungsbesatz, Grünflächen waren rar. Während der DDR wurde die gründerzeitliche Bausubstanz stark vernachlässigt; teils wurden Flächensanierungen im Viertel vorgenommen, d. h. Abriss ganzer Wohnblöcke und Neubau in Plattenbauweise. Wie in den übrigen Leipziger Arbeitervierteln hatte der Leipziger Osten zum Zeitpunkt der Wende einen hohen Anteil traditioneller Arbeiterbevölkerung, die von den Folgen der ökonomischen Transformation besonders stark betroffen war und ist (ebenda). Sein Image als Wohnviertel einer statusniedrigen Wohnbevölkerung blieb dem Leipziger Osten bis heute erhalten (vgl. Böhme/Franke 2002a, 8f).

2 Entwicklung bis 1999

2.1 Dramatische Bevölkerungsverluste in der Nachwendezeit

Korrespondierend zum gesamtstädtischen Trend der rückläufigen Einwohnerzahl litt auch der Leipziger Osten in der Nachwendezeit unter drastischen Bevölkerungsverlusten (Abb. 1): während im Jahr 1991 noch 23.610 Einwohner in den Ortsteilen Volkmarsdorf und Neustadt-Neuschönefeld lebten, waren es acht Jahre später nur noch 16.052, was einem relativen Bevölkerungsverlust von fast einem Drittel entspricht. Dies übertraf den gesamtstädtischen Bevölkerungsverlust von etwa 12 % bei Weitem (Abb. 2).

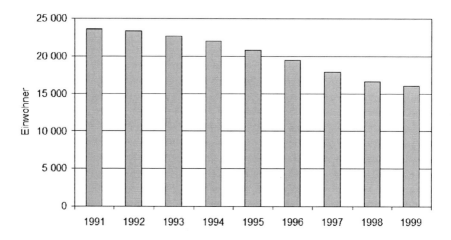

Abb. 1: *Entwicklung der Einwohnerzahl im Leipziger Osten 1991 bis 1999 (Quelle: Statistisches Landesamt Sachsen)*

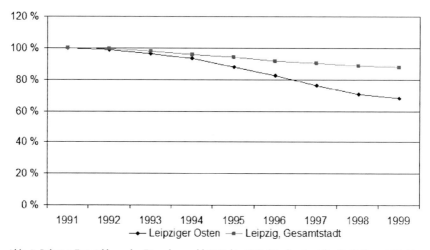

Abb. 2: *Relative Entwicklung der Einwohnerzahl 1991 bis 1999 (Quelle: Amt für Statistik und Wahlen Leipzig)*

Diese Veränderungen sind in erster Linie auf Wanderungsbewegungen zurückzuführen. Zwar stellte sich in den Jahren zwischen 1993 und 1999 ein Geburtendefizit von insgesamt -180 ein (d. h. es gab 180 mehr Sterbefälle als Geburten), doch die Wanderungsverluste waren deutlich höher. Zwischen 1993 und der Jahrtausendwende zogen 9.044 Einwohner des Leipziger Ostens aus der Stadt heraus, aber nur 7.098 Zuzügler nach Leipzig wählten den Leipziger Osten als Wohnstandort, woraus ein Wanderungssaldo (Zuzüge minus Fortzüge) von -1.946 resultierte (Abb. 3). Noch stärker fiel die Negativbilanz bei den innerstädtischen Wanderungen aus, hier lag der Wanderungssaldo bei -3.362. Insgesamt ergibt sich für den Leipziger Osten somit ein negativer Wanderungssaldo von -5.308 Personen zwischen den Jahren 1993 und 1999 (Abb. 4.)

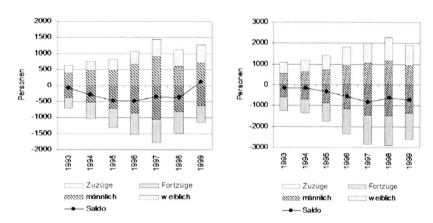

Abb. 3: Zu- und Fortzüge in den Leipziger Osten über die Stadtgrenzen 1993 bis 1999 (Quelle: Statistisches Landesamt Sachsen)

Abb. 4: Innerstädtische Umzüge in und aus dem Leipziger Osten 1993 bis 1999 (Quelle: Amt für Statistik und Wahlen Leipzig)

Die Abwanderungen waren stark altersselektiv: Vor allem Familien verließen den Leipziger Osten: Der Anteil der jungen Elterngeneration (25 bis unter 45 Jahre) ging zwischen 1992 und 1999 um über ein Drittel zurück, jener der Kinder (0 bis unter 15 Jahre) sogar um 55 % (Tab. 1). Auch die Verluste in der

Gruppe der 45- bis unter 65-jährigen waren beträchtlich. Auffällig sind die geschlechtsspezifischen Unterschiede der Abwanderung: In allen Altersgruppen, die das Erwerbsalter abbilden, war der Bevölkerungsrückgang bei den Frauen wesentlich stärker ausgeprägt als bei den Männern. Über die Ursachen der geschlechtsspezifischen Abwanderung – die in übrigen auch für andere Regionen Ostdeutschlands konstatiert wurde – wird in der wissenschaftlichen Literatur kontrovers diskutiert. Konsens scheint inzwischen darin zu bestehen, dass junge Frauen eher dazu bereit sind, für ihre berufliche Entwicklung (bzw. die Verhinderung des sozialen Abstiegs durch Arbeitslosigkeit) Fernwanderungen auf sich zu nehmen als Männer gleichen Alters. Und während Frauen häufig am neuen Zielort verbleiben und dort Familien gründen, sind die Fernaufenthalte junger Männer häufiger zeitlich befristete Pendelwanderungen (vgl. Berlin-Institut 2007; Schultz 2009, 78f).

Während die Abwanderung über die Grenzen Leipzigs in der ersten Hälfte der 1990er Jahre vor allem arbeitsmarktspezifische Gründe hatte und überwiegend auf die alten Bundesländer ausgerichtet war, stieg ab Mitte der 1990er Jahre die Wanderung in die Suburbanräume aufgrund des Erwerbs bzw. Baus einer Wohnimmobilie (Herfert/Röhl 2001). Letztere Bewegung wird in der Statistik infolge verschiedener Eingemeindungswellen teils als innerstädtischer Umzug, teils als (Stadtgrenzen überschreitende) Wanderung erfasst. Beide Wanderungsbewegungen erfassten vorwiegend die Bevölkerung im Erwerbsalter sowie die Kindergeneration.

Alter / Geschlecht	0 bis unter 15 Jahre	15 bis unter 25 Jahre	25 bis unter 45 Jahre	45 bis unter 65 Jahre	65 Jahre und älter
	Angaben in Prozent				
Männer	-54	-6	-33	-16	-5
Frauen	-55	-6	-40	-24	-18
Gesamt	-55	-6	-36	-20	-14

Tab. 1: Bevölkerungsrückgang zwischen 1992 und 1999 im Leipziger Osten (Quelle: Amt für Statistik und Wahlen Leipzig)

Durch die selektiven Abwanderungen haben sich Alters- und Geschlechterverhältnisse im Leipziger Osten grundlegend geändert: Während 1992 in Volkmarsdorf und Neustadt-Neuschönefeld die Geschlechterstruktur mit 7.865 Männern und 7.913 Frauen im erwerbsfähigen Alter (15 bis unter 65 Jahre) noch nahezu ausgeglichen war, herrschte 1999 mit 5.969 Männern, aber nur noch 5.609 Frauen ein Männerüberschuss von 6 %. (Der altersjahrspezifische Bevölkerungsaufbau in den Jahren 1992 und 1999 ist den Abb. 5 und 6 zu entnehmen.) Die Altersselektivität der Wanderungen und Umzüge bewirkte einen Anstieg des Durchschnittsalters im Leipziger Osten von 35,5 Jahren 1993 auf 38,7 Jahre 1999. Da hier zur Wendezeit eine vergleichsweise junge Ausgangsbevölkerung lebte, ist die Bevölkerungsalterung im Vergleich zur Gesamtstadt noch als moderat zu bezeichnen; dort stieg das Durchschnittsalter von 39,0 Jahren im Jahr 1989 über 40,7 Jahre (1993) auf 43,2 Jahre im Jahr 1999.

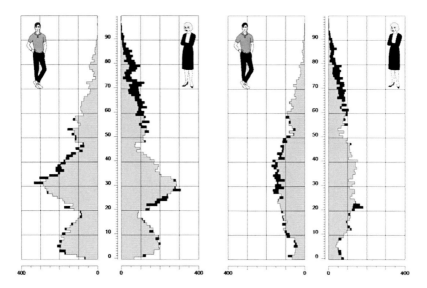

Abb. 5: Altersaufbau im Leipziger Osten 1992 Abb. 6: Altersaufbau im Leipziger Osten 1992
(Quelle: Statistisches Landesamt Sachsen) (Quelle: Amt für Statistik und Wahlen Leipzig)

2.2 Soziale Entmischung durch selektive Wanderungen

Trotz erheblicher Fortzüge wirkte der Leipziger Osten aber auch als Zuzugsge-
biet für bestimmte Bevölkerungsgruppen, vor allem für einkommensschwächere
Haushalte und Personen mit Migrationshintergrund[1]. Während im Jahr 1999
der Ausländeranteil in der Stadt Leipzig auf 5,1 % angestiegen war, wuchs er im
Leipziger Oster sogar auf 8,1 %. Auffällig ist die Geschlechterdifferenz bei den
zuziehenden Menschen nicht-deutscher Staatsangehörigkeit: So betrug der Aus-

---

[1]   Die kommunale Einwohnermeldestatistik unterscheidet zwischen Personen ausländischer Staatsangehörigkeit („Ausländer“) sowie „Deutschen mit Migrationshintergrund“ (Ein-
gebürgerte, Doppelstaatler, Spätaussiedler). Der Begriff „Einwohner mit Migrationshintergrund“ fasst beide Gruppen zusammen, ist allerdings nicht gleichzusetzen mit der umfas-
senderen Definition des Statistischen Bundesamtes (StBA 2007). Wenn nicht anders ver-
merkt, werden die Begrifflichkeiten hier im Sinne der Einwohnermeldestatistik verwendet.

länderanteil unter den im Untersuchungsgebiet lebenden Männern im Jahr 1999 11,2 %, unter den Frauen jedoch nur 5,2 % (Abb. 7 und 8). Die wichtigsten Herkunftsländer waren bis Ende der 1990er Jahre der Irak, Vietnam, die Ukraine sowie die Russische Föderation.

Die Konzentration der ausländischen Zuwanderer auf den Leipziger Osten könnte durch netzwerkbezogene Wanderung bzw. Kettenwanderung von Familienmitgliedern in bereits etablierte Haushalte ausländischer Zuwanderer verursacht werden (vgl. Haug 2000). Auch die Entstehung von spezifischen Beschäftigungsmöglichkeiten im ethnischen Gewerbe des Leipziger Ostens könnte eine geographische Konzentration der ausländischen Zuwanderer fördern.

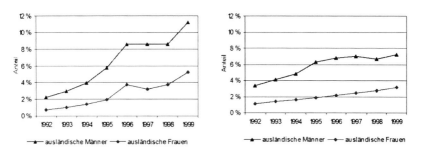

Abb. 7: Ausländeranteil im Leipziger Osten 1992 bis 1999 (Quelle: Statistisches Landesamt Sachsen)

Abb. 8: Ausländeranteil in der Stadt Leipzig 1992 bis 1999 (Quelle: Amt für Statistik und Wahlen Leipzig)

2.3 Starker Anstieg der Arbeitslosigkeit

Arbeitsmarktdaten stehen für das Untersuchungsgebiet erst ab der zweiten Hälfte der 1990er Jahre zur Verfügung. Durch die wirtschaftliche Transformation der Nachwendezeit kam es in der Gesamtstadt Leipzig (wie generell in den neuen Bundesländern) zu gravierenden Veränderungen des Arbeitsmarktes. Herrschte 1990 noch annähernd Vollbeschäftigung, so waren in den Folgejahren rasant steigende Arbeitslosenzahlen zu verzeichnen.

Der Leipziger Osten war durch seine industrielle Prägung besonders von der wirtschaftlichen Transformation betroffen. Bereits in der zweiten Hälfte der 1990er Jahre stieg hier die Arbeitslosigkeit überdurchschnittlich stark an, die Arbeitslosenziffer lagen stets um 2-3 Prozentpunkte über dem Leipziger Durchschnitt (Abb. 9). Analog sank der Anteil an sozialversicherungspflichtig beschäftigten Personen stärker als in der Gesamtstadt (Abb. 10).

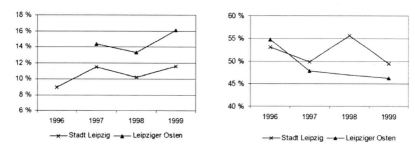

Abb. 9: Arbeitslose je 100 Erwerbsfähige* (Arbeitslosenziffer) (Quelle: Statistik der Bundesagentur für Arbeit, Stand 30.06).

Abb. 10: Sozialversicherungspflichtig Beschäftigte** je 100 Erwerbsfähige* (Quelle: Amt für Statistik und Wahlen Leipzig, Stand 30.06).

*Einwohner im erwerbsfähigen Alter zwischen 15 und 65 Jahren; ** am Wohnort

2.4 Räumliche Konsequenzen der soziodemographischen Veränderungen

Bedingt durch den starken Bevölkerungsrückgang kam es zu gravierenden Veränderungen im Leipziger Osten. Ein durchgängiger Wohnungsleerstand von 40 % – in einigen Blöcken sogar bis zu 80 % – ging mit einem infrastrukturellen Funktionsverlust von Teilen des Viertels einher (Böhme/Franke 2002a: 13). Derartige Niedergangsbewegungen werden in der Stadtsoziologie auch als „urban blight" – im Sinne von völligem Verfall und Funktionsverlust innerstädtischer Quartiere – angesprochen (vgl. Friedrichs 1995). Fortzüge von Mittelstandsfamilien sowie Zuzüge einkommens- und sozial schwacher Haushalte und ausländischer Bevölkerung führten zur sozialen Entmischung des Leipziger Ostens.

© Frank & Timme   Verlag für wissenschaftliche Literatur

Diese dramatische Entwicklung seit der Nachwendezeit und die sich verschärfende Polarisierung im Vergleich zu anderen Stadtvierteln führte dazu, dass das Gebiet ab dem Jahr 2000 zum Fördergebiet des Bund-Länderprogramms „Soziale Stadt" erklärt wurde.

3 Entwicklung ab 2000

3.1 Demographische Entwicklung ab 2000

3.1.1 Stabilisierung der Einwohnerzahl und Geburtenüberschuss

Waren die Jahre nach der politischen Wende noch von einem dramatischen Bevölkerungsverlust geprägt, so kann man für den Betrachtungszeitraum 2000 bis 2009 von einer allmählichen Stabilisierung des Viertels sprechen: vom Tiefstwert mit 15.408 im Jahr 2001 wuchs die Bevölkerung bis zum Jahr 2009 um 9 % auf 16.789 Personen an. Dieser positive Trend ist ebenso für die Gesamtstadt zu verzeichnen und ist unter anderem das Resultat der Sanierungsbemühungen im Bereich der gründerzeitlichen Bausubstanz seit der zweiten Hälfte der 1990er Jahre, so dass vormals vom Verfall bedrohte, leer stehende Gebäude wieder voll bewohnt werden können.

Die positive Bevölkerungsentwicklung zeigte sich nicht in allen Altersgruppen. Prozentual am stärksten wuchs die Gruppe der jungen Erwachsenengeneration von 20 bis Anfang 30 Jahre; damit wurde der Grundstein für die steigenden Geburtenzahlen gelegt. Zwischen Ende 1999 und 2009 stieg dementsprechend die Zahl der Kinder unter 6 Jahren im Leipziger Osten um 50 %. Durch die altersselektiven Zuzüge und die ehedem junge Bevölkerungsstruktur des Viertels verblieb zwischen Ende 1999 und 2009 das Durchschnittsalter im Leipziger Osten auf konstantem Niveau und betrug 2009 38,6 Jahre. In der Gesamtstadt stieg es währenddessen von durchschnittlich 43,1 Jahren auf 44 Jahre. Im Jahr 2009 hat sich das Geschlechterverhältnis im Quartier mit 6.380 Männern und 5.685 Frauen im erwerbsfähigen Alter jedoch weiter auseinanderentwickelt.

Analog zur Entwicklung in der Gesamtstadt verlief die Geburtenentwicklung im Stadtquartier: Das Nachwendetief war ab 1997 durchschritten, seitdem stiegen in ganz Leipzig die Geburtenzahlen wieder an. Bedingt durch seine relativ junge Bevölkerung hatte der Leipziger Osten seit 2000 eine positive natürliche Bevölkerungsentwicklung zu verzeichnen, d.h. die Anzahl der Geburten übertraf stets die Zahl der Sterbefälle (Abb. 11). Dies ist umso bemerkenswerter, als die natürlichen Salden für die Gesamtstadt Leipzig weiterhin negativ sind.

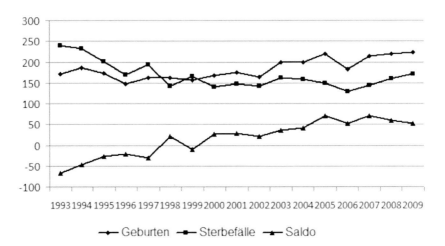

Abb. 11: Natürliche Bevölkerungsentwicklung im Leipziger Osten, 1993 bis 2009 (Quelle: Amt für Statistik und Wahlen Leipzig)

3.1.2 Gewinne durch Außenwanderungen

Im Bereich der innerstädtischen Wanderungen blieb der Saldo wie bereits während der 1990er Jahre negativ, d. h. mehr Menschen zogen aus dem Leipziger Osten in andere Stadtviertel Leipzigs (Abb. 12). Einzig die innerstädtischen Wanderungen von Menschen ausländischer Herkunft weisen für den Leipziger Osten einen schwach positiven Saldo aus, allerdings auf niedrigem Niveau.

Bei den Distanzwanderungen zeichnet sich jedoch eine Trendwende ab: War der Leipziger Osten seit 1990 vor allem durch Wegzug geprägt, so lagen seit der Jahrtausendwende die Zuzugszahlen im Durchschnitt knapp ein Fünftel über den Wegzugszahlen. In absoluten Zahlen betrug der Wanderungsgewinn durch Zuwanderung von außerhalb Leipzigs seit 2000 bis 2009   2.933 Personen (Abb. 13).

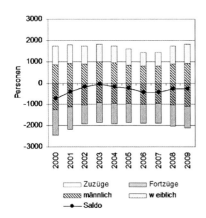 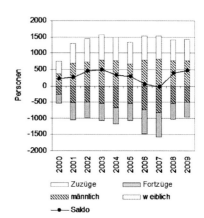

Abb. 12: Innerstädtische Umzüge in und aus dem Leipziger Osten 2000 bis 2009 (Quelle: Statistisches Landesamt Sachsen)

Abb. 13: Innerstädtische Umzüge in und aus dem Leipziger Osten 2000 bis 2009 (Quelle: Amt für Statistik und Wahlen Leipzig)

3.1.3 Ethnische Heterogenität

Die bereits für die 1990er Jahre beschriebenen Tendenzen zu einem überdurchschnittlichen Migrantenanteil im Leipziger Osten verstärkten sich im Verlauf des neuen Jahrtausends. Seit Ende 1999 bis zum Jahr 2009 hat sich die Zahl der ausländischen Bevölkerung im Viertel von 1.338 auf 3.249 Personen mehr als verdoppelt. Die wichtigsten Herkunftsländer waren die Ukraine, die Russische Föderation, die Türkei, der Irak sowie Vietnam. Daneben siedelten sich hier aber auch besonders viele Deutsche mit Migrationshintergrund an: 2009 besaßen 8 %

der Bewohner neben dem deutschen auch noch einen anderen Pass bzw. waren Spätaussiedler. Insgesamt hatte 2009 im Leipziger Osten mehr als jeder vierte Einwohner einen Migrationshintergrund. Damit nimmt das Quartier zusammen mit zwei innerstädtischen Bezirken den Spitzenplatz im Bereich der ethnischen Heterogenität ein (Abb. 14).

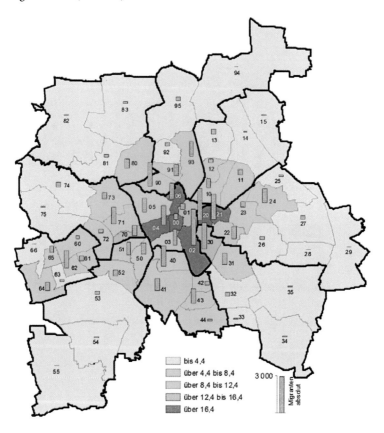

Abb. 14: Einwohner mit Migrationshintergrund am 31.12.2009 nach Ortsteilen; 20 = Neustadt Neuschö-nefeld, 21 = Volkmarsdorf (Quelle: Amt f. Statistik und Wahlen Leipzig)

3.1.4 Fazit: Stabilisierung der Gesamtzahl, aber Segregationstendenzen im Viertel

Während der ersten Jahre des neuen Jahrtausends kam es zu einer Stabilisierung der Bevölkerungszahl, was allerdings vor allem durch den Zuzug einkommensschwächerer Haushalte und Menschen mit Migrationshintergrund hervorgerufen wurde, während einkommensstärkere Haushalte weiterhin fortzogen. Dies führte zu einer deutlichen Verschiebung des Sozialgradienten im Vergleich zur Gesamtstadt.

3.2 Beschäftigungs- und Einkommensentwicklung ab 2000

3.2.1 Disparitäten in der Arbeitsmarktentwicklung verschärfen sich

In den Jahren nach 2000 verschärfte sich die Beschäftigungsentwicklung des Stadtteils. Die Arbeitslosenquote lag weiterhin deutlich über dem städtischen Gesamtwert, mit steigender Tendenz: Im Jahr 2007 waren im Leipziger Osten 21,1 % aller Personen im Erwerbsalter (15 bis 65 Jahre) arbeitssuchend gemeldet. In der Gesamtstadt Leipzig erreichte die Arbeitslosenquote dagegen (nur) 11,9 % (Abb. 15).

Analog stellte sich die Entwicklung der sozialversicherungspflichtig Beschäftigten dar. Auch der Anteil der abhängig Beschäftigten nahm seit 2000 stark ab. Während in der Gesamtstadt Leipzig seit dem Jahr 2005 eine leichte Erholung des Arbeitsmarktes mit einer steigenden Beschäftigtenquote[2] zu verzeichnen war, sackte sie im Leipziger Osten nochmals auf nur noch 32 % ab (Abb. 16).

---

[2] Beschäftigtenquote = Anteil Erwerbstätige je 100 Personen im Erwerbsalter.

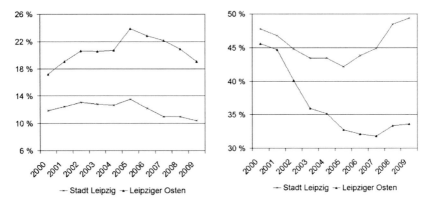

Abb. 15: Arbeitslose je 100 Erwerbsfähige*, 2000 bis 2009 (Quelle: Statistik der Bundesagentur für Arbeit, Stand 30.06).

Abb. 16: Sozialversicherungspfl. Beschäftigte** je 100 Erwerbsfähige*, 2000 bis 2009 (Quelle: Amt für Statistik und Wahlen Leipzig, Stand 30.06.)

*Einwohner im erwerbsfähigen Alter zwischen 15 und 65 Jahren; ** am Wohnort

Durch den vergleichsweise hohen Migrantenanteil im Untersuchungsgebiet ist eine differenzierte Betrachtung der Beschäftigungssituation der ausländischen und deutschen Bevölkerung möglich. Bis zum Jahr 2005 war unter Menschen ausländischer Nationalität eine relativ geringe Arbeitslosigkeit zu konstatieren, danach stieg der Wert an (Abb. 17). Dies dürfte allerdings ein rein statistischer Effekt sein: Vor den Arbeitsmarktreformen von 2004 konnten in vielen Fällen keine Ansprüche über das Arbeitsamt geltend gemacht werden, so dass sich viele nicht Anspruchsberechtigte vermutlich nicht arbeitssuchend meldeten. Mit der Einführung des Sozialgesetzbuches II (SGB II)[3] und der Zusammenlegung von Arbeitslosenhilfe und Sozialhilfe ist eine Registrierung notwendig, um Arbeitslosengeld II zu erhalten. Die Arbeitsmarktreform könnte daher für die ausländi-

---

[3] Zum 01.01.2005 wurden mit dem Sozialgesetzbuch II (SGB II) Arbeitslosenhilfe und Sozialhilfe zusammengeführt. Leistungen nach SGB II (umgangssprachlich auch Hartz IV genannt) erhalten somit Arbeitsuchende, die keinen Anspruch auf Arbeitslosengeld I (mehr) haben, sowie Personen, die mit ALG II-Empfängern in einer Bedarfsgemeinschaft leben.

sche Bevölkerungsgruppe keine objektive Verschlechterung in Bezug auf die Arbeitsmarktintegration gebracht, sondern vielmehr die Sichtbarkeit der unzureichenden Integration erhöht haben.

Für diese These spricht auch die gleich bleibend niedrige Beschäftigungsquote der ausländischen Bevölkerung im Leipziger Osten (Abb. 18). Nur 13,1 % der ausländischen Bevölkerung im Erwerbsalter gingen 2009 einer sozialversicherungspflichtigen Beschäftigung nach, während die Quartiersbewohner mit deutscher Staatsbürgerschaft einen Wert von 39,0 % erreichten.

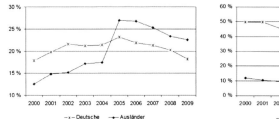

Abb. 17: Arbeitslose je 100 Erwerbsfähige* (Arbeitslosenziffer) deutscher und ausländischer Nationalität im Leipziger Osten, 2000 bis 2009 (Quelle: Statistik der Bundesagentur für Arbeit, Stand 30.06.)

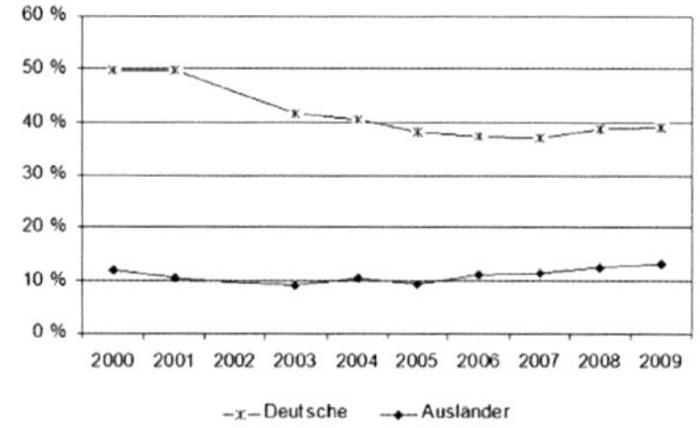

Abb. 18: Sozialversicherungspflichtig Beschäftigte** je 100 Erwerbsfähige* deutscher und ausländischer Nationalität im Leipziger Osten 2000 bis 2009 (Quelle: Amt für Statistik und Wahlen Leipzig ,Stand 30.06.)

* Einwohner im erwerbsfähigen Alter zwischen 15 und 65 Jahren; ** am Wohnort

3.2.2 Überdurchschnittlich hoher Anteil an Leistungsempfängern

Der Anteil einer Bevölkerung, die von sozialen Transferleistungen lebt, wird häufig als Armutsindikator herangezogen. Für den Leipziger Osten verdeutlicht auch dieser Indikator die sozioökonomische Problemsituation des Stadtteils (Abb. 19). In den Ortsteilen Volkmarsdorf und Neustadt-Neuschönefeld herrschte in den Jahren 2008 und 2009 die höchste Dichte an Leistungsempfängern nach SGB II im Vergleich zur Gesamtstadt: 2009 waren mehr als 40 % der Bevölkerung unter 65 Jahren hier auf Unterstützungsleistungen angewiesen. Im

Ortsteil Volkmarsdorf erhielt sogar fast jeder Zweite (47,7 %) unter 65 Jahren Leistungen gemäß SGB II.

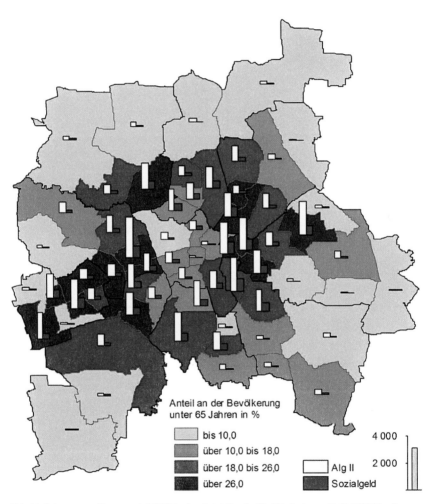

Abb. 19: Leistungsempfänger nach SGB II in den Ortsteilen der Stadt Leipzig am 31.12.2008 (Quelle: Amt für Statistik und Wahlen Leipzig)

3.2.3 Überdurchschnittliche Einkommensarmut

Die problematische Beschäftigungssituation der Bewohner des Leipziger Ostens spiegelt sich ebenfalls in der Einkommenssituation des Stadtteils wider. Im gesamten Betrachtungszeitraum liegen die Einkünfte der Quartiersbevölkerung im Leipziger Osten deutlich unter dem gesamtstädtischen Durchschnitt. Daten zur persönlichen Einkommenssituation und zum Haushaltseinkommen liegen für die Erhebungswellen der Bürgerumfragen der Jahre 2000, 2003, 2006 und 2008 vor. Trotz unterschiedlicher Erhebungsverfahren in den Befragungswellen zeigen sich zunehmende Disparitäten zwischen der Quartierssituation und der gesamtstädtischen Entwicklung (Abb. 20)

Auch in der jüngsten Erhebungswelle 2008 war der Anteil an einkommensschwachen Personen in den beiden Ortsteilen Volkmarsdorf und Neustadt-Neuschönefeld am höchsten. Im Ortsteil Volkmarsdorf stand fast der Hälfte der Bewohner lediglich ein persönliches monatliches Nettoeinkommen von unter 700 Euro zur Verfügung. Damit erreichte Volkmarsdorf im innerstädtischen Ortsteilvergleich mit Abstand den negativen Spitzenwert.

Auch die wirtschaftliche Situation der Haushalte, also das Haushaltenettoeinkommen, stellt sich im Leipziger Osten im städtischen Vergleich am schlechtesten dar. Teilweise ist dies auf die Haushaltsstruktur des Gebietes zurückzuführen, die durch Single- und Kleinhaushalte dominiert wird. Daher bietet es sich an, normierte Größen zu betrachten. Üblicherweise wird dazu das Äquivalenzeinkommen herangezogen[4]. Jedoch verbleibt auch nach der bedarfsgewichteten Normierung der Haushaltseinkommen eine deutliche Einkommensdifferenz zum gesamtstädtischen Durchschnitt. Weiterhin kann für den Betrachtungszeit-

---

[4] Die Berechnung des Äquivalenzeinkommens erfolgt nach der so genannten neuen OECD-Skala, gemäß derer jedem Haushaltsmitglied je nach Alter ein bestimmtes Bedarfsgewicht zugesprochen wird. Die so erreichte Normierung der Einkommen ermöglicht den Vergleich unterschiedlich großer Haushalte.

raum eine ansteigende Disparität festgestellt werden. Die Haushalte des Leipziger Ostens realisierten im Jahr 2000 ein monatliches Äquivalenzeinkommen von 956 Euro, im Jahr 2003 sank es auf 867 Euro und auf 757 Euro im Jahr 2006. Damit lagen die Äquivalenzeinkommen der Haushalte im Leipziger Osten nicht nur deutlich unter dem Leipziger Durchschnitt, sondern der Einkommensrückgang der letzten Jahre fiel auch überdurchschnittlich stark aus. Im Jahr 2008 stabilisierte sich die Einkommenssituation schließlich auf dem niedrigen Niveau von 836 Euro.

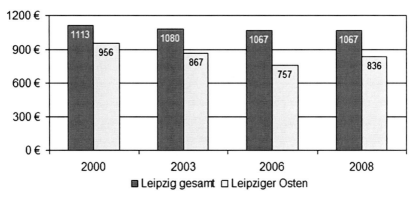

Abb. 20: Durchschn. Nettoäquivalenzeinkommen der Haushalte 2000, 2003, 2006 und 2008 (Median) (Quelle: Bürgerumfragen 2000, 2003 und 2006; Amt für Statistik und Wahlen Leipzig)

Aufgrund dieser geringen durchschnittlichen Einkommen ist es nicht verwunderlich, dass Haushalte mit Einkommensarmut sehr häufig im Leipziger Osten anzutreffen sind. Als einkommensarm gelten in der Regel jene Haushalte, deren Äquivalenzeinkommen geringer als 60 % des ortsüblichen Durchschnitts (Median) ist. In Leipzig beträgt die Armutsrisikogrenze im Jahr 2008 640 Euro (60 % von 1.067 Euro). Im Leipziger Osten erreichten 29 Prozent der Haushalte nicht dieses Einkommen und galten somit als einkommensarm. Zum Vergleich: In der

Gesamtstadt Leipzig waren nach dieser Definition lediglich 16 % der Haushalte einkommensarm.

3.2.4 Fazit: Verfestigung der Armutssituation

Trotz der Bemühungen um eine soziale Stabilisierung des Quartiers weist der Leipziger Osten weiterhin eine sehr problematische Sozialstruktur auf, die durch den selektiven Zuzug einkommensschwacher Haushalte weiter zementiert wird. Der Einsatz von Förderinstrumenten, wie sie im Programm „Soziale Stadt" zur Verfügung standen, konnte der Verschlechterung des sozialen Klimas im Quartier zwar entgegensteuern und vor allem sozial integrativ wirken. Eine messbare Verbesserung zentraler sozioökonomischer Indikatoren konnte jedoch im Betrachtungszeitraum nicht erwartet werden.

3.3 Wohnen und Quartiersbewertung

Wie in den meisten gründerzeitlichen Stadtteilen Leipzigs war auch im Leipziger Osten zum Zeitpunkt der Wende ein Großteil der Wohngebäude in einem sehr schlechten Zustand. Gravierende Ausstattungsmängel der Wohnungen paarten sich mit den Folgen jahrzehntelanger Vernachlässigung der Bausubstanz. Gerade in den ehemaligen Arbeitervierteln Leipzigs herrschten Substandardwohnungen vor, ohne innen liegendes Bad oder WC und vorwiegend durch Kohleöfen beheizbar. Eine Analyse der Stadt stellte 1989 im „Sanierungsgebiet Neustädter Markt", einem zentralen Bereich des Leipziger Ostens, für 38 % der Gebäude einen mittleren und für 54 % der Gebäude einen hohen Sanierungsaufwand fest; 8 % der Gebäude galten als unbewohnbar; die Leerstandsrate betrug hier bereits vor der Wende 40 % (Grundmann et al. 1996: 89). In den ersten Jahren nach der Wende entstand eine allgemeine Unsicherheit – gerade unter den weniger mobilen Bewohnern – die aus der bevorstehenden Rückübertragung von Gebäuden an Privateigentümer und deren Sanierungsvorstellungen herrührten. Denn während innerhalb der öffentlich geförderten Sanierungsprogramme ausschließlich Modernisierungen im sozialen Wohnungsbau vorgesehen waren, gingen mit dem Übergang der Gebäude in private Hand stärkere Renditeerwartungen einher. So befürchteten viele Haushalte eine Mietpreissteigerung nach der Sanierung, die sie zum Auszug zwingen würde. Neben den objektiven Mängeln des Wohnungsbestandes wurde auch das Wohnumfeld negativ bewertet. Die hohe Bebauungsdichte des Leipziger Ostens, der Mangel an Grün- und Freiflächen sowie der negative Ausstrahlungseffekt leer stehender, verfallender Gebäude wurden als minderwertig wahrgenommen, wie das folgende Bewohnerzitat einer Untersuchung aus der Mitte der 1990er Jahre zeigt: „Wenn Sie nun nicht groß rumkommen wie ich, Sie sitzen nun hier, Sie gucken bloß, Sie werden verrückt, da draußen Ruinen, hier Ruinen, das ist nicht schön" (Wiest 1997, 78).

Seit Mitte der 1990er Jahre wurde ein Großteil des Gebäudebestandes saniert und weitere städtebauliche Maßnahmen durchgeführt, die die Lebensqualität im Leipziger Osten steigern sollten. Hierzu gehören die teilweise Auflockerung der geschlossenen Baustruktur und eine deutliche Erhöhung des Grün- und Freiflächenanteils. Die verbesserte Wohnqualität war zudem durch den hohen Anteil von Sozialwohnungen vielfach ohne nennenswerte Mietsteigerungen zu erreichen. Daten der „Kommunalen Bürgerumfrage" aus den Jahren 2000 und 2006 zeigen, dass sich die durchschnittliche Wohnfläche pro Person im Vergleich zu den Vorjahren erhöhte und mit 42 m^2 der Gesamtstadt angenähert hat (44 m^2), während die durchschnittliche Miete sogar rückläufig war (von 378 Euro im Jahr 2000 auf 330 Euro im Jahr 2006, im Gegensatz zur Gesamtstadt mit 377 Euro im Jahr 2000 und 400 Euro im Jahr 2006). Diese positive Entwicklung wurde auch von den Quartiersbewohnern wahrgenommen. In der kommunalen Bürgerumfrage des Jahres 2006 zeigten sich knapp 70 % zufrieden oder sehr zufrieden mit der eigenen Wohnung, was annähernd der Zufriedenheit der Gesamtbevölkerung Leipzigs gleichkam (Tab. 2).

Zufriedenheit	Wohnung	Wohnviertel
Sehr zufrieden	11,1 (25,2)	6,5 (21,2)
Zufrieden	58,5 (55,0)	23,1 (49,3)
Teils/teils	22,6 (15,5)	42,6 (22,9)
Unzufrieden	7,8 (3,5)	18,1 (4,9)
Sehr unzufrieden	0,0 (0,9)	9,7 (1,7)

Tab. 2: Zufriedenheit mit der Wohnung und dem Wohnviertel im Leipziger Osten, 2006 (Vergleichswert für Gesamtstadt Leipzig), Angaben in Prozent (Quelle: Bürgerumfrage 2006; Amt für Statistik und Wahlen Leipzig)

Das Wohnumfeld allerdings wurde weiterhin sehr kritisch beurteilt: Nur 29,6 % waren zufrieden oder sehr zufrieden mit der Wohnumgebung im Leipziger Osten, die größte Untergruppe (42,6 %) hatte zwiespältige Empfindungen und 27,8 % waren (sehr) unzufrieden. Als Ursache für diese Bewertungen kommen zum einen objektive Mängel des Wohnumfeldes in Frage, wie etwa Leerstand, schlechte Infrastruktur oder mangelnde Sauberkeit. Eine Analyse der am häufigsten genannten Probleme im Viertel ergab jedoch, dass – stark abweichend von den Ergebnissen für die Gesamtstadt – vielmehr Probleme dominieren, die sich aus der sozialen Lage und der zunehmenden ethnischen Heterogenität des Viertels ergeben. Die zwei am häufigsten genannten Probleme im Leipziger Osten – nämlich Kriminalität bzw. mangelnde Sicherheit sowie das Zusammenleben mit Ausländern –müssen dabei nicht auf einer realen objektiven Erfahrung der Befragten beruhen, sondern spiegeln eventuell subjektive Empfindungen wider, die nicht nur die eigene Einstellung, sondern auch die Wahrnehmung der Außensicht auf das Stadtviertel prägen. So kann zum Beispiel die sichtbare Präsenz junger Migranten in öffentlichen Räumen – verbunden mit Zeitungsberichten über eine hohe Drogen- und Straßenkriminalität dieser Bevölkerungsgruppe – zu einem latenten Gefühl der Bedrohung bei den Quartiersbewohnern führen, obgleich die objektiven Gefahren nicht größer sein mögen als im gesamtstädtischen Kontext (Tab. 3).

Größte Probleme im Wohnumfeld	Leipziger Osten	Leipzig Gesamt
Kriminalität, Sicherheit	37,8 (30,5)	18,6 (14,5)
Zusammenleben mit Ausländern	34,1 (33,2)	7,3 (5,4)
Sauberkeit auf Straßen/Plätzen	33,0 (33,3)	25,9 (23,7)
Straßenzustand	27,5 (22,8)	38,9 (27,3)
Wohnungsleerstand	23,1 (25,3)	14,4 (17,7)
N	181 (191)	5 308 (7 056)

Tab. 3: Die größten Probleme im Leipziger Osten und der Gesamtstadt im Vergleich, 2006 (Vergleichswert von 2003) (Quelle: Bürgerumfragen 2003 und 2006; Amt für Statistik und Wahlen Leipzig); * aufgeführt sind hier nur die sechs häufigsten Nennungen von insgesamt 18 Nennungen

3.4 Fazit: Das Negativimage bleibt – Stigmata

Trotz der vielfältigen Bemühungen der Stadt, bauliche und soziale Verbesserungen im Leipziger Osten durchzuführen – was objektiv auch gelungen ist – wird die Sicht auf das Stadtviertel weiterhin von der negativen Außenwahrnehmung geprägt (siehe hierzu auch den Beitrag von Pink in diesem Band), die den Leipziger Osten als armes, ethnisch stark durchmischtes und potenziell unsicheres Wohngebiet stigmatisiert. Dieses Image hat sich teils auch in den Köpfen der Bewohner verfestigt und prägt ihre Eigenwahrnehmung des Wohnumfeldes.

4 Segregation in Leipzig und im Leipziger Osten

4.1 Segregation

Friedrichs (1977, 216f) definiert Segregation als „disproportionale Verteilung von Elementarten über Teileinheiten einer Einheit". Damit ist gemeint, dass die nach bestimmten Merkmalen gebildeten Gruppen in bestimmten Gebieten, z. B. Stadtvierteln, nicht entsprechend ihrem Anteil an der Gesamtbevölkerung vertreten sind, sondern unter- oder überproportional. Betrachtet man die Ungleichverteilung der verschiedenen sozialen Schichten und Gruppen über die Teilräume einer Stadt, so spricht man von residentieller oder sozialer Segregation (Häußermann/Siebel 2004, 139). Bei der Beschäftigung mit Segregation geht es darum, den Zusammenhang von sozialer und räumlicher Ungleichheit zu beschreiben, zu erklären und dessen Folgen zu analysieren (Friedrichs 1977, 216; vgl. auch Dangschat 1997).

Nach der Mikro-Makro-Theorie von Friedrichs (1988, 1995) wird das Phänomen Segregation auf folgende Ursachen zurückgeführt: die Segregation ist umso höher, je höher a) die soziale Ungleichheit und b) die Ungleichheit der Wohnungen sowie deren Verteilung über das Stadtgebiet ist. Hierbei können jene Haushalte, die aufgrund ihrer Ressourcen über größere Wahlmöglichkeiten verfügen, ihre Präferenzen besser realisieren. Weiterhin bevorzugen es die Menschen, in Gebieten zu leben, deren Bewohner einen ähnlichen Lebensstil haben wie sie selbst. Ein methodisches Instrument der sozialökologischen Segregationsforschung (Friedrichs 1977; Hamm 1977) sind so genannte Segregationsindizes, die zur Beschreibung der ungleichen Verteilung sozialer Gruppen über das Stadtgebiet herangezogen werden können.

Anhand der nachfolgend vorgestellten Analyse soll gezeigt werden, wie sich die Segregation in Leipzig darstellt, und wie sich diese entwickelt hat. Die Ergebnisse müssen hierbei stets vor dem Hintergrund der historischen Entwicklung Leipzigs betrachtet werden. Das Ziel der sozialistischen Wohnungspolitik in der DDR war ja gerade die Aufhebung der Klassengegensätze. Die Segregation war demnach eher gering und erfolgte nicht nach Einkommen, sondern nach Alter und politischen Privilegien. Als weitere Rahmenbedingungen sollte man die wirtschaftliche Transformation und das Schrumpfungsphänomen mit berücksichtigen (Grabbert 2008, 38f, 41; Häußermann/Siebel 2004, 148f; Dangschat 1985). Weiterhin soll in der Analyse der Frage nachgegangen werden, wie sich die Sozialstruktur der einzelnen Stadtviertel weiter entwickeln könnte.

4.2 Empirisches Vorgehen und Datengrundlage

Als Datengrundlage für die nachfolgenden Analysen dienen die Ergebnisse der Leipziger Bürgerbefragungen der Jahre 2000, 2003 und 2006. Diese Erhebungen wurden, wie bereits eingangs erwähnt, mit einer hinreichend großen Stichprobe durchgeführt, um auch Aussagen für die 63 Leipziger Ortsteile treffen zu können. Basis der folgenden Analysen sind jeweils durchschnittlich 90 bis 105 Befragte pro Ortsteil[5]. Vor dem Hintergrund dieser Tatsache muss bei der Interpretation berücksichtigt werden, dass die für die einzelnen Ortsteile berechneten Werte statistischen Zufallsfehlern unterliegen und die Sicherheit der Aussagen durch die Samplegröße limitiert ist.

Die Messung der Segregation erfolgt üblicherweise mit Hilfe verschiedener Indizes[6]. Der wohl bekannteste Index, der auf Duncan und Duncan (1955a) zurückgeht, ist der Index der Segregation[7]. Mit diesem Index wird die Konzentration bestimmter Gruppen in bestimmten Teilgebieten einer Stadt gemessen. Der Indexwert gibt den Segregationsgrad für die Gesamtstadt hinsichtlich des zugrunde liegenden Merkmals an. Hierbei bedeutet ein Wert von 0,25 beispielsweise, dass 25 % der Minorität (bzw. aus beiden Gruppen) den Wohnstandort wechseln müssten, um eine Gleichverteilung zu erreichen. Grundsätzlich gilt: je höher der Indexwert, desto höher ist die Segregation (vgl. Häußermann/Siebel 2004,

---

[5]   Die Stichprobengrößen stellen sich wie folgt dar: 2000 (n=5 422), 2003 (n=6 690), 2006 (n=6 343). Weiterhin wurden für die nachfolgenden Analysen fehlende Angaben zum Einkommen mit Hilfe eines multivariaten Verfahrens geschätzt (Imputation).

[6]   Einen sehr guten und kritischen Überblick über verschiedene Segregationsmaße liefert Blasius (1988).

[7]   Der Segregationsindex berechnet sich wie folgt: $IS = \frac{1}{2} \sum |N_i/N - W_i/W|$ mit k = Teilgebiet der Stadt; N_i, W_i = Größe der Bevölkerungsgruppe im Teilgebiet i; N, W = Gesamtgröße der Bevölkerungsgruppen N_i und W_i über die Teilgebiete 1,..., k; (vgl. u.a. Häußermann/Siebel 2004: 140ff).

140ff; Duncan/Duncan 1955b). Allerdings ist die Aussagekraft der Indizes teilweise eingeschränkt; so ist der Index von der Größe und dem Zuschnitt der Teilgebiete und der Größe der Minderheit abhängig. Außerdem kann er das jeweilige Muster der Segregation nicht erfassen und liefert lediglich eine Zustandsbeschreibung. Insofern sollten diese nicht unkritisch verwendet werden (vgl. Häußermann/Siebel 2004, 141; Cortese et al. 1976; Blasius 1988). Gleichwohl soll der Segregationsindex hier angewendet werden, um die Segregation nach dem Einkommen in Leipzig zu beschreiben. Dafür werden auf Haushaltsebene Einkommensgruppen nach dem Äquivalenznettoeinkommen (Bedarfsgewichte nach OECD) gebildet. Die Einteilung erfolgt in Prozent des medianen Äquivalenznettoeinkommens in Leipzig im jeweiligen Jahr (0-50 %; 50-75 %; 75-125 %; 125-150 %; mehr als 150 %).

Um die Entwicklung der Sozialstruktur in den einzelnen Stadtvierteln nachzuzeichnen, soll das von Farwick (2001: 81ff) in Anlehnung an die Shift-Analyse (vgl. Schätzl 2000, 46ff.) verwendete Verfahren benutzt werden. Damit kann man aufzeigen, ob sich bestimmte Gruppen in einem Ortsteil zahlenmäßig über- oder unterproportional zum Trend der Gesamtstadt entwickeln. Diese Analyse soll einerseits auf Haushaltsebene für die oben beschriebenen Einkommensgruppen erfolgen. Andererseits soll auch die kulturelle Entwicklung der Quartiere nachgezeichnet werden. Als Proxy hierfür dienen einerseits die Entwicklung der Studierendenzahlen und andererseits der Anteil von Bewohnern mit Hochschulabschluss.

4.3 Ergebnisse

Bei der Betrachtung der Segregationsindizes der Haushalte auf Stadtteilebene fällt zunächst der U-förmige Zusammenhang auf (Abb. 21). Die Gruppen an den Enden der Einkommenshierarchie sind also jeweils am stärksten segregiert. Diese Resultate decken sich auch mit den bereits beschriebenen Erwartungen der sozialökologischen Theorie. Die am stärksten segregierten Haushalte sind diejenigen mit den niedrigsten bzw. höchsten Einkommen.

Ein Vergleich zwischen den drei Erhebungszeitpunkten ist einerseits durch die Tatsache eingeschränkt, dass die Indizes für das Jahr 2000 auf Grund der Stichprobenstruktur nur für 61 Ortsteile berechnet werden konnten. Andererseits beruhen die Berechnungen auf einer Zufallsstichprobe, so dass eventuelle leichte Differenzen auch zufallsbedingt sein können. Sinnvoller erscheint es, die Ergebnisse als Beleg für die Stabilität des U-förmigen Zusammenhangs zwischen Status und Segregation und im Hinblick auf die Situation Leipzigs als ostdeutsche Stadt zu interpretieren. Die Segregation nach Einkommen war in der sozialistischen DDR sicherlich geringer ausgeprägt als heute, insofern kann man von einem Anwachsen seit der Wende ausgehen. Insgesamt kann so auf jeden Fall von einer Verfestigung der Segregation im Untersuchungszeitraum für die Einkommensgruppen gesprochen werden. Als Ursachen spielen neben den oben erwähnten polit-ökonomischen Rahmenbedingungen (Wohnungspolitik, Wohnungsmarkt, Arbeitsmarkt) die Wahlentscheidungen der Haushalte eine zentrale Rolle.

Für die Sozialstrukturanalyse der einzelnen Ortsteile wurden die Anteile der „reichen" Haushalte (mehr als 125 % des medianen Äquivalenznettoeinkommens) und die der „armen" Haushalte (weniger als 75 % des medianen Äquivalenznettoeinkommens) für jeden Ortsteil für das Jahr 2006 berechnet (Abb. 21).

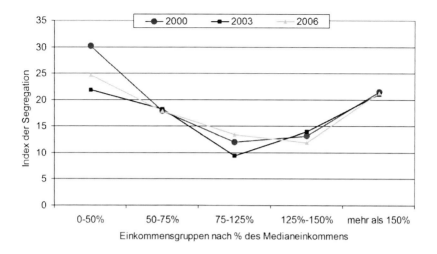

Abb. 21: Index der Segregation auf Ebene der Stadtteile (Quelle: Bürgerumfragen 2000, 2003 und 2006; Amt für Statistik und Wahlen Leipzig; eigene Berechnungen)

Davon ausgehend wurden die Viertel klassifiziert. „Wohlhabende" Viertel weisen einen im Vergleich zur Gesamtstadt überdurchschnittlichen Anteil an „reichen" Haushalten und unterdurchschnittlich viele „arme" Haushalte auf. „Mittelschicht geprägte" Viertel zeichnen sich durch überproportional viele Haushalte der mittleren Einkommensschicht (75 % - bis 12 %) und unterdurchschnittliche Anteile an „reichen" und „armen" Haushalten aus. Armutsgebiete schließlich haben eine im Vergleich zum Stadtdurchschnitt erhöhte Quote an „armen" Haushalten. Zu dieser Teilgruppe gehören auch die Ortsteile des Leipziger Ostens. Beide Ortsteile weisen stark unterdurchschnittliche Anteile an wohlhabenderen Haushalten auf und die ärmeren Haushalte sind stark überrepräsentiert. Volkmarsdorf ist der Ortsteil Leipzigs mit der höchsten Quote von Haushalten, die weniger als 75 % des medianen Äquivalenznettoeinkommens zur Verfügung haben; auch Neustadt-Neuschönefeld gehört innerhalb der Gruppe der Armutsgebiete eher zu den ärmeren.

Wendet man den Blick von der Zustandsbeschreibung auf die Entwicklung der jeweiligen Anteile der Einkommensgruppen zwischen den Erhebungszeitpunkten 2003 und 2006, so zeigt sich größtenteils ein Bild der Polarisierung. Während gesamtstädtisch gesehen in den meisten wohlhabenderen Vierteln der Anteil der 'armen' Haushalte überproportional zum Durchschnitt sinkt und der Anteil der mittleren und oberen Einkommensgruppen sich positiver als der gesamtstädtische Trend entwickelt, zeigt sich in den Armutsgebieten eher das Gegenteil. Diese Tendenz zeigt sich auch im Leipziger Osten. Von 2003 bis 2006 lässt sich ein überproportionales Wachstum der Armutsquote in beiden Ortsteilen beobachten, wobei Volkmarsdorf hier allerdings zusätzlich den Anteil der 'reichen' Haushalte im Vergleich zur durchschnittlichen Entwicklung steigern konnte.

Zusätzlich zur Einkommensstruktur wurde der Prozentsatz der Studierenden und Personen mit hoher Bildung (Universitäts- oder Fachhochschulabschluss) im jeweiligen Quartier errechnet. Besonders für die so genannten Armutsgebiete kann es von Bedeutung sein, viele Studierende und/oder Hochqualifizierte zu beheimaten. Während von den Armutsgebieten nur wenige überdurchschnittliche Anteile an Hochqualifizierten aufweisen und diese eher in den wohlhabenderen Vierteln konzentriert sind, wohnen in mehr als der Hälfte der Armutsgebiete überdurchschnittlich viele Studierende. Dies gilt auch für den Leipziger Osten. Beide Ortsteile besitzen überdurchschnittliche Anteile an Studierenden. Neustadt-Neuschönefeld konnte seinen Anteil von 2003 bis 2006 sogar überproportional steigern. Obwohl der Anteil Hochqualifizierter in beiden Vierteln unter dem Stadtdurchschnitt liegt, ist eine, bezogen auf den gesamtstädtischen Trend, überproportionale Entwicklung zu konstatieren. Betrachtet man die Entwicklung der Bildung gesamtstädtisch, so zeigt sich bei den Studierenden, dass hier vor allem die Gebiete mit überdurchschnittlichen Anteilen für das Jahr

© Frank & Timme   Verlag für wissenschaftliche Literatur

2006 im Untersuchungszeitraum von überproportionalen Zuwächsen profitiert haben.

Im Sinne der oben skizzierten Mikro-Makro-Theorie lässt sich dieses Bild durch das spezifische Wohnungsangebot erklären. Im Leipziger Osten sind die Wohnungen relativ klein, v. a. in Volkmarsdorf, und in Bezug auf die Größe homogen. Weiterhin sind die Mieten im städtischen Vergleich sehr niedrig, nicht zuletzt auch auf Grund des unterdurchschnittlichen Sanierungszustandes in diesen Gebieten. Das so beschaffene Wohnungsangebot wird vor allem von ressourcenschwachen Haushalten, hierzu zählen gerade auch Studierende, nachgefragt. Haushalte, die über höhere Einkommen verfügen, bevorzugen größere Wohnungen und realisieren diese Präferenzen an anderen Standorten. Darüber hinaus trägt auch der Wunsch, in Quartieren mit Vertretern der gleichen Lebensstile zu leben, dazu bei, dass wohlhabendere Haushalte eher andere Wohngegenden präferieren.

	arme HH 2006	reiche HH 2006	Studenten 2006	hohe Bildung 2006		Entwicklung 2003 zu 2006		
						Einkommen	Studenten	Hochqualifizierte
Schleußig	27,7	41,3	16,2	37,5		P	↑	↑
Südvorstadt	25,3	33,0	23,0	34,6			↑	↑
Zentrum-Nord	29,9	40,3	13,0	25,5		↓	↑	
Zentrum-Nordwest	27,0	46,9	15,7	41,7		↓	↑	
Zentrum-Ost	27,8	31,0	13,1	31,2		↓	↑	
Zentrum-Süd	23,5	39,1	18,8	26,5		↑	↑	
Zentrum-West	27,0	37,4	22,7	35,1		P	↑	
Plaußig-Portitz	22,2	32,3	0,0	33,5		↓		↑
Heiterblick	11,6	49,7	1,2	22,3		P		
Mölkau	15,2	38,4	0,0	33,1	Wohlhabendere Viertel	↑		
Baalsdorf	21,5	42,6	1,5	32,5		↑		
Stötteritz	29,2	34,2	3,7	29,6		↑		↑
Probstheida	12,8	46,6	0,0	34,9		↑		↑
Holzhausen	17,6	30,9	2,9	23,6				
Dölitz-Dösen	23,4	39,4	3,0	24,4		↑		↑
Grünau-Siedlung	24,8	33,1	4,1	27,8		P	↑	
Böhlitz-Ehrenberg	16,2	47,4	0,0	22,2		↑		
Lützschena-Stahmeln	13,6	53,9	2,1	24,4		↑		
Seehausen	13,3	42,5	1,7	23,4		↑		↑
Wiederitzsch	20,8	42,7	1,8	26,2		↓		↑
Schönau	28,4	32,8	1,5	21,9		↑		↑
Burghausen-Rückmarsdorf	11,6	36,0	0,9	21,4				
Thekla	19,9	32,4	1,2	17,3		↑		↑
Engelsdorf	12,5	36,2	1,2	19,9		↑		↑
Althen-Kleinpösna	7,3	53,6	0,0	21,2		↑		
Knautkleeberg-Knauthain	29,5	32,9	0,0	19,0		P		↑
Gohlis-Mitte	23,5	37,8	5,1	18,9		↓		
Lindenthal	15,9	58,0	2,1	19,4		↑		↑
Miltitz	28,2	29,2	1,2	20,6		↓		
Connewitz	23,5	22,9	12,2	20,8				
Marienbrunn	16,5	27,7	1,9	23,5				↑
Lößnig	29,7	20,8	4,0	22,2	Mittelschichtgeprägt	↓		↑
Gohlis-Nord	17,6	27,9	1,4	22,3				
Schönefeld-Abtnaundorf	23,6	23,9	4,7	12,9		↑	↑	
Schönefeld-Ost	29,2	24,2	0,0	15,8		P		
Mockau-Süd	28,0	18,2	0,5	10,7				
Mockau-Nord	28,8	20,3	0,0	14,0				
Sellerhausen-Stünz	27,1	27,6	5,1	20,7		P		↑
Hartmannsdorf-Knautnaundorf	21,6	24,6	0,9	16,9				↑
Grünau-Ost	13,1	27,8	0,0	19,5				

	arme HH 2006	reiche HH 2006	Studenten 2006	hohe Bildung 2006	Entwicklung 2003 zu 2006		
					Einkommen	Studenten	Hochqualifizierte
Grünau-Mitte	29,3	19,4	2,1	15,4	↑		↑
Neulindenau	28,5	24,6	4,6	14,9	P	↑	
Möckern	25,1	21,2	4,2	15,8			
Eutritzsch	28,7	27,4	6,0	17,6	↑		
Paunsdorf	30,6	24,7	1,7	13,1	P		
Großzschoch	37,3	24,8	0,0	17,6	P		↑
Lausen-Grünau	39,0	28,0	2,3	16,2	P		
Grünau-Nord	45,9	15,5	1,9	9,4	↓		
Meusdorf	39,8	23,4	0,7	11,9	↓		
Liebertwolkwitz	31,0	27,0	0,0	14,0	P		
Leutzsch	32,4	26,1	4,6	16,0	↓	↑	
Neustadt-Neuschönefeld	43,5	14,6	16,4	17,9	↓	↑	↑
Volkmarsdorf	60,4	15,6	10,6	17,5	P		↑
Anger-Crottendorf	42,5	23,0	6,3	19,1	P		
Reudnitz-Thonberg	37,6	27,8	17,4	19,4	↑	↑	↑
Kleinzschocher	34,5	20,6	7,3	13,2		↑	↑
Lindenau	53,8	14,2	18,1	13,0	↓	↑	
Altlindenau	35,8	20,6	8,8	21,1	P		
Zentrum	35,9	21,8	10,2	26,2	↓	↑	
Zentrum-Südost	31,2	25,9	14,1	21,5	↑	↑	
Plagwitz	34,3	25,3	19,7	23,3	↑	↑	↑
Gohlis-Süd	37,9	29,8	11,7	29,0	↓	↑	
Wahren	34,1	34,1	0,0	15,2	↓		
Gesamtstadt	30,0	28,3	7,2	21,5			

(Vertikale Beschriftung zwischen den Spalten „hohe Bildung" und „Einkommen", die Zeilen Leutzsch bis Altlindenau umfassend: „Ärmere Viertel")

Tab. 4: Sozialstruktur der Leipziger Ortsteile 2003 und 2006 (Quelle: Bürgerumfragen 2003 und 2006; Amt für Statistik und Wahlen Leipzig; eigene Berechnungen; Angaben in Prozent)

5 Fazit

Die gründerzeitlichen Arbeiterwohngebiete im Leipziger Osten entwickelten sich nach den ersten transformationsbedingten Bevölkerungsverschiebungen wiederum hin zu einem Wohngebiet einer statusniedrigen Bevölkerung, die durch einen hohen Anteil an einkommensschwachen Haushalten sowie an Menschen mit Migrationshintergrund geprägt ist. Die Anstrengungen seitens der

Stadt, die defizitären Wohnbedingungen zu verbessern und ein weiteres soziales Abgleiten des Viertels zu verhindern, waren vor allem hinsichtlich der Wohnsituation erfolgreich. Die Aufwertung des Wohnumfeldes erfordert jedoch neben baulichen Eingriffen auch ein großes Maß an sozialer Arbeit, deren Wirkungsgrad sich kaum durch kurzfristig veränderte statistische Kenngrößen darstellen lässt. Hinzu kommt, dass das Viertel weiterhin einer öffentlichen Stigmatisierung unterliegt, die auch von seinen Bewohnern weitgehend verinnerlicht wird.

Die Segregationsanalyse zeigte jedoch auch positive Entwicklungen, wie etwa die überdurchschnittlich hohen Anteile an Studierenden, die den Leipziger Osten positiv von anderen Armutsgebieten Leipzigs abheben. Auch Bemühungen um die Ausweisung von Baugrundstücken für den innerstädtischen Eigenheimbau[8] im Leipziger Osten können Impulse für Ausgleichsbewegungen geben, die langfristig gesehen zu einer heterogeneren Sozialstruktur führen können, also zu einem höheren Anteil von mittleren und hohen Einkommen. Hinzu kommt hier das erhebliche Potenzial, das aus der ethnischen Vielfältigkeit des Viertels erwachsen kann. Die in den letzten Jahren entstandene multi-ethnische Enklave „Klein-Bagdad" an der zentralen Einkaufsmeile Eisenbahnstraße, bestehend aus kleineren Einzelhandelsgeschäften (Gemüseläden etc.), Telefonläden oder ethnischen Spezialitätenläden (siehe hierzu auch die Beiträge von Henn bzw. Leimer in diesem Band), kann als Indikator für eine zukünftige positive Entwicklung des Viertels und seines Images verstanden werden.

Was das Viertel allerdings weiterhin braucht, ist die starke Präsenz von Akteuren der sozialen Arbeit sowie niederschwellige Bildungs- und Beratungsangebote. Die Einrichtung des Gesundheitsladens Konradstraße oder der Ausbau einer Kindertagesstätte zu einem Kinder- und Familienzentrum mit Angeboten der Beratung und Elternbildung sind nur zwei Beispiele dieser Angebote. Soziale In-

---

[8] Zum Leipziger Selbstnutzerprogramm siehe den Beitrag Gerkens/Hochtritt/Seufert in diesem Band.

© Frank & Timme   Verlag für wissenschaftliche Literatur

terventionen, gekoppelt mit kulturellen Aktivitäten, wie etwa das durch die Stadt Leipzig und einen Kulturverein des Leipziger Ostens initiierte „Neustädter Frühstück"[9] oder das stadtübergreifende Feriencamp „Stadt in der Stadt"[10] in einem Stadtteilpark des Leipziger Ostens – die über die Stadtteilgrenzen hinaus wahrnehmbar sind – können das Selbstbewusstsein und den sozialen Zusammenhalt der Bewohner fördern und längerfristig auch zu einer positiveren Außenwahrnehmung führen.

Literaturverzeichnis

Berlin Institut (Hrsg.) (2007): Not am Mann. Vom Helden der Arbeit zur neuen Unterschicht? Lebenslagen junger Erwachsener in wirtschaftlichen Abstiegsregionen der neuen Bundesländer. Berlin.

Blasius, J. (1988): Indizes der Segregation. In: Kölner Zeitschrift für Soziologie und Sozialpsychologie Sonderheft 29: Soziologische Stadtforschung, 410–431.

BMBF [Bundesministerium für Bildung und Forschung] (Hrsg.) (2008): Lebenslagen in Deutschland – Der 3. Armuts- und Reichtumsbericht der Bundesregierung. Berlin.

---

[9]   Zum Neustädter Frühstück siehe den Beitrag Gerkens/Hochtrit in diesem Band.

[10]   „Stadt in der Stadt" ist ein Ferienspielprojekt, bei dem Kinder nach eigenen Vorstellungen eine Stadt gestalten können – angefangen von der baulichen Konstruktion bis zum Ausprobieren demokratischer Prozesse. Das Projekt besteht seit 2006 und wird durch den Zusammenschluss mehrerer soziokultureller Zentren und Vereine in Leipzig ermöglicht. Im Jahr 2009 besuchten über 2000 Kinder aus ganz Leipzig das Ferienprogramm „Stadt in der Stadt" im Leipziger Osten
(http://www.haus-steinstrasse.de/stadtinderstadt/2006/06/stadt_in_der_stadt.html).

Böhme, C.; Franke, T. (2002a): Programmbegleitung vor Ort im Modellgebiet Leipziger Osten. Berlin.

Böhme, C.; Franke, T. (2002b): Leipzig – Leipziger Osten. In: Deutsches Institut für Urbanistik (Hrsg.): Die soziale Stadt. Berlin, 196-209.

Cortese, C. F.; Falk, F. R.; Cohen, J. K. (1976): Further Considerations on the Methodological Analysis of Segregation Indices. In: American Sociological Review 41 (4), 630-637.

Dangschat, J. S. (1985): Soziale und räumliche Ungleichheit in Warschau. Hamburg (Beiträge zur Stadtforschung Band 10).

Dangschat, J. S. (1997): Sag' mir, wo Du wohnst und ich sag' Dir, wer Du bist! Zum aktuellen Stand der Segregationsforschung. In: PROKLA 27 (4), 619-647.

Duncan, O. D.; Duncan, B. (1955a): Residential Distribution and Occupational Stratification. In: The American Journal of Sociology 60 (5), 493-503.

Duncan, O. D.; Duncan, B. (1955b): A Methodological Analysis of Segregation Indexes. In: American Sociological Review 20 (2), 210-217.

Farwick, A. (2001): Segregierte Armut in der Stadt. Ursachen und Folgen der räumlichen Konzentration von Sozialhilfeempfängern. Opladen (Stadt, Raum und Gesellschaft 14).

Friedrichs, J. (1977): Stadtanalyse – Soziale und räumliche Organisation der Gesellschaft. Reinbek.

Friedrichs, J. (1988): Makro- und Mikrosoziologische Theorien der Segregation. In: Kölner Zeitschrift für Soziologie und Sozialpsychologie Sonderheft 29: Soziologische Stadtforschung, 56-77.

Friedrichs, J. (1995): Stadtsoziologie. Opladen.

Grabbert, T. (2008): Schrumpfende Städte und Segregation. Eine vergleichende Studie über Leipzig und Essen. Berlin.

© Frank & Timme   Verlag für wissenschaftliche Literatur

Grundmann L.; Tzschaschel, S; Wollkopf, M. (Hrsg.) (1996): Leipzig – ein geographischer Führer durch Stadt und Umland. Leipzig.

Gugutschkow, S.; Kaufmann, A. (2005): Keine Frage des Ob, sondern des Wie – Soziale Integration im Leipziger Osten – auch von Migranten. In: PlanerIn 4, 25-27.

Hamm, B. (1977): Die Organisation der städtischen Umwelt. Ein Beitrag zur sozialökologischen Theorie der Stadt. Stuttgart.

Haug, S. (2000): Soziales Kapital und Kettenmigration. Italienische Migranten in Deutschland. Wiesbaden.

Häußermann, H.; Siebel, W. (2004): Stadtsoziologie. Eine Einführung. Frankfurt a. M.

Herfert, G.; Röhl, D. (2001): Leipzig – Region zwischen Boom und Leerstand. In: Brake, K.; Dangschat, J. S.; Herfert, G. (Hrsg.): Suburbanisierung in Deutschland. Aktuelle Tendenzen. Opladen, 151-162.

Lenz, M. (2007): Auf dem Weg zur sozialen Stadt. Wiesbaden.

Schätzl, L. (2000): Wirtschaftsgeographie 2. Empire. 3., überarbeitete und erweiterte Auflage. Paderborn.

Schultz, A. (2009): Brain drain aus Ostdeutschland? Ausmaß, Bestimmungsgründe und Folgen selektiver Abwanderung. Leipzig.

StBA [Statistisches Bundesamt] (Hrsg.) (2007): Bevölkerung und Erwerbstätigkeit. Bevölkerung mit Migrationshintergrund. Ergebnisse des Mikrozensus 2005. Fachserie 1, Reihe 2.2. Wiesbaden.

Wiest, K. (1997): Die Neubewertung Leipziger Altbauquartiere und Veränderungen des Wohnmilieus. Leipzig.

KARSTEN GERKENS, PETRA HOCHTRITT, HEINER SEUFERT[1]

Städtebauliche Entwicklung

Ausgangssituation

Historisch begründet ist der Leipziger Osten und hier insbesondere der Ortsteil Neustadt-Neuschönefeld der Stadtteil mit der gesamtstädtisch höchsten Einwohnerdichte. Dicht bebaute, meist leerstehende Quartiere gründerzeitlicher Blockstruktur mit überwiegend verbauten und versiegelten Hofbereichen sowie ein großer Anteil innerstädtischer Plattenbauten prägten das Bild des Ostens im Jahr 1990. Die Bausubstanz im gesamten Stadtteil war zudem mehrheitlich von geringerer Qualität, stark sanierungsbedürftig und eigentlich zum flächenhaften Abbriss vorgesehen (Abb. 1 u. 2). Ausgelöst durch die Volksbaukonferenz im Januar 1990 erfolgte das Umdenken: der Erhalt stand nun im Mittelpunkt.

Öffentliche Räume, Straßen und Plätze waren weitestgehend verwaist, straßenbegleitendes Grün existierte, mit Ausnahme der Kirchplätze, nicht. Anfang der 1990er Jahre war der gesamte Leipziger Osten mit jeglicher Art an Grünstrukturen unterversorgt. Selbst wohnungsnahe Grünflächen mit einfachsten Spielangeboten für Kinder oder kleinere Aufenthaltsbereiche im Freien waren in vielen Quartieren nicht vorhanden. Die in den 1980er Jahren erstmalig – in der Folge von Flächenabrissen - entstandenen öffentlichen Grünanlagen Rabet und Otto-Runki-Platz erwiesen sich als völlig unzureichend für den Stadtteil und entsprachen darüber hinaus nicht den Anforderungen der tatsächlichen Nutzerinnen und Nutzer – ältere Kinder und Jugendliche blieben bei dem Angebot an Freiflächen beispielsweise ganz und gar unberücksichtigt. Es mangelte an Sportflächen, die unter anderem auch eine Voraussetzung für aktive Vereinsarbeit sind. Das

---

[1]   unter Mitarbeit von Heiko Böttcher, Julia Lerz und Christoph Scheffen

Ostbad – als einziges Hallenbad im Stadtteil – war zu Wendezeiten bereits geschlossen, lediglich das „Wannenbad" wurde noch betrieben.

Abb. 1 u. 2: Situation der Gebäude und Höfe im Leipziger Osten 1992 (Fotos: ASW)

Die Rietzschke-Aue als alleinige natürliche Grün- und Gewässerstruktur war nur noch im Osten des Stadtteils in den Kleingarten-Bereichen zu erahnen, ansonsten fungierte das Gewässer lediglich als unterirdischer Mischwassersammelkanal.

Anders als zeitgleich entstandene Gebiete in Leipzig wie Connewitz, Plagwitz oder Leutzsch war der Osten ein einfaches Arbeiterwohngebiet und konnte keine unmittelbaren Entwicklungsvorteile aus einer Nähe zum Auewald ziehen; es dominierten eher hemmende Faktoren: Eine den Stadtteil im Norden abschneidende sehr breite Bahntrasse und hieran angrenzende Gewerbeansiedlungen verschafften zusätzliche Lagenachteile. Dazu sorgten tangential und radial stark befahrene Hauptverkehrsstraßen wie die Eisenbahnstraße und die Wurzner Straße dafür, dass der Leipziger Osten in regelrechte Inseln zerteilt wurde. Eine zusammenhängende Entwicklung schien nahezu unmöglich, die einzelnen Wohngebiete waren in erheblichem Maße von räumlichen und subjektiv wahrgenommenen Barrieren voneinander getrennt und starken Lärm- und Abgasemissionen ausgesetzt. Risse im Stadtbild entstanden auch durch vorhandene Gewerbebrachen (Abb. 3).

Abb. 3: Gewerbebrachen (Foto: Christian Tell)

In den ersten Jahren der Sanierung wurde das Hauptaugenmerk auf die Sanierung und den Erhalt der Wohngebäude gelegt. Es herrschte wie in ganz Leipzig aufgrund der baulichen Situation Wohnungsmangel. Die Mieten entwickelten sich exorbitant. Die Verhinderung einer Verdrängung der vorhandenen Bevölkerung war dementsprechend eines der Sanierungsziele. Eigentümerinnen und Eigentümer wurden bei der Sanierung ihrer Gebäude mit Fördermitteln zum Ausgleich der unrentierlichen Kosten, verbunden mit einer Mietpreisbindung und der Eintragung von Belegungsrechten, unterstützt.

Nachdem sich Mitte der 1990er Jahre der Wohnungsmarkt entspannte, wurden die öffentlichen Gelder auf die Sanierung von Straßen, Wegen und Plätzen konzentriert. Der einst durch problematische Nutzungsmischung geprägte Arbeiterbezirk besaß nach der Wende vorwiegend nur noch Wohnfunktionen. Dienstleistungs- und Nahversorgungseinrichtungen waren relativ wenig vorhanden und eher einfach strukturiert. Die hohen Erwartungen an die wirtschaftliche Entwicklung erfüllten sich nicht. Markenboutiqen mit hochpreisiger Mode öffneten, fanden aber kein Kundenklientel und schlossen rasch wieder; ebenso endete das Intermezzo von Filialen verschiedener Banken.

Seit Ende der 1990er Jahre ist die lokale Ökonomie zunehmend ethnisch geprägt. Diese stadtweite Besonderheit geht einher mit dem höchsten Anteil an Bevölkerung mit Migrationshintergrund in Leipzig (2009 ca. 28 %) und kennzeichnet das Erscheinungsbild des Leipziger Ostens – insbesondere das der Eisenbahnstraße.

Der Leipziger Osten konnte sein Negativimage des klassischen Arbeiterstadtteils – der „Rote Osten" – nie ablegen. Es wird jedoch deutlich, dass das Eigenbild im Stadtteil und das Image des Leipziger Ostens außerhalb von Leipzig deutlich positiver gesehen wird als von den Leipzigerinnen und Leipzigern selbst. Heute kommen Klischees und Ängste aufgrund der ethnisch bunteren, deutlich jüngeren, aber auch sozial schwächeren Bevölkerung hinzu. Gerade diese Bevölkerungsgruppen finden neben dem Leipziger Osten wenige preisgünstige Alternativen für Wohnraum in der sich sukzessiv weiter erneuernden Gesamtstadt.

Selbstverständlich fanden und finden auch im Leipziger Osten private Investitionen in die Gebäudesanierung und -modernisierung oder Neubauprojekte (wie beispielsweise das Einkaufszentrum „St. Lukas Arkaden" oder das Büro- und Geschäfts-Center Torgauer Platz) statt, insgesamt ist das Sanierungsgeschehen im Leipziger Osten im Vergleich zum gesamten Leipziger Fortschritt jedoch geringer. Der Grundstücksmarkt im Stadtteil war zwischenzeitlich nahezu zusam-

© Frank & Timme   Verlag für wissenschaftliche Literatur

mengebrochen, zwischen 2000 und 2004 wurden trotz gesunkener Grundstückspreise nur wenige Kauffälle registriert. Die Grundstückspreise auf der Eisenbahnstraße fielen von 485 EUR/qm (1993) auf 110 EUR/qm (2010). Inzwischen gibt es eine Belebung auf relativ niedrigem Niveau.

Schuld daran ist auch die Schere zwischen den Anforderungen an innerstädtische Wohnverhältnisse und den Gegebenheiten im Leipziger Osten, die sich noch einmal mehr aufweitet, wenn entspannte Wohnungsmärkte stadtweit flexible Wohnortwahl zulassen. Nirgendwo sonst in der Stadt existieren eine derart geringe Stadtteilbindung und solch starke Umzugsabsichten, nirgendwo sonst hat sich die Leerstandsproblematik – auch im sanierten Bestand – so dramatisch entwickelt wie im Leipziger Osten.

Mit durchschnittlich 35 % und in Teilbereichen mit bis zu 80 % Leerstand (Abb. 4) ist der Stadt das „bauliche Kleid" nicht nur zu groß geworden, sie steckt faktisch in einem zeltgroßen Mantel!

Abb. 4: Leerstand im Wohngebiet (Foto: Christian Tell)

Als besonders schwierig erweist sich im Leipziger Osten das erforderliche „Auf-trennen der Nähte" des Mantels durch die gründerzeitlichen Strukturen im Stadtbezirk. Eine bloße Wegnahme von Bausubstanz kann hier eine ganze Struktur zum Einstürzen bringen – Stadtentwicklung im Leipziger Osten ist eine Herausforderung, die immer wieder angepasste Strategien bedarf: Neben der städtebaulichen Dimension dürfen Aspekte der Bevölkerungszusammensetzung, des sozialen Miteinanders und der wirtschaftlichen Eigenart nicht außer Acht gelassen werden.

Der Leipziger Osten als Schwerpunkt der Stadterneuerung

Die Erhaltungsstrategie

Die Stadtverordnetenversammlung hat am 14.11.1990 für insgesamt 16 Gebiete die Durchführung der Vorbereitenden Untersuchungen als formale Vorausset-zung für die Umsetzung von Sanierungsmaßnahmen nach dem Baugesetzbuch (BauGB) beschlossen. Damit reagierte die Stadt sehr schnell nach der politischen Wende auf die besonders in den Leipziger Gründerzeitvierteln vorhandenen baulichen und funktionellen Missstände.

Im Ergebnis der Vorbereitenden Untersuchungen gemäß § 140 BauGB wurden die im heutigen Programmgebiet Leipziger Osten gelegenen drei Sanierungsge-biete Neustädter Markt (1993), Neuschönefeld (1994) und Reudnitz (1994) als förmliche Sanierungsgebiete festgelegt. Damit wurde seitens der Stadt die Vor-aussetzung für schnelles, engagiertes Handeln geschaffen.

Dabei lag insbesondere in den Anfangsjahren der Stadterneuerung der Schwer-punkt der Aktivitäten auf dem Erhalt und der Sicherung der vorhandenen Bau-substanz. Durch die Strategie einer erhaltungsorientierten, behutsamen Stadter-neuerung konnte eine Vielzahl der bauhistorisch wertvollen Gründerzeitgebäu-de vor dem weiteren Verfall bewahrt werden. Ein Großteil der in dem Zeitraum zwischen 1993 bis 1996 verfügbaren Städtebaufördermittel wurde für die Durchführung privater Bau- und Sicherungsmaßnahmen bereitgestellt. Vor allem in den Bereichen um den Neustädter Markt zeugen noch heute viele sanierte Gründerzeitgebäude von dieser ersten Phase der Stadterneuerung in Leipzig. Gerade hier befanden sich ca. 80 Prozent der Wohngebäude Anfang der 90er Jahre in einem derart schlechten Zustand, dass Bewohnbarkeit und gesunde Lebensverhältnisse nicht gewährleistet waren. Die geschlossene gründerzeitliche Baustruktur des ca. 23 ha großen Gebietes drohte in sich zusammenzufallen. Mit dem konzentrierten Einsatz von Städtebau- und Wohnungsbaufördermitteln konnten im Gebiet von 1991 bis 1998 ca. 120 Wohngebäude erneuert und vor dem Verfall bewahrt werden.

Bis Mitte der 1980ger Jahre gab es im Leipziger Osten außer kleineren Schmuckplätzen wie um die Heilig-Kreuz- und die Lucas-Kirche sowie wenigen winzigen Parkanlagen faktisch keine öffentlich zugänglichen Grünflächen mit Sport-, Spiel- oder Erholungsfunktionen. Erste Schritte zur Verbesserung der Freiraumsituation im Stadtteil wurden mit dem Abriss vorgründerzeitlicher Wohngebiete südlich der Eisenbahnstraße eingeleitet. In ihren Grundstrukturen entstanden der Otto-Runki-Platz und die öffentliche Grünfläche Rabet. Die ersten Sport-, Spiel und Aufenthaltsangebote wurden hier untergebracht. Sehr schnell wurde deutlich, dass die Nutzungsansprüche bei weitem die Nutzungsangebote übertrafen. So wurde beispielsweise das Rasenspielfeld im Rabet sowohl von Schulen für den Schulsport, von Vereinen und Betriebssportgemeinschaften im Rahmen ihres Vereinssports und besonders in den Nachmittagsstunden von Kindern und Jugendlichen aus dem Stadtteil zum Freizeitsport genutzt.

Mit der Festschreibung der Sanierungsgebiete und der Formulierung der Sanierungsziele wurde Anfang der 1990er Jahre auch die Entwicklung der Wohngrünflächen grundlegend festgeschrieben. Die generellen Ziele – die Entkernung, Entsiegelung und Umgestaltung der Hofbereiche zu Wohngrünflächen ohne störende Parkplätze und rückwärtige Erschließung – haben bis heute ihre

Gültigkeit nicht verloren. Viele private Hausgärten sind dadurch entstanden (Abb. 5). Die Anwohnerinnen und Anwohner würdigen heute die besondere Ruhe des Wohnumfeldes mit verkehrsberuhigten Anliegerstraßen auf der einen und grünen Innenhöfen auf der anderen Seite.

Abb. 5: Begrünte Innenhöfe (Foto: Christian Tell)

Besonders wegen seiner zentralen Lage und Bedeutung für das Gebiet „Neustädter Markt", aber auch aufgrund seines überaus vernachlässigten Zustandes, wurde 1993 als eines der ersten Projekte im öffentlichen Raum mit der Erneuerung des Kirchplatzes der Heilig-Kreuz-Kirche begonnen (Abb. 6). Vor der Sanierung diente der Platz dem ungeordneten Abstellen von Autos, weshalb Wege zerstört, Bäume krank und die ursprünglich angelegten Pflanzbeete und Sitzbereiche nicht mehr vorhanden waren. Der in Leipzig einzigartige Kandelaber, eine Handschwengelpumpe sowie weitere Kleinarchitekturen auf dem Platz waren zerstört oder stark beschädigt.

Abb. 6: Kirchplatz der Heilig-Kreuz-Kirche (Foto: Christian Tell)

Durch die Bürgerschaft wurde der Sanierung des Kirchplatzes anfangs allerdings kein Verständnis entgegengebracht. Die häufigsten Argumente waren skeptisch: „Das hat doch alles keinen Sinn, das geht sowieso wieder kaputt" oder „Das wird nie zweckentsprechend genutzt". In der Zwischenzeit hat sich die Einstellung der Bürgerschaft jedoch grundlegend geändert. Die Bewohnerinnen und Bewohner gehen heute viel bewusster mit ihrem unmittelbaren Umfeld um. Der Bürgerverein Neustädter Markt e. V. hat es nach zähem Ringen geschafft, über Sponsoren auch den Kandelaber zu erneuern und am alten Standort zu errichten. Der Kirchplatz hat seine Funktion zurückerhalten; die ursprüngliche Gestaltung durch den damaligen städtischen Gartendirektor Otto Wittenberg wurde denkmalgerecht nachempfunden und umgesetzt. Regelmäßige Veranstaltungen wie das „Neustädter Frühstück" haben im Umfeld der Kirche bereits Tradition und ließen die Akzeptanz des neu gestalteten Platzes bei der Bevölkerung erheblich wachsen.

Entwicklung durch Freiraumqualitäten

Aufgrund des zunehmendes Sanierungsgrades der Wohnhäuser und des Weckens von Investoreninteresse trotz der zurückgehenden steuerlichen Abschreibungsmöglichkeiten verlagerte sich der Fokus der durch das Amt für Stadterneuerung und Wohnungsbauförderung (ASW) aus Städtebauförderungsmitteln unterstützten Maßnahmen, in den öffentlichen Raum. Die Umgestaltung und Aufwertung öffentlicher Räume, wie z. B. Straßen, Plätze und Parkanlagen, gehört bis heute zu den „Schlüsseln des Erfolgs", wenn es um die Schaffung selbsttragender Strukturen und um eine nachhaltige Gebietsentwicklung geht. Die hierbei gewonnenen Erfahrungen haben zweifelsohne gezeigt, dass eine in Abstimmung mit den Bürgerinnen und Bürgern neu gestaltete Straße oder Grünfläche Impulse auslöst: Für Eigentümer, Investoren, Mieter und Gewerbetreibende stellt der öffentliche Raum ein wichtiges Kriterium für die Standortwahl dar, so dass Investitionen in die öffentliche Infrastruktur in hohem Maße dazu beitragen, private Folgeinvestitionen zu initiieren.

Zugleich gehören Straßenbaumaßnahmen aber immer auch zu den für die Stadt kostenintensivsten Maßnahmen im öffentlichen Raum. Vielfach können Umgestaltungsmaßnahmen von Anliegerstraßen nur in Angriff genommen werden, weil sie in förmlich festgelegten Sanierungsgebieten liegen und damit der städtische Kostenanteil auf ein Drittel der Gesamtkosten reduziert wird.

Auch deshalb lag der Schwerpunkt der Sanierungsmaßnahmen des öffentlichen Raumes auf der Schaffung neuer Grünräume und -strukturen. Es sollten zu-

© Frank & Timme   Verlag für wissenschaftliche Literatur

sammenhängende, öffentlich nutzbare Bereiche entstehen. Dafür wurden im gesamten Gebiet des Leipziger Ostens Flächen auf ihre Eignung und langfristige Verfügbarkeit hin untersucht. Bald darauf entstanden die ersten Pläne mit Grünvernetzungen. In dieser Phase begann der Abbau der stadtweit höchsten Unterversorgung in allen Freiraumkategorien. Der Leipziger Osten sollte für die Bürger dadurch erheblich an Attraktivität gewinnen.

Im Sanierungsgebiet „Neuschönefeld" wurde z. B. die Erweiterung des Bernhardiplatzes Schritt für Schritt umgesetzt. Brachgefallene Gewerbeflächen und private, ehemals im Inneren des Blockes gelegene Bereiche wurden mit Hilfe von Gestattungsvereinbarungen und durch zusätzlichen Grunderwerb durch die Stadt einbezogen. Neben dem historischen Bereich entstanden neue Wegebeziehungen zu angrenzenden Quartieren, Flächen für einen neuen Schulgarten, ein Ballspielplatz sowie neue Sitz- und Aufenthaltsbereiche. In diesem Zusammenhang wurden auch Straßen teilweise zurückgebaut. Eine den Planungsprozess begleitende Bürgerbeteiligung führte dazu, dass der Zugang zum Platz nun auch von vielen privaten Grundstücken aus über die Höfe möglich ist. Diese Tatsache und die ansprechende, großzügige Entwicklung des einstigen Blockinnenareals als öffentlich nutzbare Parkanlage führten zu einer rasanten Entwicklung des Sanierungsgeschehens rund um diesen neu gestalteten Bereich.

Exkurs: Gestattungsvereinbarung

Die Stadt Leipzig hat mit der Gestattungsvereinbarung ein wirksames Instrument zur Umsetzung des Stadtumbaus entwickelt. Die Förderung von Abriss und/oder der Neugestaltung auf privaten Flächen werden vertraglich mit einer öffentlichen Nutzbarkeit verbunden. In deren Rahmen verpflichtet sich die Stadt zur Übernahme bestimmter förderfähiger Kosten; im Gegenzug stellt der Eigentümer sein Grundstück mittelfristig für z. B. 10-15 Jahre für eine öffentliche Nutzung zur Verfügung. Die Stadt beschleunigt den Umbauprozess und sichert die Grundlagen der Verbesserung des Wohnumfeldes. Die Vorteile für den Eigentümer sind vor allem:

- Förderung der Abbruch- und/oder der Gestaltungsmaßnahme,
- Möglichkeit der Grundsteuerbefreiung bei öffentlicher Nutzung des Grundstückes und
- Erhalt des Baurechts.

Die privaten Grundstückseigentümer kommen als Vertragspartner (mit geringen Abstrichen) ihren Verpflichtungen zur Unterhaltung und Pflege nach; das Wohnumfeld wurde an vielen Stellen nunmehr bereits mehrere Jahre mit sinnvollen Nutzungen ergänzt. Immer mehr werden diese Grundstücke auch von Vereinen genutzt und unterhalten. Beispiele sind der Kunstgarten Ludwigstraße (Jugendkulturzentrum Stötteritzer Spielkiste e. V.), der Bürgergarten, der vom ansässigen Bürgerverein Neustädter Markt e. V. unterhalten wird und der Frauen- und Familiengarten, den der Interkulturelle Frauenverein Leipziger Osten e. V. nutzt.

Integrierte Stadtentwicklung – Stadtentwicklung heißt Stadtumbau

Bis Ende der 1990er Jahre konnte ein erheblicher Teil der vorhandenen Gebäude im Leipziger Osten saniert werden; auf vielen unbebauten Grundstücken entstanden Neubauten. In dieser Phase der Stadterneuerung wurde jedoch auch deutlich, dass mit der abnehmenden Wohnungsnachfrage infolge eines stadtweit hohen Angebotes an hochwertigem und preiswertem Wohnraum sowie der Reduzierung der steuerlichen Abschreibungsmöglichkeiten (Sonder-AfA), auch eine Entschleunigung des Erneuerungsprozesses verbunden war. Es zeichnete sich ab, dass die verbleibenden Aufgaben nach dem Bauboom der ersten Jahre unmittelbar nach der Wiedervereinigung nur in längeren Zeiträumen realisierbar sind. Steter Bevölkerungsrückgang, städtebaulicher Erneuerungsbedarf, hoher Leerstand, ökonomische und soziale Probleme sowie Imagedefizite verursachten darüber hinaus einen zusätzlichen Problemdruck im Leipziger Osten, der die Stadt trotz der Erfolge im „klassischen" Erneuerungsprozess zum Handeln zwang. Die klassische Sanierung allein reichte nicht aus, dass der Osten den Anschluss an die Entwicklung der Gesamtstadt hält.

Als Chance wurde die Einführung der integrierten Programme der Stadterneuerung begriffen, die neben investiven Maßnahmen auch nichtinvestive Maßnahmen zulassen. Gleichzeitig mit der Erarbeitung des Integrierten Handlungskonzeptes wurden Förderanträge sowohl für das Bund-Länder-Programm „Stadtteile mit besonderem Entwicklungsbedarf – Soziale Stadt" als auch für das – auf dem Europäischen Fonds für Regionale Entwicklung (EFRE) basierende – Landes-Programm „Verwaltungsvorschrift Stadtentwicklung" gestellt. Die Grundlagen für die Gebietsabgrenzung bildeten die Vorarbeiten, die für die Erarbeitung des Stadtentwicklungsplanes Wohnungsbau und Stadterneuerung durch ein interdisziplinäres Team von Experten aus dem Bauderzernat sowie dem Sozial- und Wohnungsamt erarbeitet wurden.

Im Jahr 2000 beschloss der Stadtrat den „Stadtentwicklungsplan Wohnungsbau und Stadterneuerung" (STEP W+S), welcher eine gesamtstädtische Strategie mit räumlicher Schwerpunktsetzung für die Bündelung des öffentlichen Mitteleinsatzes in Problemgebieten beinhaltete. Neben dem Leipziger Westen und der Plattenbau-Großsiedlung Grünau legte er den Leipziger Osten als Schwerpunkt der integrierten Stadtteilentwicklung fest und sicherte einen Finanzierungsrahmen.

Konkretisiert wurden die Planungen für den Leipziger Osten durch den Konzeptionellen Stadtteilplan (KSP). Mit dem KSP Leipziger Osten wurde ein räumliches Leitbild für 2020 entwickelt, welches innovative Stadtumbauprojekte beinhaltete (Abb. 7)

Abb. 7: Konzeptioneller Stadtteilplan Leipziger Osten: Leitbildplan Leipziger Osten 2020 (Quelle: Büro BGMR, Berlin/Leipzig)

Die Bewilligung für das Programm Soziale Stadt erfolgte Ende 1999, für das EFRE-Programm im Jahr 2000. Die integrierten Programme im Fördergebiet Leipziger Osten werden auf Basis des Integrierten Handlungskonzeptes in aufeinander abgestimmten Schwerpunktbereichen umgesetzt:

- Stadterneuerung
- Wirtschaft und Arbeit
- Soziales Leben
- Gebietsmanagement und Kooperation

Nach der Überarbeitung wird seit 2009 in folgenden „Projektfamilien" gearbeitet:

- Wirtschaftsinitiative Ostwerkstadt
- Konzeptioneller Stadtteilplan Leipziger Osten
- OstLichtKulturraum
- Aktionsprogramm Soziale Integration
- Kommunikation und Kooperation

Die integrierten Programme lieferten auch die Grundlage für die Umsetzung der Stadtumbauprojekte. In der Umsetzung wurden aus dem Konzeptionellen Stadtteilplan drei räumliche Schwerpunkte abgeleitet: Stadtteilpark Rabet, die Eisenbahnstraße als Wirtschaftsstandort und Wurzner Straße als Standort des „Dunklen Waldes" und des „Lichten Hains".

Entgegen der leider zu oft diskutierten Verkürzung des Stadtumbaus auf einen Weg des Wohnungsabrisses wird in den räumlichen Schwerpunkten des Konzeptionellen Stadtteilplans versucht, mit einem gezielten Einsatz öffentlicher Mittel für Stadtumbau Impulse sowohl für die Wirtschaft als auch für das soziale Leben im Stadtteil zu generieren. Hier werden Maßnahmen der einzelnen Handlungsfelder gezielt miteinander verbunden, um über Synergieeffekte eine deutlich erhöhte Wirksamkeit beim Einsatz knapper städtischer Eigenmittel und akquirierter Fördermittel zu erreichen. Unterstützt wird dies auch dadurch, dass sich verschiedene Programmgebiete im Leipziger Osten gegenseitig überlagern aber die gleichen Handlungsziele verfolgen. Die einzelnen Förderprogramme werden dabei als Finanzierungsquelle angesehen.

Seit 1999 ist der Leipziger Osten als benachteiligtes Quartier mit damals 29.000 Einwohner und einer Fläche von 340 ha eines der größeren Fördergebiete des Programms Soziale Stadt. Für die weitere öffentliche Kofinanzierung stehen seit 2000 auch Mittel aus dem Europäischen Fonds für regionale Entwicklung (EFRE) zur Verfügung (nach „Verwaltungsvorschrift Stadtentwicklung" bzw. „Nachhaltige Stadtentwicklung" des Freistaates Sachsen). Weitere Mittel können über die Bundesprogramme Stadtumbau Ost und Städtebauliche Erneuerung (SEP) sowie über die ESF-Bundesprogramme „Lokales Kapital für soziale Zwecke" (bis 2008) bzw. „Stärken vor Ort" (ab 2009) für den Stadtteil produktiv eingesetzt werden. Räumlich werden öffentliche Mittel nicht mehr gleichmäßig auf die Gesamtfläche im Stadtteil verteilt, sondern – wie aus dem Integrierten Handlungskonzept abgeleitet – auf Entwicklungskerne konzentriert.

Beispielprojekte

Entwicklungsschwerpunkt Stadtteilpark Rabet

Die Umgestaltung des Mitte der 1980er Jahre angelegten Stadtteilparks wurde gemäß den Vorschlägen des Konzeptionellen Stadtteilplanes und als ein Schwerpunkt des Stadtumbaus im Leipziger Osten zwischen 2003 und 2007 durchgeführt. Durch den Rückbau mehrerer Straßen und den Abriss verinselter, stark ruinöser Gebäude konnte der Park um mehr als 1/3 auf insgesamt über 9 ha ausgedehnt werden.

Bereits 2002 wurden namhafte Landschaftsarchitekturbüros aufgerufen, in einem Gutachterverfahren Ideen und Vorschläge zur Erweiterung des Stadtteilparks Rabet und Gestaltung des Otto-Runki-Platzes zu erarbeiten. Zeitgleich konnten bereits Vorschläge der Bürger aufgenommen werden. Fühzeitig wurden dazu im Stadtteil Arbeitsstrukturen für den Beteiligungsprozesse gebildet. In Themenarbeitsgruppen wurden die Wünsche und Nutzungsansprüche entwickelt. Ebenso wurden die Hinweise von Bürgerinitiativen und Vereinen aufgenommen. Insbesondere konnten so auch die Ideen und Vorschläge von Kindern, Jugendlichen und ältern Menschen rechtzeitig Berücksichtigung finden. Mit dem Siegerentwurf entschied man sich für ein ca. 1 km langes asphaltiertes, multifunktional nutzbares Aktivband (Abb. 8). Daneben wurden Aufenthaltsbereiche und Spielbereiche für verschiedene Altersgruppen unmittelbar angrenzend an die Bewegungsflächen angeordnet.

Abb. 8: Planung Rabet: weite Flächen und Aktivband (Quelle: Büro Lützow, Berlin)

Resonanz unter der Bewohnerschaft und Inanspruchnahme des Stadtteilparks haben sich deutlich erhöht. Heute findet man im Rabet zeitgleich die Nutzer der Spiel- und Sportangebote verschiedenster Altersgruppen wie auch Erholungsuchende in dafür besonders gestalteten Bereichen (Abb. 9).

Abb. 9: Blick auf den Stadtteilpark Rabet (Foto: ASW)

Der neu gestaltete Park strahlt überaus positiv auf die ihn umgebenden Bereiche aus und verändert langsam auch deren Standortcharakter. Auf den Flächen einstiger, vom Verfall und Leerstand gezeichneter Gebäude, entstehen heute mit Hilfe des Leipziger Selbstnutzerprogramms Stadthäuser. Gleichzeitig werden erhaltenswerte Gründerzeitgebäude zu Maisonette-Wohnungen oder Lofts umgebaut. Beides zieht ein sozial wie wirtschaftlich besser situiertes, häufig kreatives Klientel an und stärkt durch die Eigentumsbildung den Bezug mit dem Standort, mit dem Quartier und schließlich mit dem Leipziger Osten.

Entwicklungsschwerpunkt Eisenbahnstraße

Nachdem gesamtstädtische Planungen die Entlastung der Eisenbahnstraße vom Durchgangsverkehr ermöglichten, schuf der Komplettumbau die Voraussetzungen für eine mögliche Wiederbelebung als innerstädtische Wohn- und Geschäftsstraße. Straßenbahn- und Kraftfahrzeugverkehr teilen sich nun in beiden Fahrtrichtungen je eine Spur. Die Haltestellen erhielten fahrgastfreundliche Kaps, Gehwege wurden neu gestaltet, Stellplätze, Straßenbäume und Radwege eingeordnet (Abb. 10).

Abb. 10: Fertigstellung der Eisenbahnstraße 2004 (Foto: ASW)

Dabei konnten Anwohnende, Eigentümerinnen und Eigentümer sowie Gewerbetreibende in einer Vielzahl von Informationsveranstaltungen ihre Wünsche und Forderungen gezielt und frühzeitig in den Planungsprozess einbringen. Im Forum Leipziger Osten wurde regelmäßig über die Planungsfortschritte informiert und ausführlich über begleitende Maßnahmen diskutiert. Die Händler nahmen an den Baubesprechungen teil. In einer beispielhaften Zusammenarbeit von allen Betroffenen konnte die 1,2 km lange Straße nach nur 11 Monaten Bauzeit der Öffentlichkeit wieder übergeben werden.

Der Umbau einer Straße kann für ansässige Gewerbetreibende eine Bedrohung darstellen. Deshalb betreute im Auftrag des Amtes für Stadterneuerung und Wohnungsbauförderung ein Geschäftsstraßenmanagement vor, während und nach der Bauphase die vom Umbau unmittelbar betroffenen Händler und Gewerbetreibenden. Es war als Interessenvermittler tätig, bündelte Initiativen und Projekte zur Inwertsetzung nach dem Umbau, förderte und begleitete gewerbliches Leerstandsmanagement, Neuansiedlungen und Existenzgründungen. Der eingesetzte Koordinator Wirtschaft fungierte als Ansprechpartner für eine Investitionsförderung aus EFRE-Mitteln, d. h. für Zuschüsse an kleine und mittlere Unternehmen bei Investitionen und der Schaffung von Arbeitsplätzen im Leipziger Osten.

Dennoch vermag auch dieses Engagement nicht über strukturelle, mittelfristig kaum zu bewältigende Probleme der überwiegenden Mehrheit der Haupt- und Ausfallstraßen hinwegtäuschen: städtebaulich wichtige, raumbildende Gebäude, die jedoch aufgrund ihrer Lage stark von Leerstand geprägt sind und für deren Instandhaltung oder gar Sanierung aus immobilienwirtschaftlicher Sicht häufig wenig spricht. Lösungsansätze zu finden, welche den Erhalt dieser Gebäude sichern und das Funktionieren der Straße gewährleisten, hat auch die Idee des „HausHaltens" befördert: So genannte Wächterhäuser werden dabei unkonventionellen Nutzungen, beispielsweise durch Vereine, Galerien oder Läden zugeführt. Eigens hierfür hat sich auch der Leipziger Verein HausHalten e. V. gegründet.

Exkurs: HausHalten e. V.

Den Hauseigentümern werden seitens des Vereins neue Nutzer vermittelt, die zu günstigen Konditionen viel Fläche erhalten. Die Eigentümer verpflichten sich

© Frank & Timme   Verlag für wissenschaftliche Literatur

dazu, die Hausanschlüsse für Wasser und Elektrik bereitzustellen und mit Hilfe von Fördergeldern das Gebäude so weit instand zu setzen, dass eine Nutzung möglich ist. Die neuen „Hauswächter" zahlen lediglich die laufenden Betriebskosten und sollen das Gebäude vor Vandalismus und Witterungsschäden schützen. Dies beinhaltet kleinere handwerkliche Instandsetzungsmaßnahmen in Eigenleistung und die Kontrolle des restlichen Hauses. Mit Hilfe der Zwischennutzung durch zumeist soziale, kulturelle oder künstlerische „Wächter" – Vereine, Gruppen oder Einzelpersonen – strahlen die Einzelobjekte wiederum positiv auf das Stadtviertel aus und beleben dieses.

Entwicklungsschwerpunkt Rietzschkeband

Einen besonderen Erfolg im Stadtumbauprozess stellt die Entwicklung der Flächen entlang der Wurzner Straße dar. Die Wiederbelebung der historischen Ritzschkeaue wurde mit dem KSP als Leitbild entwickelt. Brachliegende Flächen werden mit vorhandenen Grünflächen vernetzt, fehlende Grünstrukturen weiter abgebaut und als Grünsystem im Stadtteil etabliert.

Ein grünes Band mit „Dunklem Wald" und „Lichten Hain" ensteht (Abb. 11). Über Querungen und im weiteren Verlauf werden andere Ortsteile besser fussläufig sowie für Radfahrerinnen und Radfahrer erreichbar. Besonders die Bewohnerinnen und Bewohner der angrenzenden Quartiere in Volkmarsdorf und Neuschönefeld nutzen die neuen Wegeverbindungen und Aufenthaltsbereiche inmitten von landschaftlich gestalteten sowie mit Sträuchern und Bäumen bepflanzten Flächen.

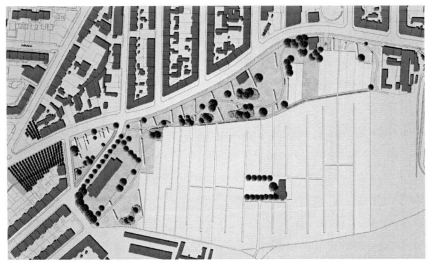

Abb. 11: Lichter Hain an der Wurzner Straße (Quelle: DSK)

Eigentumsbildung

Das Selbstnutzer-Programm der Stadt Leipzig versucht seit dem Jahr 2001, eine Eigentumsbildung im Bestand zu fördern. Nach dem Motto „viel Raum für wenig Geld" wurden für kleinere viergeschossige Häuser Doppelmaisonetten konzipiert (Abb. 12). So entstanden großzügige Wohnungen über zwei Etagen, wobei die untere den Garten nutzt und die obere über eine Dachterrasse verfügt. Nach diesem Muster wurden drei Gründerzeithäuser in der Meißner Straße von sechs Selbstnutzer-Familien umgebaut und geben eine gute Vorstellung davon, wie modernes Wohnen in altem Gemäuer mit viel Licht, Luft und natürlichen Materialien zu vertretbaren Preisen möglich werden kann. Individueller Fantasie und Kreativität sind kaum Grenzen gesetzt. Diese „Pionier-Familien" haben sich hier niedergelassen, da sie insbesondere die Nähe zur Innenstadt und die kleinteilige Gründerzeitstruktur des Viertels zu schätzen wissen.

Abb. 12:: Meißner Straße 28-34 (Foto: Christian Tell)

Trotz intensiver Bemühungen ist es in den letzten Jahren erst ansatzweise gelungen, diese Beispiele zu vervielfältigen. Nach wie vor muss jede einzelne Familie, die sich hier ansiedeln könnte, intensiv umworben werden. Erforderlich ist weiterhin die massive Imageaufwertung des Quartiers für alternative Zielgruppen durch eine Betonung der inneren Wohnqualitäten, der vielen kleinen Grünflächen sowie der guten Nachbarschaft, die von den örtlichen Stadtteilvereinen intensiv gepflegt wird.

Als ein weiterer Versuch zur Belebung von leer stehenden Altbauten sollen auch genossenschaftliche Wohnmodelle erprobt werden. Dabei soll die Teilsanierung von Wohnhäusern eine geringe Miete sichern und neue Zielgruppen ansprechen. Angelegt auf ein intensiveres Miteinander der jeweiligen Hausbewohner/

-innen handelt es sich im Gegensatz zu den bekannten großen Wohnungsbau-genossenschaften um kleine Hausgenossenschaften als Modellform der Bildung von Wohneigentum. Es ist eine Mischung von Mietzahlung und Kapitaleinsatz möglich, wodurch auch einkommensschwächere Gruppen an diese Wohnform herangeführt werden können. Gerade das Mitbestimmungsrecht an der eigenen Wohnung sowie die vielfältigen damit verbundenen Vorteile könnten zu einem Merkmal dieses Quartiers werden und dabei helfen, dessen Attraktivität für Zu-ziehende aus anderen Stadtteilen zu steigern.

Ausblick

Mit der durch den Konzeptionellen Stadtteilplan Leipziger Osten eingeschlage-nen Strategie scheint der richtige Weg für den Leipziger Osten gefunden; den-noch muss auch dieser immer wieder mit Entwicklungen und Realität in der Praxis abgestimmt werden. Ein derartiger konzeptioneller, lediglich rahmenge-bender Plan hat sich auch deshalb gegenüber einer starren und verbindlichen Planung für den Leipziger Osten bewährt.

Momentan verzeichnet der Leipziger Osten in der Bevölkerungsentwicklung ge-ringe Zuwächse. Die meisten Gründerzeitquartiere sind grundlegend baulich saniert. Dennoch werden der Wohnungsleerstand von mancherorts 50 % und mehr sowie die Situation entlang der Hauptverkehrsstraßen mittelfristig nicht abschließend zu ändern sein. Auch in den kommenden Jahren sind weiterhin erhebliche Anstrengungen nötig, um den Stadtteil zu stabilisieren.

Im Leipziger Osten gibt es aber auch Standorte mit sehr guter Wohnqualität, die jedoch teilweise immer noch Funktionsdefizite, beispielsweise in der Freiflä-chenversorgung aufweisen und vom allgemeinen Negativimage überschattet werden. Hier können kleinteilige, quartiersbezogene Maßnahmen dafür sorgen, eigenständige Standortprofile herauszubilden. Die Bildung von Standortgemein-schaften ist hier das Stichwort. Als ein derartiges Modellprojekt wird derzeit das

„Bülowviertel" entwickelt. Hier werden innerhalb des Forschungsprogramms „Experimenteller Wohnungs- und Städtebau" (ExWoSt) neue Möglichkeiten der Zusammenarbeit zwischen Einzeleigentümerinnen und -eigentümern, der städtischen Wohnungsbaugesellschaft, dem Verein „Haus und Grund" sowie dem Amt für Stadterneuerung und Wohnungsbauförderung zur Entwicklung dieses Gründerzeitquartiers erprobt.

Neue städtebauliche Ideen sind weiterhin gefragt: Wie geht man mit dem Leerstand um, der nicht durch den Bevölkerungszuwachs gefüllt werden kann? Wie können monotone Gründerzeitquartiere an heutige Ansprüche angepasst werden? Wie kann die Baustruktur attraktive Flächen für dienstleistungsorientierte Gewerbe bieten? Wie können städtebauliche Magneten geschaffen werden? Das sind nur einige der Fragen, denen man sich stellen muss und wird.

Weitere neue und auch unkonventionelle Herangehensweisen, wie sie in den vergangenen Jahren beispielsweise mit der Gestattungsvereinbarung oder den Wächterhäusern entstanden sind, werden auch künftig benötigt, um den Potenzialen im Leipziger Osten gerecht zu werden und Chancen ergreifen zu können.

MANFRED BAUER

Standortfaktoren der Eisenbahnstraße als wesentliche Rahmenbedingungen für die gewerbliche Entwicklung

Bruno Tietz, der leider viel zu früh verstorbene Handelsexperte der Universität des Saarlandes, hat einmal auf die Frage was denn die drei wichtigsten Kriterien für den Erfolg von Handelsbetrieben seien, geantwortet: „Der Standort, der Standort und der Standort". Er wollte damit ausdrücken, dass die Lagequalitäten in wesentlichem Maße die ökonomischen Chancen und Risiken von Gewerbebetrieben bestimmen. Selbstverständlich ist diese Erkenntnis auch auf den Standort „Eisenbahnstraße" im sächsischen Oberzentrum Leipzig anzuwenden. Die hier speziell wirkenden Standortfaktoren werden deshalb nachfolgend in ihren grundsätzlichen Ausprägungen beschrieben sowie in ihren Auswirkungen auf die Entwicklung der lokalen Ökonomie zwischen 2003 und 2007 statistisch dokumentiert.

Im Falle der Eisenbahnstraße wirken mehrere Standortfaktoren überwiegend einschränkend auf die Möglichkeiten einer Etablierung und Führung von Einzelhandelsbetrieben und konsumorientierten Dienstleistern zusammen. In erster Linie ist in diesem Kontext bedeutsam, dass die Eisenbahnstraße nur wenige hundert Meter von der attraktiven Einkaufsinnenstadt des Oberzentrums entfernt liegt. Die City von Leipzig hat sich seit der Wiedervereinigung kontinuierlich positiv entwickelt, was u. a. in einer Expansion der hier angesiedelten Verkaufsflächen von ca. 75.000 m² (1990) auf ca. 170.000 m² (2007) zum Ausdruck kam. Die Stärke der Leipziger Innenstadt korrespondiert dabei direkt mit einer Schwächung der Standortlage Eisenbahnstraße, zumal die City für angestammte Kunden dieses Einkaufsbereiches in nur 5-10 min. per Straßenbahn bequem erreichbar ist.

Weitere Einflussfaktoren auf die gewerbliche Entwicklung der Standortlage Eisenbahnstraße werden nachfolgend in Kurzform wiedergegeben:

Seit 2007 existiert am ehemaligen Straßenbahnhof in Reudnitz ein leistungsstarkes SB-Warenhaus. Es fungiert als Mittelpunkt eines multifunktionalen Stadtteilzentrums mit zahlreichen Einzelhandels- und Dienstleistungseinrichtungen. Durch das SB-Warenhaus wird das Einzugsgebiet der Geschäfte und Dienstleister in der Eisenbahnstraße nach Süden hin eingeschränkt bzw. überlagert.

Die Eisenbahnstraße erstreckt sich über eine Länge von ca. 2,3 km. Fußläufige Kundenaustauschbeziehungen sind aufgrund der großen Ausdehnung praktisch unmöglich. Im Ergebnis weist die Eisenbahnstraße keinen durchgängigen Geschäfts- und Dienstleistungsbesatz auf; vielmehr existieren drei separate Geschäftslagen im westlichen, mittleren und östlichen Teil.

Nur in der mittleren Geschäftslage, die sich um den Kreuzungsbereich Eisenbahnstraße/Hermann-Liebmann-Straße erstreckt, hat sich ein hinlänglich komplementärer Branchenmix ausgebildet, der überwiegend Nahversorgungscharakter trägt. In den westlichen und östlichen Teilgeschäftslagen ist hingegen ein heterogener Einzelhandels- und Dienstleistungsmix vorhanden. Kopplungsaktivitäten der Kunden sind in diesen Bereichen nur in geringem Umfang möglich.

Der Einzelhandels- und Dienstleistungsbesatz in der Eisenbahnstraße ist durchweg kleinflächig ausgebildet. Die durchschnittliche Verkaufsflächengröße der Einzelhandelsgeschäfte lag z. B. im Jahr 2007 nur bei 81 m^2 (zum Vergleich: durchschnittliche Betriebsgröße der Einzelhandelsunternehmen in Deutschland 2007 ca. 240 m²). In den kleinen Ladeneinheiten kann nur ein limitiertes Sortimentsspektrum der jeweiligen Warengruppe offeriert werden. Ein großflächiger Betrieb mit Kundenmagnetfunktion existiert existiert erst seit Herbst 2009 mit einem Discountmarkt im Bereich Eisenbahn-/Hermann-Liebmann-Straße.

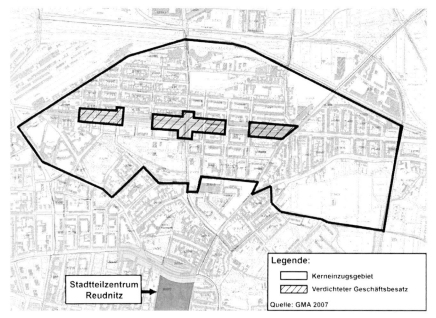

Abb. 1: Kerneinzugsgebiet und Einkaufslagen in der Eisenbahnstraße

Gegenwärtig leben im Kerneinzugsgebiet der Eisenbahnstraße (Abb. 1) nur ca. 10.700 Menschen, die eine Kaufkraft von ca. 51 Mio. EUR repräsentieren.

Ein einheitliches Qualitätsniveau der Geschäfte und Dienstleister ist in der Eisenbahnstraße nicht vorhanden. Hochwertige Fachbetriebe existieren z. T. in unmittelbarer Nachbarschaft mit unattraktiven Einrichtungen. Eine Besonderheit stellt der vergleichsweise hohe Anteil ethnischer (gewerblicher) Einrichtungen dar (siehe hierzu auch die Beiträge von Henn und von Leimer in diesem Band). Circa 50 % der Geschäfte und Dienstleister offerieren Waren und Services speziell für verschiedene Volksgruppen (u. a. Iraner, Iraker, Türken, Kurden, Vietnamesen). In Teilen weist die Geschäftslage der Eisenbahnstraße dadurch einen basarähnlichen Charakter auf (Abb. 2 u. 3).

Abb. 2 (li.) u. 3 (re.): Ethnische Läden (Fotos: Christian Tell)

Insgesamt liegt der Anteil von Bewohnerinnen und Bewohnern mit Migrationshintergrund im Umfeld der Eisenbahnstraße bei knapp 30 %, was teilweise auch zu Reibungspunkten zwischen deutschen und ausländischen Mitbürgern führt, die das Image des Standortes z. T. negativ prägen. Andererseits ist die Vielzahl ethnischer Betriebe primärer Anlass für viele Menschen, aus Leipzig und der Umgebung in die Eisenbahnstraße zu fahren, z. B. um ausländische Lebens- oder Genussmittel einzukaufen.

Genauso wie die Angebotsqualität ist auch das städtebauliche Bild der Eisenbahnstraße durch Heterogenität geprägt. Renovierte Gründerzeithäuser stehen neben teilweisen oder totalen Leerständen. Dies gilt insbesondere für den westlichen und östlichen Teil der Eisenbahnstraße. In Abhängigkeit vom jeweiligen Bauzustand der Immobilien ist auch ein trading down der verbliebenen Gewerbebetriebe zu beobachten (Abb. 4).

Der wichtigste Standortvorteil aus gewerblicher Sicht ist ohne Zweifel die starke Verkehrsfrequentierung der Eisenbahnstraße durch Pkw und die Straßenbahn. Insbesondere im Umfeld von Straßenbahnhaltestellen ist zu beobachten, dass die Passantenfrequenz deutlich ansteigt, wodurch sich hier v. a. im mittleren Abschnitt der Eisenbahnstraße größere Geschäftsverdichtungen ausgebildet haben.

Abb. 4: Totalleerstand eines Gebäudes in der Eisenbahnstraße (Foto: GMA)

In der Gesamtbetrachtung können die gewerblichen Standortfaktoren der Eisenbahnstraße überwiegend als ungünstig klassifiziert werden. In diesem Zusammenhang ist hervorzuheben, dass im Jahr 2004 eine einjährige Baumaßnahme in der Geschäftslage stattfand, welche die verkehrliche Erreichbarkeit der Betriebe stark beeinträchtigte. Andererseits wurden in Form eines „Baustellen-Managements" und eines mehrjährigen „Geschäftsstraßenmanagements" seitens der Stadt Leipzig große Anstrengungen unternommen, die lokale Ökonomie nachhaltig zu unterstützen und dadurch den Status der Eisenbahnstraße als Geschäftslage zu konsolidieren. Im Ergebnis dieser Maßnahmen konnte die Zahl der Einzelhandelsbetriebe seit 2004 praktisch stabilisiert werden (Abb. 5). Die Zahl der Komplementärnutzungen (z. B. unternehmens- und konsumnahe Dienstleister, Gastronomie, Ärzte, soziale Einrichtungen) konnte im gleichen Zeitraum sogar gesteigert werden (Abb. 6).

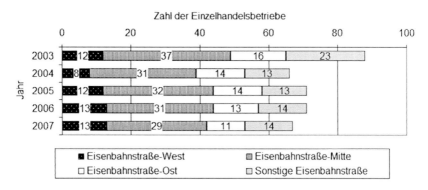

Abb. 5: Entwicklung der Einzelhandelsbetriebe in der Eisenbahnstr. 2003-2007 (Quelle: GMA)

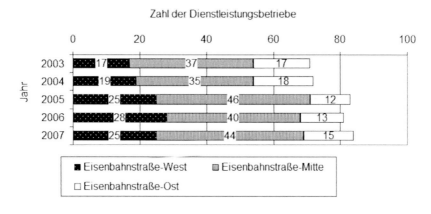

Abb. 6: Entwicklung. der Dienstleistungsbetriebe in der Eisenbahnstr. 2003-2007 (Quelle: GMA)

Die Ansiedlungs- und Stabilisierungserfolge des Geschäftsstraßenmanagements in der Eisenbahnstraße sind angesichts der überwiegend ungünstigen Standort-

und Wettbewerbsbedingungen durchaus bemerkenswert. Allerdings muss hervorgehoben werden, dass im Rahmen von Förderprogrammen ungewöhnliche finanzielle Anreize für Investitionen in bestehende Unternehmen, Ansiedlungen und auch Neugründungen gesetzt werden konnten. So war prinzipiell eine Vergabe nicht-rückzahlbarer Zuschüsse von bis zu 100.000 EUR möglich. Die Ausgabe von Fördermitteln erfolgte dabei in der Praxis durch ein kompetentes Gremium (Clearingrunde mit Vertreterinnen/Vertretern aus dem Amt für Stadterneuerung und Wohnungsbauförderung, Handwerkskammer, IHK, Wirtschaftsförderung sowie Beratern), das in Einzelfällen auch auf gutachterliche Beurteilungen der jeweiligen Geschäftsidee bzw. des Business-Plans zurückgreifen konnte.

Auch wenn die Konstellation in der Eisenbahnstraße somit nicht ohne Weiteres auf Geschäftslagen in anderen Städten Deutschlands übertragbar ist, so beweist die empirische Langezeitbeobachtung, dass bei einer nachhaltigen und qualitativen Unterstützung der Gewerbetreibenden – in Kombination mit der Setzung finanzieller Anreize für Neugründer – beachtliche lokal-ökonomische Erfolge erzielt werden können.

MATTHIAS PINK

Der Standort Eisenbahnstraße in der Wahrnehmung verschiedener Akteursgruppen

Das Quartier Eisenbahnstraße zählt zu den Gebieten Leipzigs mit den größten strukturellen Defiziten. Ein Blick auf verschiedene auf Stadtteilebene verfügbare Kennziffern wie Arbeitslosenquote, Haushaltseinkommen oder Wohnungsleerstand belegt diese Einschätzung (siehe hierzu auch den Beitrag von Glorius et al. in diesem Sammelband). Solche objektiven Daten und ihre Analyse zeichnen jedoch kein vollständiges Bild eines Standortes. Vielmehr sind sie um Befunde zur Wahrnehmung des Quartiers durch lokale wie externe Akteure zu ergänzen, um eine fundierte Bewertung des Status quo und eine Einschätzung der Entwicklungsoptionen erhalten zu können. Vor diesem Hintergrund strebt der Beitrag eine detaillierte Darstellung des Standortes Eisenbahnstraße aus der Perspektive verschiedener relevanter Akteursgruppen an und versucht zu begründen, warum die Wahrnehmung und das damit zusammenhängende Image des Quartiers wichtige Entwicklungsfaktoren sind.

1 Bedeutung von Wahrnehmung und Image für die Quartiersentwicklung

Für eine Erfolg versprechende räumliche Entwicklungspolitik ist, unabhängig von der betrachteten Maßstabsebene, eine Berücksichtigung der in der zu entwickelnden Region vorhandenen Raumausstattung im weitesten Sinne unabdingbar. Dieses auch als ,endogene Potenziale' bezeichnete Bündel materieller und immaterieller Faktoren wird von den Vertretern der ,Ansätze der endogenen Entwicklung' gar zur wesentlichen Determinante regionalwirtschaftlichen Wachstums erhoben (für einen Überblick vgl. Hahne 1985; Hahne 1984).

Aus der Sicht standortsuchender Akteure stellt sich die Raumausstattung der Zielregion(en) in Form von Standortfaktoren dar, deren Ausprägung einen Standort aus der Perspektive des betreffenden Akteurs mehr oder weniger attraktiv erscheinen lassen. Lange Zeit fokussierten wissenschaftliche Untersuchungen zur Analyse und Erklärung des Standortverhaltens insbesondere von Unternehmen vor allem auf die so genannten ‚harten' Standortfaktoren. Dazu zählen Faktoren wie Straßenanbindung, Arbeitskräftepotenzial, Grundstückspreise oder Kaufkraft – Faktoren also, die mit unmittelbar monetären Konsequenzen auf der Erlös- und/oder Kostenseite des betreffenden Unternehmens einhergehen und deshalb vergleichsweise leicht messbar sind. Im Laufe der Zeit gewannen daneben weitere Faktoren in der wissenschaftlichen und politischen Diskussion an Bedeutung, deren Erfolgswirksamkeit für Unternehmen weniger offensichtlich ist und die sich nur vergleichsweise schwer quantifizieren lassen. Diverse Studien legen offen, dass diese als ‚weiche' Standortfaktoren bezeichneten Gegebenheiten bei der Standortentscheidung eines Unternehmens eine erhebliche Relevanz besitzen (z. B. Grabow et al. 1995). Die Attraktivität einer Region, Stadt oder eines Stadtquartiers[1] für Unternehmen und Bewohner ergibt sich grundsätzlich aus der Verfügbarkeit und dem Zusammenspiel der harten und weichen Standortfaktoren sowie ihrer spezifischen Ausprägung; somit hängt auch die Stadtquartiersentwicklung von diesen Faktoren ab.

Im Zusammenhang mit den weichen Standortfaktoren wird in der Literatur auch stets das Image einer Region genannt (Sedlacek 2006, 19). Der Imagebegriff ist außerordentlich komplex (Walther/Jessen 2006, 104), es existieren viele verschiedene Definitionen und Definitionsversuche (z. B. Walther/Jessen 2006, 104; Riebel 1993, 147; Bergler 1991, 47). Im Kern haben die meisten jedoch gemein, dass Image als Bild oder Vorstellungsbild verstanden wird, welches Akteure von

---

[1] Im Folgenden wird vor dem Hintergrund des diesem Sammelband zugrundeliegenden Untersuchungsraumes stets das Stadtquartier als räumliche Bezugseinheit verwendet.

einem betrachteten Gegenstand haben (Hellmig 1997, 15). Solche Bilder „vermitteln […] quasi zwischen einem objektiven Meinungsgegenstand […] und dem Bewusstsein eines Menschen" (Stegmann 1997, 2). Auf die Imagebildung wirken daher vor allem zwei Faktoren: Zum einen die Fakten bzw. der real existierende Gegenstand, zum anderen die individuelle Wahrnehmung desjenigen, der sich ein Bild vom betrachteten Gegenstand oder den vorherrschenden Fakten macht. Ein Stadt- oder Quartiersimage lässt sich vor diesem Hintergrund definieren als „ein vereinfachtes, überverdeutlichtes und bewertetes Vorstellungsbild" (Hellmig 1997, 59). In allen Fällen lässt sich das Eigenimage vom Fremdimage unterscheiden (vgl. Walther/Jessen 2006, 104; Hellmig 1997, 59). Während beim Image eines Quartiers, das bei dessen Bewohnern vorherrscht, vom Eigenimage gesprochen wird, sind die Träger des Fremdimages jene Akteure, die nicht im Quartier wohnen (z. B. Touristen). Die vermittelten Bilder wirken bei positiver Ausprägung bei den im Quartier Ansässigen „identitätsstiftend, Stolz erzeugend, Bindung schaffend, bei den Fremden bringen sie Neugier, Sehnsucht hervor, wirken anziehend" (Grabow et al. 1995, 117). Zu berücksichtigen ist darüber hinaus, dass die Einwohner eines Quartiers in Abhängigkeit ihrer Kommunikations- und Mobilitätsmuster als Multiplikatoren fungieren können und somit auch das Außenimage beeinflussen (ebd., 118).

Die spezifische Relevanz des Images für die Standortentscheidungen von Unternehmen und Haushalten ist umstritten und lässt sich kaum empirisch ermitteln. Es kann jedoch davon ausgegangen werden, dass dem Image eines Stadtquartiers eine nicht zu vernachlässigende und handlungsleitende Rolle zukommt (Sedlacek 2006, 19; Stegmann 1997, 1f.) – und es damit auch unmittelbare Folgen für die künftige (wirtschaftliche) Entwicklung dieses Quartiers besitzt (Riebel 1993, 152). Grabow et al. (1995, 105) argumentieren, dass dem Image – aber auch den weichen Standortfaktoren insgesamt – insbesondere bei der Vorauswahl von Standorten eine entscheidende Bedeutung zukommt und können dies auch empirisch nachweisen (ebd., 146). Die Ursache für diesen Befund ist darin zu suchen, dass dieser erste Auswahlschritt auf vergleichsweise wenigen Informationen und Fakten basiert und die Vorauswahl von Standorten somit stark subjektiv ist (Haas/Neumair 2007, 54). Das Bild, welches die für die Standortsuche Verantwortlichen von einem Standort haben, kann daher den Ausschlag bei der Entscheidung über den Einbezug desselben in die weitere Betrachtung geben.

Vor dem Hintergrund des dargestellten Zusammenhangs leuchtet ein, dass das Image „eine Orientierungsfunktion für Menschen" (Gebhardt et al. 1995, 12) besitzt und – je nach Ausprägung – als Push- oder Pull-Faktor wirken und dementsprechend Mobilitätsprozesse auslösen bzw. lenken kann (ebd.). Spiegel (1961, 29) bezeichnet das Image sogar als „geradezu entscheidend für das Verhalten des Individuums". Standorte mit negativem Image laufen demnach Gefahr, trotz einer im Vergleich zu anderen Standorten objektiv identischen oder gar besseren Ausstattung mit relevanten Standortfaktoren bereits in der ersten Phase der Standortwahl aus der Betrachtung ausgeschlossen zu werden. Insofern kann dem Image eine für die wirtschaftliche Entwicklung eines Stadtquartiers erheblich hemmende Wirkung zukommen (Stegen 2006, 2; Weck 2005, 181). Zwar kann ein attraktives Quartiersimage mittels geeigneter Marketingstrategien gezielt inszeniert werden (Gebhardt et al. 1995, 12), die zu vermittelnden Bilder müssen jedoch auf real existierenden Faktoren aufbauen, um von Dauer sein zu können (Walther/Jessen 2006, 106). Die Bildung oder Änderung eines Quartiersimages ist sehr schwer (Burgstahler 2003, 15) und zudem nur langfristig möglich (Weck 2005, 224). Zusammenfassend lässt sich festhalten, dass das Bild oder Image eines Quartiers zugleich Bedingung und Folge räumlicher Entwicklung ist (Ipsen 1986, 922).

Für alle Standortfaktoren, egal ob hart oder weich, stellt sich im Rahmen eines jeden fundierten Standortwahlprozesses die Frage nach ihrer Erfassung und Bewertung. Vor allem die harten Faktoren werden aufgrund ihrer in der Regel einfachen Quantifizierbarkeit mit Hilfe geeigneter Indikatoren bzw. Messwerte erfasst und unter Berücksichtigung von Vergleichswerten anderer Standorte bewertet. Erfassung und Bewertung erfolgen dabei oftmals durch unabhängige externe Berater, gerade bei kleineren Unternehmen ohne ausreichende eigene Standortplanungskapazitäten (Haas/Neumair 2007, 19ff.; Maier/Tödtling 2006, 32). Auch weiche Standortfaktoren werden auf diese Weise zu quantifizieren versucht, aufgrund ihrer Mehrdimensionalität oftmals mit Hilfe mehrerer geeignet erscheinender Indikatoren. Der Wohnwert eines Standortes lässt sich beispielsweise anhand des Grün- und Erholungsflächenanteils, dem durchschnittlichen Sanierungsgrad der vorhandenen Bausubstanz sowie der lokalen Kriminalitätsrate einschätzen.

Die beschriebene Art der quantifizierenden Standortbeurteilung durch Experten ist jedoch nicht unproblematisch und sieht sich einigen Schwierigkeiten gegenüber: Erstens fehlen oftmals die erforderlichen amtlichen Daten oder andere öffentlich zugängliche Statistiken. Selbst wenn Daten vorhanden sind, liegen diese in vielen Fällen in nicht hinreichend spezifischer Form oder nur auf einem unzureichenden Aggregationsniveau vor. Zweitens ist es in nicht wenigen Fällen problematisch, Standortfaktoren mittels geeigneter Indikatoren inhaltlich richtig und zudem vollständig abzubilden. So lässt sich über das oben angeführte Beispiel des Wohnwertes mit Blick auf diese beiden Aspekte sehr kontrovers diskutieren. Diese Problematik trifft auf weiche Standortfaktoren in besonderem Maße zu, besitzt aber auch für einige harte Standortfaktoren, z. B. die Verkehrsanbindung bzw. Erreichbarkeit, Gültigkeit. Drittens ist in Frage zu stellen, ob sich die Qualität eines Standortes mittels objektiver bzw. objektivierter Standortfaktorenausprägungen überhaupt hinreichend beschreiben lässt, und, wenn es denn gelänge, ob dies der richtige „Maßstab" zur Charakterisierung und Bewertung eines Standortes sowie zur Einschätzung des regionalwirtschaftlichen Entwicklungspotenzials ist. So ließe sich auch argumentieren, dass v. a. mit Blick auf die weichen Standortfaktoren weniger die objektiv vorhandene Faktorenausstattung, sondern eher deren subjektive Wahrnehmung durch die betroffenen Akteure relevant ist (Grabow et al. 1995, 64f.).

Dass eine Analyse der Wahrnehmung eines Raumes nicht vernachlässigt werden sollte, haben die Ausführungen zur Relevanz des Images als Standortfaktor bereits deutlich gemacht. So vertreten Weck (2005, 181), Grabow et al. (1995, 64f.), Franz (1989, 191) und Hard (1981, 88) in verschiedenen Kontexten die Auffassung, dass neben der Berücksichtigung von Fakten bzw. objektiven Gegebenheiten bei der Beurteilung von Standorten auch deren subjektive Wahrnehmung entscheidend ist; dabei ist Expertenwissen nicht höher zu bewerten als das Alltagswissen lokaler Akteure. Insofern sollte eine fundierte Quartiersanalyse nicht allein auf der Erfassung und Bewertung vorhandener Sekundärdaten basieren, sondern ergänzend dazu auch die Wahrnehmung des Quartiers durch die relevanten Akteursgruppen, in erster Linie sind dies die Bewohner und ansässigen Unternehmen (Grabow/Hollbach-Grömig 1998, 77), eruieren. Vor allem für die Erstellung von Stärken-Schwächen-Analysen eines Quartiers ist die Einbeziehung der Bürgermeinung sinnvoll und bringt mehrere Vorteile mit sich: Erstens können ggf. konkrete Problemlagen, aber auch Entwicklungschancen aufgedeckt werden, die von Kommunalpolitikern oft nicht wahrgenommen und mittels statistischer Daten nicht abgebildet werden können, denn „die Sichtweisen der Bürger, Wirtschaft oder von Auswärtigen decken sich häufig nicht mit denen der kommunal Verantwortlichen" (Grabow/Hollbach-Grömig 1998, 74). Zweitens kann auch „die Diskrepanz zwischen der faktischen Ausprägung von Standortqualitäten und ihrer Beurteilung [Anm. d. Verf. – durch Bürger und lokal ansässige Unternehmen] wichtige Aufschlüsse über Handlungserfordernisse für die Kommunen geben" (Grabow et al. 1995, 65). Drittens ist die Berücksichtigung der Meinungen und Einschätzungen der Bürger sinnvoll, um unmittelbar zielgruppenorientiert reagieren zu können (Grabow/Hollbach-Grömig 1998,

95). Und viertens kann durch die aktive Einbeziehung der Bürger und durch die Berücksichtigung ihrer Interessen das ehrenamtliche bürgerschaftliche Engagement gefördert (ebd., 93) und ihre Identifikation mit dem Stadtquartier gestärkt werden (Grabow/Hollbach-Grömig 1998, 70f.).

Abschließend kann konstatiert werden, dass sowohl die allgemeine Wahrnehmung eines städtischen Quartiers durch seine Bewohner und Unternehmer als auch dessen Innen- und Außenimage für eine fundierte Einschätzung desselben, das Aufzeigen von Stärken und Schwächen, Potenzialen und Hemmnissen unabdingbar sind. Nur so ist eine realistische Beurteilung der Entwicklungsoptionen des Quartiers möglich. Vor dem Hintergrund der spezifischen Charakteristik des Leipziger Ostens scheint eine solche Analyse für dieses Quartier ganz besonders geboten, zumal sich die Ortsbindung ausländischer Großstadtbewohner in überdurchschnittlichem Maße auf die räumliche Ebene des Stadtquartiers bezieht (Sachs 1995, 77), weiche und Imagefaktoren insbesondere in strukturschwachen Stadtteilen eine wichtige Rolle einnehmen (Weck 2005, 184f.) und der Leipziger Osten gerade hier Defizite aufweist (Fürst et al. 2004, 76, 107ff.; Wiest 1997, 58).

2 Der Standort Eisenbahnstraße aus Sicht der Unternehmer, Konsumenten und Bewohner

2.1 Wahrnehmung als Unternehmens- und Betriebsstandort

Der mit großem Abstand wichtigste Grund, warum die befragten Unternehmen ihren Standort entlang der Eisenbahnstraße oder in der näheren Umgebung gewählt haben, ist die Nähe zu (potenziellen) Kunden (Abb. 1). Mehr als ein Viertel der Nennungen ist diesem Aspekt zuzurechnen. Diesem absatzmarktseitigen Motiv folgt mit insgesamt knapp 20 % der Nennungen das günstige Miet- bzw. Immobilienpreisniveau und damit aus unternehmerischer Sicht ein Faktor des Beschaffungsmarktes. Insgesamt spielen mit dem Immobilienmarkt in Zusammenhang stehende Faktoren eine sehr bedeutsame Rolle, da darüber hinaus auch zahlreiche (in der Kategorie „Sonstiges" zusammengefasste) Einzelnennungen auf die Immobilie Bezug nehmen (z. B. vorhandenes Immobilienangebot im Hinblick auf Größe und Qualität). Neben den genannten Faktoren spielen zudem stark auf die Person des Unternehmers bezogene Motive eine wichtige Rolle – so z. B. die Nähe zur eigenen Wohnung bzw. zur Familie oder die Empfehlung des Standortes durch Landsleute/Bekannte.

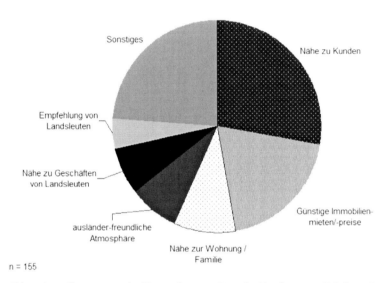

Abb. 1: Ansiedlungsmotive der Unternehmen. u. Betriebe (Quelle: eigene Erhebung, Juni 2000)

Dass sich die von den Unternehmen a priori vermutete Kundennähe auch nach der getroffenen Standortwahl bestätigt, zeigt die in Abb. 2 dargestellte Bewertung einiger lokaler Standortfaktoren. Die Nähe zu potenziellen Kunden wird von den befragten Unternehmen als größte Stärke des Standortes gesehen, knapp zwei Drittel bewerten den Faktor als ‚gut' (ca. 38 %) oder ‚sehr gut' (ca. 27 %). Zugleich ist die Kundennähe allerdings auch der einzige der abgefragten Standortfaktoren, der die Mehrheit der Unternehmen zufrieden stellt. Dies spiegelt sich auch in den Durchschnittsnoten wider, die sich aus den Befragungsergebnissen ermitteln lassen: Während der Faktor Kundennähe im Mittel mit einer 2,3 und damit nach der fünfstufigen Schulnotensystematik als ‚gut' bewertet wird, tendiert der am nächstbesten bewertete Faktor ‚Atmosphäre gegenüber Ausländern' mit einer Durchschnittsnote von 2,7 bereits zum Bereich ‚befriedigend'. In diesem mittleren Bereich liegen außerdem die Faktoren ‚Parkmöglichkeiten', ‚Miet- und Immobilienpreisniveau', ‚Beratung durch das Info-Center Eisenbahnstraße' sowie der Faktor ‚Umfeldgestaltung'. Die Faktoren ‚Kaufkraft der Kunden', ‚Beratung durch Handels- und Handwerkskammer', ‚Unterstützung/Förderung durch die Stadt' sowie ‚Finanzielle Unterstützung durch Banken' werden hingegen von der Mehrheit der Befragten jeweils als ‚schlecht' oder ‚sehr schlecht' bewertet und erhielten demzufolge lediglich ‚ausreichende' Durchschnittsnoten. Auch das Image des Quartiers Eisenbahnstraße/Leipziger Osten wird von den ansässigen Unternehmen eher negativ (Durchschnittsnote 3,7) beurteilt. Nur knapp fünf Prozent der Befragten schätzen das Standortimage als ‚sehr gut' ein, dagegen sind knapp 60 % der Meinung, das Image der Eisenbahnstraße sei ‚schlecht' oder sogar ‚sehr schlecht'.

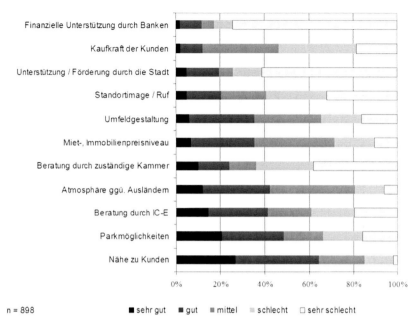

n = 898   ■ sehr gut   ■ gut   ■ mittel   ▦ schlecht   ☐ sehr schlecht

Abb. 2: Standortqualität in der Unternehmenswahrnehmung (Quelle: eigene Erhebung im Juni 2007)

Bei der insgesamt eher ungünstigen Bewertung des Quartiers durch die lokalen Unternehmen[2] ist es wenig überraschend, dass immerhin knapp ein Drittel bereits über einen Standortwechsel nachgedacht hat. Dabei dominieren drei Gründe: Gut ein Drittel der insgesamt 108 Nennungen entfällt auf den Bereich ,fehlende Kundschaft/zu geringer Umsatz' (35 %), es folgen mit großem Abstand die Bereiche ,schlechte Atmosphäre und Lebensqualität' (z. B. offener Drogen- und Alkoholkonsum, mangelndes Sicherheitsempfinden; insgesamt 19 %) und die

---

[2]   Als Vergleich kann beispielsweise eine Studie zum Gebiet Halle-Ost herangezogen werden, in der ebenfalls die Standortwahrnehmung durch die dort ansässigen Unternehmen untersucht und zum Teil eine Einschätzung derselben Standortfaktoren erfragt wurde (vgl. Pink/Henn 2007, 12 ff.).

‚hohe Geschäftsraummiete' (14 %). Die verbleibenden 32 % entfallen auf diverse, sehr heterogene Einzelnennungen.

Auffällig ist, dass das Kundenpotenzial bzw. die Nähe zu Kunden für viele der in der Eisenbahnstraße ansässigen Unternehmen ein wichtiges Standortwahlmotiv war und auch danach positiv beurteilt wird, zugleich jedoch der Aspekt ‚fehlende Kundschaft/zu geringer Umsatz' das wichtigste Motiv potenzieller Standortverlagerungen ist. Diese auf den ersten Blick widersprüchlich erscheinende Diskrepanz kann zwei Ursachen haben: Zum einen ist zwischen (potenzieller) Kundenzahl einerseits und der Kaufkraft dieser Kunden andererseits zu differenzieren. Da Letztere im Quartier sehr gering ist – wie auch die Einschätzung des Standortfaktors ‚Kaufkraft' durch die Unternehmen zeigt – können sich die vorhandenen Bedürfnisse nur begrenzt in reale Nachfrage umsetzen. Zum anderen können auch betriebswirtschaftliche Fehler bzw. Fehlkalkulationen – z. B. ein nicht nachfrageadäquates Angebot, ungünstige Mikrostandortwahl („versteckte" Lage) oder schlicht zu hohe Anfangserwartungen – für den aus Unternehmersicht zu geringen Umsatz verantwortlich sein. Insofern lässt sich die Gleichzeitigkeit eines großen Kundenpotenzials und – im Einzelfall – nicht zufrieden stellenden Umsätzen durchaus plausibel erklären.

2.2 Wahrnehmung als Konsum- und Versorgungsstandort

Die eher negative Einschätzung des Standortes Eisenbahnstraße durch die Unternehmen findet sich auch bei der Beurteilung als Einkaufs- und Versorgungszentrum durch die Konsumenten wieder. Von den 146 befragten Passanten kaufen ca. 40 % lieber in der Eisenbahnstraße, etwa 60 % lieber woanders ein. Lässt man den Wohnstandort der Befragten als Argument für bzw. gegen einen Einkauf in der Eisenbahnstraße beiseite, so mangelt es dem Einkaufsstandort Eisenbahnstraße an Attraktivitätsfaktoren gegenüber anderen Standorten (Abb. 3). Zwar heben einige derjenigen, die ihre Einkäufe lieber in der Eisenbahnstraße tätigen, die hohe Angebotsattraktivität hervor (ca. 13 %) – für knapp die Hälfte der befragten Konsumenten, die lieber woanders einkaufen gehen, gibt jedoch dasselbe Kriterium den Ausschlag zugunsten des betreffenden anderen Standortes. Daneben ist es vor allem die fehlende Möglichkeit der Kopplung (z. B. Frisörbesuch und Lebensmittelkauf) in der Eisenbahnstraße, die deren Attraktivität gegenüber anderen Einkaufsstandorten schmälert.

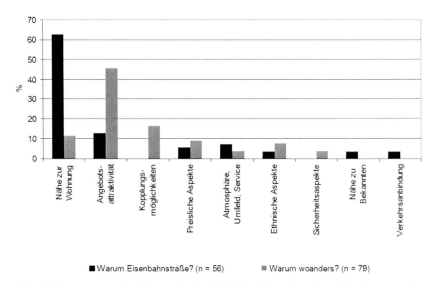

Abb. 3: Bedeutung zentraler Faktoren bei der Wahl des Einkaufsstandortes (Quelle: eigene Erhebung im Juni 2007)

Trotz der dargestellten Defizite ist die Eisenbahnstraße als Nahversorgungszentrum durchaus bedeutsam – immerhin knapp zwei Drittel bevorzugen die Eisenbahnstraße als Einkaufsstandort aufgrund seiner Nähe zur eigenen Wohnung. Eine warengruppenbezogene Betrachtung unterstreicht die Nahversorgungsfunktion (Abb. 4): Während Güter des täglichen oder wöchentlichen Bedarfs lieber im Quartier gekauft werden (z. B. Obst und Gemüse, Backwaren), werden Warengruppen des periodischen, langfristigen Bedarfs (z. B. Textilien, Uhren und Schmuck) lieber woanders gekauft. Dies hat neben angebotsseitigen Ursachen (z. B. fehlendes Möbelhaus im Quartier) vor allem auch mit der Distanz zur eigenen Wohnung bzw. Arbeitsstätte zu tun, die gerade bei täglichen Versorgungskäufen eine große Rolle spielt (Meffert 2000, 1187).

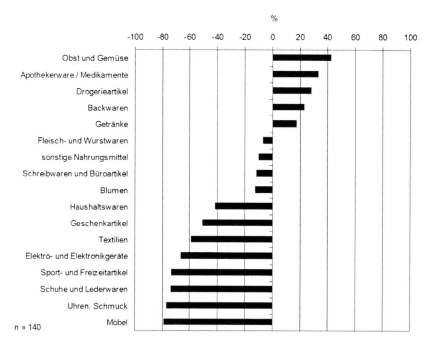

Abb. 4: Standortpräferenzen der Konsumenten bezüglich verschiedener Warengruppen (Lesebeispiel: Getränke werden von ca. 59 % der Befragten lieber in der Eisenbahnstraße gekauft, etwa 41 % kaufen diese lieber woanders. Das Diagramm bildet die Differenz der beiden Werte ab – in diesem Fall + 18 %.) (Quelle: eigene Erhebung im Juni 2007)

Im Rahmen der empirischen Erhebungen wurden die Konsumenten auch gefragt, ob sie im Quartier bestimmte Geschäfte bzw. Waren vermissen, wobei 55 % diese Frage bejahten. Die in Abb. 5 gezeigten Ergebnisse offenbaren, dass den Bewohnern in erster Linie ein Discounter (12 % der Nennungen) sowie Textil- und Bekleidungsgeschäfte (10 %) fehlen. Mindestens drei Prozent der Nennungen entfallen darüber hinaus auf Drogerie- und Haushaltswarengeschäfte, Fleischereien, Buchhandlungen und Läden für Kinder. Die Ergebnisse legen ein gewisses lokales Nachfragepotenzial für einige Waren offen, das sich derzeit – wie ein erneuter Blick auf Abb. 4 verdeutlicht – vorwiegend außerhalb des Quartiers artikuliert. Inwieweit die Ansiedlung entsprechender Geschäfte zur Bedienung dieser Nachfrage tatsächlich sinnvoll und betriebswirtschaftlich rentabel ist, kann nur mit Hilfe einer fundierten Standort- und Marktanalyse beantwortet werden. Der seit Herbst 2009 existierende Discountmarkt hat hier inzwischen eine Lücke schließen können.

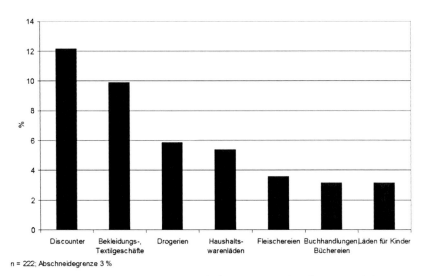

n = 222; Abschneidegrenze 3 %

Abb. 5: Von den Konsumenten vermisste Geschäfte im Quartier (Quelle: eigene Erhebung im Juni 2007)

Eine recht detaillierte Einschätzung der bereits vorhandenen Geschäfte im Quartier Eisenbahnstraße lässt Abb. 6 zu. Das Urteil der Konsumenten fällt insgesamt sehr positiv aus, die Ergebnisse weichen im Einzelnen jedoch zum Teil deutlich voneinander ab. Als herausragende Stärke des Standortes und seiner Geschäfte sehen die Befragten die Anbindung des Quartiers an den öffentlichen Nahver-

© Frank & Timme   Verlag für wissenschaftliche Literatur

kehr. Aber auch mit Blick auf den motorisierten Individualverkehr wird dem Leipziger Osten zumindest hinsichtlich des Teilaspektes ‚Parkplatzverfügbarkeit' eine hohe Attraktivität zugeschrieben. Zudem wissen auch die Geschäfte selbst durch die Freundlichkeit ihres Personals und ihre Warenqualität zu überzeugen – beide Aspekte werden von der überwiegenden Mehrheit der Konsumenten positiv beurteilt. Mit großem Abstand am schlechtesten wird dagegen die Umfeldattraktivität eingeschätzt, die die Mehrzahl der Befragten negativ bewertet.

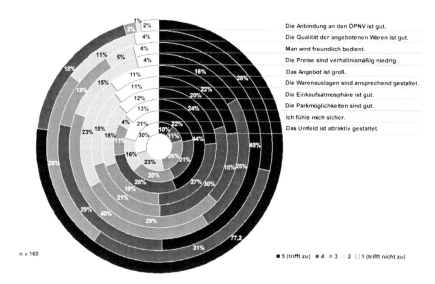

Abb. 6: Wahrnehmung der Geschäfte und ihres Umfeldes durch die Konsumenten (Quelle: eigene Erhebung im Juni 2007)

Ein weiterer, dem Umfeld der Geschäfte zuzuordnender Aspekt weist aus Sicht der Konsumenten ebenfalls deutliche Defizite auf: Die Aussage „Ich fühle mich hier sicher" erzielte von den Befragten lediglich eine mittlere Zustimmung – jeweils etwa 40 % halten die Aussage für vollkommen/eher zutreffend bzw. für vollkommen/eher unzutreffend. Dieses sehr ambivalente Sicherheitsempfinden kommt auch darin zum Ausdruck, dass sich von den Befragten nur jeder Fünfte im Quartier ‚sehr sicher' fühlt bzw. beinahe ebenso viele sich ‚sehr unsicher' fühlen. Insbesondere Frauen fühlen sich offensichtlich nicht sicher und nehmen das Quartier oder zumindest Teilbereiche davon als ‚Angsträume'[3] wahr: Mehr als ein Drittel der befragten Frauen fühlt sich im Quartier ‚unsicher' (ca. 10 %) oder ‚sehr unsicher' (ca. 27 %). Die Kriminalität und das damit einhergehende mangelnde Sicherheitsempfinden unter großen Teilen der Konsumenten und Bewohner ist damit eines der größten Probleme des Quartiers (siehe dazu auch den folgenden Abschnitt). Die Ergebnisse der Leipziger Bürgerumfrage zeigen: In den drei zum Leipziger Osten zählenden Stadtvierteln Neustadt-Neuschönefeld, Volkmarsdorf und Anger-Crottendorf wurde der Aspekt ‚Kriminalität/Sicherheit' von den Befragten stets als eines der drei größten Probleme ihres Ortsteils genannt, jeweils mit mindestens 35 % der Nennungen (Stadt Leipzig 2007, 112).

Die Ausführungen zur Konsumentenwahrnehmung abschließend, zeigt Abb. 7 die von den befragten Konsumenten genannten Argumente, die für bzw. gegen einen Einkauf in der Eisenbahnstraße sprechen. Einige der bereits diskutierten Ergebnisse, z. B. die Relevanz der Eisenbahnstraße als Nahversorgungsstandort oder die hervorragende Anbindung des Quartiers an den öffentlichen Personennahverkehr, aber auch die aus Konsumentensicht unzureichende Angebotsbreite, das mangelnde Sicherheitsempfinden und die überwiegend negativ bewertete Einkaufsatmosphäre werden bestätigt. Darüber hinaus lassen sich jedoch noch zwei wesentliche weitere Erkenntnisse gewinnen: Das Angebot ausländischer Spezialitäten ist aus Sicht der Befragten einer der wichtigsten Gründe für einen Einkauf in der Eisenbahnstraße (insgesamt 78 Nennungen) und kann damit als ein wesentliches positives Merkmal der Eisenbahnstraße identifiziert werden.

---

[3]   Für eine Begriffsabgrenzung Stadt vgl. Heidelberg (1994, 29ff.).

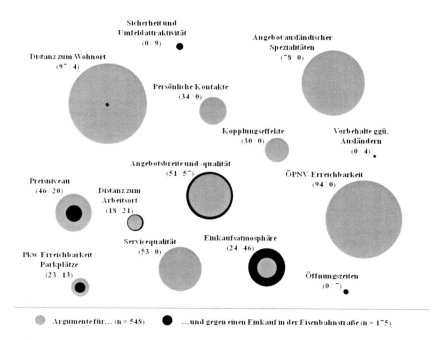

Abb. 7: Argumente der Konsumenten für und gegen einen Einkauf in der Eisenbahnstraße (Quelle: eigene Erhebung im Juni 2007)

Die ungünstigen Öffnungszeiten werden hingegen als ein Argument angeführt, das gegen einen Einkauf in der Eisenbahnstraße spricht (7 Nennungen). Obwohl dieser Aspekt nur vergleichsweise selten genannt wurde, ist doch zu berücksichtigen, dass nur jene Leute befragt wurden, die üblicherweise in der Eisenbahnstraße einkaufen. Es kann daher davon ausgegangen werden, dass die in Abb. 7 dargestellten Kontra-Argumente bei der Entscheidung für oder gegen einen Einkauf in der Eisenbahnstraße eine gewichtigere Rolle spielen, als dies die Ergebnisse suggerieren.

2.3 Wahrnehmung als Wohnstandort und Lebensraum

Im vorangegangenen Abschnitt wurde bereits das Problem des mangelnden Sicherheitsempfindens diskutiert, das für Konsumenten und viel mehr noch für Bewohner relevant ist und von beiden Akteursgruppen gleichermaßen zum Ausdruck gebracht wurde. Daneben benennen die Bewohner der drei Stadtteile Neustadt-Neuschönefeld, Volkmarsdorf und Anger-Crottendorf[4] drei weitere aus ihrer Sicht drängende Probleme: den schlechten ,Straßenzustand' (67 Nennungen), die ungenügende ,Sauberkeit von Straßen und Plätzen' (67) und das ,Leben mit Ausländern' (60) (Stadt Leipzig 2007, 112). Darüber hinaus wird der Verkehrslärm zumindest in Teilen des Quartiers als störend empfunden: Beinahe jeder fünfte Befragte empfindet die vom Straßenverkehr ausgehende Lärmbelästigung als ,stark' oder ,sehr stark', etwa 13 % geben selbiges in Bezug auf den Straßenbahnverkehr an. Beide Werte liegen damit allerdings im Leipziger Durchschnitt (21 %/13 %) (Stadt Leipzig 2007, 121).

Abb. 8 gibt die Zufriedenheit der Quartiersbewohner im Leipziger Osten mit ausgewählten Aspekten wieder und vergleicht diese mit den Referenzwerten für die gesamte Stadt (siehe hierzu auch den Beitrag von Glorius at al. in diesem Band). Es ist ersichtlich, dass die Bewohner im Leipziger Osten hinsichtlich der meisten Belange weniger zufrieden sind als die Bewohner der Stadt Leipzig insgesamt. Obwohl dies auch für die Zufriedenheit mit der eigenen Wohnung gilt, ist der Anteil der Zufriedenen hier insgesamt recht hoch – beinahe drei Viertel der Befragten im Leipziger Osten sind mit ihrer Wohnung ,zufrieden' oder ,sehr zufrieden', in Leipzig gilt dies für vier von fünf Befragten. Eine bei Weitem größere Diskrepanz zwischen den beiden Befragungsgruppen besteht dagegen hinsichtlich der Beurteilung der eigenen Wohngegend. Während im Leipziger

---

[4]   Diese drei Stadtviertel werden infolge der Datenverfügbarkeit für die folgenden Betrachtungen stets als räumlicher Bezugsrahmen für das Quartier Eisenbahnstraße/Leipziger Osten herangezogen.

Durchschnitt 70 % der Bewohner zufrieden sind, trifft dies im Leipziger Osten nur auf jeden dritten Befragten zu. Dementsprechend weit liegen auch die Durchschnittsbewertungen für Leipzig (2,2) und den Leipziger Osten (3,0) auseinander. Etwas besser, sowohl mit Blick auf die Diskrepanz zu Leipzig insgesamt als auch hinsichtlich der absoluten Beurteilung, schneiden das ‚Grünanlagenangebot' und die ‚Grünanlagenästhetik' ab. Jeweils etwa die Hälfte der Quartiersbewohner ist mit diesen beiden Aspekten zufrieden, in Leipzig insgesamt sind es jeweils circa 10 Prozentpunkte mehr. Das Angebot an und der Zustand von Spielplätzen stellt im Leipziger Osten mehr Bewohner zufrieden (45 %/ 29 %) als in Leipzig insgesamt (27 %/22 %).

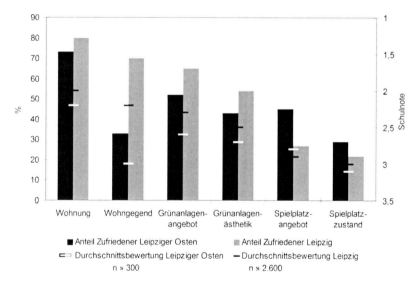

Abb. 8: Einschätzung des Wohnstandortes Leipziger Osten im Vergleich zu Leipzig (Quelle: Stadt Leipzig, 2007)

Wendet man sich der Einschätzung der Entwicklung des Quartiers durch seine Bewohner zu, so fällt auf, dass jeder vierte Befragte dem Quartier zwar Attraktivität in der Vergangenheit abspricht, ihm gleichzeitig aber auch eine Erhöhung der Anziehungskraft im Verlauf der zurückliegenden fünf Jahre attestiert. Dieses Ergebnis kann als ein deutliches Indiz dafür gewertet werden, dass die im Leipziger Osten durchgeführten Maßnahmen zur Aufwertung und Attraktivitätssteigerung des Wohnstandortes durchaus auf positive Resonanz treffen.

Außerhalb des Quartiers werden die Maßnahmen und die damit verbundene Entwicklungsdynamik im Leipziger Osten in der Tendenz positiv wahrgenommen (Abb. 9). Bei allen dargestellten Aspekten überwiegt der Anteil der positiven Beurteilungen den der negativen – jeweils in unterschiedlichem Ausmaß. Dieses Ergebnis kann als Indiz für einen positiven Wandel des Fremdimages des Quartiers Eisenbahnstraße interpretiert werden und zeigt, dass die durchgeführten Maßnahmen Erfolge zeitigen, die auch über das unmittelbare Quartier hinaus wahrgenommen werden.

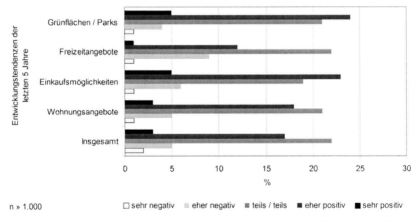

Abb. 9: Entwicklung des Leipziger Ostens aus Sicht der Leipziger Bevölkerung (Quelle: Stadt Leipzig, 2007)

3 Fazit

Die Darstellung der Befragungsergebnisse offenbart eine überwiegend negative Beurteilung des Standortes Eisenbahnstraße durch alle Akteursgruppen. In einem strukturschwachen Quartier wie dem Leipziger Osten können diese Ergebnisse jedoch nicht überraschen. Positiv hervorzuheben ist allerdings, dass die zahlreichen bereits in Angriff genommenen Projekte und Einzelmaßnahmen erste Erfolge zeigen, denn die Entwicklung des Quartiers in den vergangenen Jahren wird sowohl von den Quartiers- wie auch den sonstigen Bewohnern Leipzigs mehrheitlich positiv wahrgenommen. Die Fortsetzung dieser angestoßenen Entwicklung kann dazu beitragen, das bislang offensichtlich sehr schlechte Image der Eisenbahnstraße in den Augen der eigenen Bewohner wie auch der gesamten Leipziger Bevölkerung allmählich zu verbessern.

Viele der vorhandenen Defizite können mit geeigneten Maßnahmen in einem überschaubaren Zeitrahmen behoben oder wenigstens gemindert werden. So kann die Situation hinsichtlich der von allen Akteursgruppen als unzureichend empfundenen Sicherheit im Quartier bereits mit vergleichsweise einfachen Maßnahmen verbessert werden, wie beispielsweise eine ausreichende Beleuchtung von Straßen und Wegen, ggf. unter finanzieller Beteiligung der Ladenbesitzer im Quartier, da sie zweifellos zu den Nutznießern dieser Maßnahmen gehören würden (für weitere Maßnahmen vgl. Jentsch 2001; Stadt Heidelberg 1994, 107ff.). Da eine Erhöhung der Sicherheit im Quartier und des Sicherheitsempfindens der Quartiersakteure zudem auch positive Folgewirkungen für die Atmosphäre, die Lebensqualität und die Umfeldattraktivität erwarten lässt – aus Sicht der Akteure allesamt Quartiersschwächen – scheint eine Gegensteuerung in diesem Bereich besonders geboten. Hinzu kommt, dass das Quartier aufgrund der im gesamtstädtischen Vergleich positiv bewerteten Spielplatzverfügbarkeit und des inzwischen recht hohen Grünflächenanteils als Wohnstandort für junge Familien durchaus Attraktivitätspotenzial besitzt, Defizite im Bereich der (gefühlten) Sicherheit jedoch gerade für diese Bevölkerungsgruppe eine hohe Barriere darstellen und hier möglicherweise ein Bevölkerungszugewinn „verschenkt" wird.

Neben dem bereits diskutierten Standortimage lassen sich auch die Kunden-kaufkraft, die Angebotsbreite im lokalen Versorgungsangebot und der Straßen-zustand im Quartier nur mittelfristig signifikant verbessern. Eine spürbare Er-höhung der Kaufkraft kann im Prinzip nur indirekt, d. h. durch eine Fortsetzung der Aufwertung des Quartiers als Anreiz für den Zuzug von sozial bessergestell-ten Bevölkerungsschichten erreicht werden; andererseits könnten die damit ver-bundenen Mietpreissteigerungen Teile der ansässigen Bevölkerung und vor al-lem die sozial schwachen Gruppen verdrängen („Gentrification").

Trotz der zahlreichen Defizite weist der Standort Eisenbahnstraße in den Augen der verschiedenen Akteursgruppen auch einige Stärken auf. Neben allgemeinen Vorzügen ist hierbei vor allem die ethnische Vielfalt des Quartiers zu nennen. Dieses Quartierscharakteristikum kann als Kern einer Vermarktungsstrategie dienen, die mit entsprechenden Aktionen – z. B. Wochenmärkten mit ausländi-schem Spezialitätenangebot oder Quartiersfesten mit wechselndem Bezug zu den im Quartier vertretenen Kulturen bzw. Nationen – untersetzt wird. Wenn es darüber hinaus auch gelingt, die in Teilen der Bevölkerung noch vorhandenen Vorbehalte gegenüber den ausländischen Mitbürgern abzubauen und ein offe-nes, tolerantes Quartiersmilieu zu schaffen, wird der Leipziger Osten für junge und kreative Menschen als Wohnstandort noch attraktiver.

Literaturverzeichnis

Bergler, R. (1991): Standort als Imagefaktor. In: Pfeffer, G. A. (Hrsg.): Führung und Kommunikation. Erfolg durch Partnerschaft. Standort als Imagefak-tor. Dokumentation der DPRG-Jahrestagung vom 9. bis 11. Mai 1991 in Essen. Bonn.

Burgstahler, H. (2003): Die Stadt als Marke? Wie Kommunen sich besser darstel-len können. Stuttgart.

Franz, P. (1989): Stadtteilentwicklung von unten. Zur Dynamik und Beeinflussbarkeit ungeplanter Veränderungsprozesse auf Stadtteilebene. Basel, Boston, Berlin (=Stadtforschung aktuell 21).

Fürst, D.; Lahner, M.; Zimmermann, K. (2004): Neue Ansätze integrierter Stadtteilentwicklung. Placemaking und Local Governance. Erkner bei Berlin (=Regio transfer 4).

Gebhardt, H.; Reuber, P.; Schweizer, G. et al. (1995): Ortsbindung im Verdichtungsraum - Theoretische Grundlagen, methodische Ansätze und ausgewählte Ergebnisse. In: Gebhardt, H.; Schweizer, G. (Hrsg.): Zuhause in der Großstadt. Ortsbindung und räumliche Identifikation im Verdichtungsraum. Köln, 3-58 (=Kölner Geographische Arbeiten 61).

Grabow, B.; Henckel, D.; Hollbach-Grömig, B. (1995): Weiche Standortfaktoren. Stuttgart, Berlin (=Schriften des Deutschen Instituts für Urbanistik 89).

Grabow, B.; Hollbach-Grömig, B. (1998): Stadtmarketing. Eine kritische Zwischenbilanz. Berlin (=Difu-Beiträge zur Stadtforschung 25).

Haas, H.-D.; Neumair, S.-M. (2007): Wirtschaftsgeographie. Darmstadt (Geowissen kompakt).

Hahne, U. (Hrsg.) (1984): Endogene Entwicklung. Theoretische Begründung und Strategiediskussion. Hannover (=Arbeitsmaterial/Akademie für Raumforschung und Landesplanung 76).

Hahne, U. (1985): Regionalentwicklung durch Aktivierung intraregionaler Potentiale. Zu den Chancen "endogener" Entwicklungsstrategien. München (=Schriften des Instituts für Regionalforschung der Universität Kiel 8).

Hard, G. (1981): Problemwahrnehmung in der Stadt. Osnabrück (=Osnabrücker Studien zur Geographie 4).

Hellmig, P. (1997): Kommunale Kultur als Image-, Attraktivitäts- und Identifikationsfaktor. Empirische Untersuchung in 12 Mittelstädten. Tübingen.

Ipsen, D. (1986): Raumbilder. Zum Verhältnis des ökonomischen und kulturellen Raumes. In: Informationen zur Raumentwicklung 11/12, 921–931.

Jentsch, V. (2001): Vom Angstraum zur Einkaufsmeile. Polizeiarbeit im Spannungsfeld unterschiedlicher Interessen am Beispiel der Fußgängerzone "Breite Straße" in Mannheim. In: Institut für Landes- und Stadtentwicklungsforschung gGmbH (Hrsg.): Im Mittelpunkt der Städte. Sicherheit und Aufenthaltsqualität – Strategien für den Erfolg urbaner Zentren. Dortmund, 32–37 (=ILS-Schriften 171).

Maier, G.; Tödtling, F. (2006): Regional- und Stadtökonomik 1. Standorttheorie und Raumstruktur. 4. Aufl., Wien.

Meffert, H. (2000): Marketing. Grundlagen marktorientierter Unternehmensführung. Konzepte – Instrumente – Praxisbeispiele. 9. Aufl., Wiesbaden (Meffert-Marketing-Edition).

Pink, M.; Henn, S. (2007): Struktureller Wandel innerstädtischer Industriegebiete. Das Beispiel Halle-Ost. Halle (Saale) (=Hallesche Diskussionsbeiträge zur Wirtschafts- und Sozialgeographie 11).

Riebel, J. (1993): Imageanalyse: Was sind wesentliche Analyse- und Gestaltungsfelder für das Stadtimage? In: Töpfer, A. (Hrsg.): Stadtmarketing. Herausforderung und Chance für Kommunen. Baden-Baden, 145–152.

Sachs, K. (1995): Ausländer in der Großstadt - biographische Zwischenstation oder "neue Heimat". In: Gebhardt, H.; Schweizer, G. (Hrsg.): Zuhause in der Großstadt. Ortsbindung und räumliche Identifikation im Verdichtungsraum. Köln, 75–94 (=Kölner Geographische Arbeiten 61).

Sedlacek, P. (2006): Image und Standortqualität der Technologieregion Jena. Jena.

Spiegel, B. (1961): Die Struktur der Meinungsverteilung im sozialen Feld. Das psychologische Marktmodell. Bern (=Enzyklopädie der Psychologie in Einzeldarstellungen 6).

Stadt Heidelberg (Hrsg.) (1994): Angsträume in Heidelberg. Das Sicherheitsempfinden von Frauen in ihrer Stadt. Heidelberg.

Stadt Leipzig (Hrsg.) (2007): Kommunale Bürgerumfrage 2006. Ergebnisbericht.
Leipzig.

Stegen, R. (2006): Die soziale Stadt. Quartiersentwicklung zwischen Städtebau-
förderung, integrierter Stadtpolitik und Bewohnerinteressen. Berlin
(=Schriften des Arbeitskreises Stadtzukünfte der Deutschen Gesellschaft
für Geographie 3).

Stegmann, B.-A. (1997): Großstadt im Image. Eine wahrnehmungsgeographi-
sche Studie zu raumbezogenen Images und zum Imagemarketing in
Printmedien am Beispiel Kölns und seiner Stadtviertel. Köln (=Kölner
Geographische Arbeiten 68).

Walther, U.-J.; Jessen, J. (2006): Die postindustrielle Stadt. Projektbericht. Berlin,
Stuttgart (http://home.arcor.de/postindustrielle.stadt/Pdf/Endbericht.pdf,
letzter Abruf am 09.03.2008).

Weck, S. (2005): Quartiersökonomie im Spiegel unterschiedlicher Diskurse.
Standpunkte und theoretische Grundlagen zur Revitalisierung erneue-
rungsbedürftiger Stadtteile. Dortmund (=Dortmunder Beiträge zur
Raumplanung 124).

Wiest, K. (1997): Die Neubewertung Leipziger Altbauquartiere und Veränderungen des Wohnmilieus. Gesellschaftliche Modernisierung und sozial-
räumliche Ungleichheiten. Leipzig (=Beiträge zur regionalen Geographie
43).

MICHAEL BEHLING

Stadträumlich orientierte Wirtschaftsförderung

Der Leipziger Osten ist durch eine insgesamt sehr schwache Wirtschaftsstruktur geprägt. In der Regel in kleinteiligen Einheiten agierend, auf niedrigem ökonomischem Niveau funktionierend, inhabergeführt und vorrangig im Einzelhandel tätig oder einfache, haushaltsnahe Dienstleistungen anbietend, ist die wirtschaftliche Leistungskraft der Unternehmen sehr begrenzt. Eine investive Basis für Betriebserweiterungen ist kaum vorhanden, professionelles, strategisch fundiertes und auf Wachstum gerichtetes unternehmerisches Denken und Handeln sind eher Ausnahme als die Regel. Es besteht ein erheblicher Weiterbildungs- und Beratungsbedarf für die relativ wenigen Beschäftigten und auch für die Unternehmer/-innen selbst. Das Image des Standortes stellt sich als deutliches Entwicklungs- und Investitionshemmnis dar.

Trotz verschiedenster Ansätze einer Förderung ist eine Stabilisierung und nachhaltige Verbesserung der wirtschaftlichen Leistungsfähigkeit der Unternehmen noch nicht erreicht worden. Deshalb werden folgerichtig auch künftig innerhalb des Integrierten Handlungskonzepts Leipziger Osten im Handlungsfeld Wirtschaftsinitiative ostWERK die Themen „Lokale Ökonomie – Beschäftigung – Standortqualität" in den Vordergrund gestellt.

Damit erfolgt eine unmittelbare Verbindung zwischen Stadtteilentwicklung und Wirtschaftsförderung. Im Mittelpunkt stehen dabei die Unternehmen als (Wirtschafts-)Akteure innerhalb des Stadtteils und in ihrer Wirkung auf den Stadtteil. Dieser Ansatz setzt voraus, dass Wirtschaftsförderung ein vermittelndes Instrument für den Nachteilsausgleich ist; die Erfordernisse und die Wirkungen sind somit immer im Gesamtkontext zu betrachten. Damit tritt die einzelbetriebliche Sichtweise in den Hintergrund. Betriebswirtschaftliche Prämissen sind für die

Stabilität des Unternehmens wesentlich, da zukunftsrobuste und leistungsfähige Unternehmen das Rückgrat der lokalen Wirtschaft bilden.

Wirtschaftsförderung hat im Stadtteil grundsätzlich zwei Seiten: Zum einen Qualifizierung und Fachberatung der Kleinstunternehmen in Richtung einer strategischen Konsolidierung, zum anderen Einsatz einer unmittelbaren monetären Förderung durch Zuwendungen. Tangierend wird eine aktive Ansiedlungspolitik und -begleitung realisiert.

Während bisher eine Entwicklung und Erprobung von Strategien und deren Umsetzung im Mittelpunkt stand, liegt nunmehr mittelfristig der Schwerpunkt in der Verstetigung positiver Entwicklungstrends sowie in der Sicherung einer Nachhaltigkeit. Dazu wurden im Integrierten Handlungskonzept die wesentlichen Schwerpunkte gesetzt, die sich gruppieren lassen:

- inhaltlich
    - Tradition (klassische Angebote und Betriebe, vor allem im Handwerk, erhalten und stärken)
    - Service (Schwerpunkt Dienstleistungen für die Bewohnerinnen und Bewohner)
    - Innovation (innovative Unternehmen siedeln sich an, vorhandene Unternehmen erschließen innovative Geschäftsfelder)
- strukturell
    - Sicherung und Erweiterung bestehender Unternehmen
    - Ansiedelung sowie Existenzgründung

Diese strategische Orientierung basiert auf dem Fazit der Tätigkeit in der Stadtteilökonomie des Leipziger Ostens bis 2008, die sich thesenartig zusammenfassen lässt:

- Die kleinteilige Wirtschaftsstruktur des Programmgebietes, die vorrangig durch inhabergeführte Klein- und Kleinstunternehmen im Dienstleistungsbereich gekennzeichnet ist, führt zu einem erheblichen Beratungs-

und Unterstützungsbedarf im unternehmerischen Handeln, dabei vor allem zu strategischen Fragen der Unternehmensführung und zur betriebswirtschaftlichen Positionierung.

- Der hohe Anteil der ethnischen Ökonomie im Leipziger Osten erfordert die Entwicklung spezieller Handlungsansätze und Instrumente, um Wirtschaftskraft, Versorgungswirkung und Beschäftigungseffekte besser und stabiler zu nutzen.

- Die Potenziale von Existenzgründungen im Stadtteil und für Bewohnerinnen und Bewohner des Stadtteils, insbesondere auch aus dem Bereich der Akteure mit Migrationshintergrund, sind vielfach noch nicht erschlossen.

- Neben der unmittelbaren monetären Förderung von Investitionen zeigt sich, dass auch die stadträumlich orientierte Unternehmensberatung positiv wirkt: Betriebswirtschaftliche und unternehmerische Aspekte werden thematisiert und fördern eine Auseinandersetzung der Unternehmerinnen und Unternehmer mit der aktuellen Lage und strategischen Ansätzen. Ca. 90% der involvierten Unternehmer/-innen haben ausschließlich diese Beratungsangebote wahrgenommen, ohne dass es in der Folge zu einer Förderantragstellung gekommen ist.

- Der bisherige Beratungs- und Begleitprozess der KMU ist durchgängig durch Transparenz, hohe Kommunikationsdichte und ein ausgeprägtes Vertrauensverhältnis gekennzeichnet.

- Die positiven Wirkungen der aktiven Tätigkeit in der Stadtteilökonomie wurden in einer Evaluation nachgewiesen.

- Eine Erschließung von Potenzialen der lokalen Ökonomie für den Stadtteil erfordert eine strategisch fundierte, unternehmensnahe und nachhaltige Arbeitsweise. Eine Kontinuität in der Arbeit mit den lokalen Wirtschaftsakteuren ist unbedingt erforderlich.

- Tangierende Projekte – z.B. aus Mitteln des Europäischen Sozialfonds (ESF) – haben ebenfalls Unterstützungsleistungen erbringen können, ohne jedoch das erforderliche Spektrum einer koordinierenden Betreuung der lokalen Ökonomie vollständig abdecken zu können.

Wirtschaftsstruktur im Stadtteil

Die Überlagerung städtebaulicher, ökonomischer und sozialer Problemlagen im Stadtteil hat Ursachen auch innerhalb der Stadtteilökonomie, führt aber zugleich auch zu wirtschaftlichen Entwicklungshemmnissen. Die schwache und insgesamt relativ instabile Unternehmensstruktur ist in erster Linie durch ungünstige Betriebsgrößen geprägt. Mehr als 90% aller Unternehmen sind Kleinstunternehmen mit bis zu 10 Beschäftigten und bis zu 2 Mio. EUR Jahresumsatz[1]; selbst diese Schwellenwerte werden selten erreicht. In der Regel durch die Inhaberinnen bzw. Inhaber geführt, sind die Untenehmen im Stadtteil typischerweise Familienbetriebe mit wenigen Beschäftigten.

Einerseits finden sich diese Unternehmen traditionell seit Jahrzehnten am Standort: In der DDR-Wirtschaft an die Schranken des Systems stoßend, zugleich aber aufgrund des staatlich organisierten „Versorgungsauftrages" mit einem gesicherten Absatz, wurde die politische Wende 1990 zum Anlass für einen Neustart genutzt. Im Rahmen der Möglichkeiten erfolgten Sanierung und Renovierung der (oft eigenen) Immobilien. Die kleinen Unternehmen stellten sich dem Wettbewerb am angestammten Standort in den herkömmlichen Einkaufsstraßen.

Was zu diesem Zeitpunkt jedoch nur wenigen klar war: Wirtschaftliche Tätigkeit im Leipziger Osten ist in keinerlei Hinsicht eine „Fortführung" der DDR-

---

[1] Empfehlung 2003/361/EG der Kommission vom 6. Mai 2003 betreffend die Definition der Kleinstunternehmen sowie der kleinen und mittleren Unternehmen, ABl. L 124 vom 20.5.2003, S. 36-41.

Antwort

Frank & Timme GmbH

Verlag für
wissenschaftliche Literatur
Wittelsbacherstraße 27a

D-10707 Berlin

Telefon +49 (0) 30 88 66 79 11 · *Fax* +49 (0) 30 86 39 87 31
E-Mail info@frank-timme.de · *Homepage* www.frank-timme.de

Vorname, Name

Straße

PLZ, Ort

E-Mail

Frank & Timme

Sehr geehrte Damen und Herren,

wenn wir Sie mit diesem Buch für unser Verlagsprogramm interessieren konnten, dann senden Sie uns bitte diese Karte zurück. Kreuzen Sie bitte an, für welche Themengebiete wir Ihnen Informationen zukommen lassen dürfen.

- ☐ Sprachwissenschaft
- ☐ Literaturwissenschaft
- ☐ Kunst-, Musik- und Theaterwissenschaft
- ☐ Kulturwissenschaft
- ☐ Philosophie, Theologie und Religionswissenschaft
- ☐ Geschichte und Altertumswissenschaft

- ☐ Psychologie und Pädagogik (allgemein)
- ☐ Soziologie und Sozialpädagogik
- ☐ Kommunikationswissenschaft
- ☐ Politikwissenschaft
- ☐ Recht und Wirtschaft

Bitte senden Sie mir die Informationen:
- ☐ per E-Mail
- ☐ per Post

Ich habe diese Karte folgendem Buch entnommen:

Bemerkungen:

Mangelwirtschaft ohne Mangel, stattdessen mit Warenüberfluss und D-Mark-Preisen. Es stand vielmehr ein grundlegender, zu dieser Zeit auch in den alten Bundesländern noch nie da gewesener Umbruch bevor. Merkmale dieses Prozesses waren vollkommenes Wegbrechen der bisherigen Strukturen der volkseigenen Wirtschaft, dazu schlagartige Massenarbeitslosigkeit und Entstehen einer Gruppe von Sozialtransfer-Leistungsempfängern, Warenüberfluss mit marktorientierten Preisen, Wegfall von subventionierten Angeboten, Wertewandel im Verbraucherverhalten, aber auch wachsende Kaufkraft in einer stabilen Währung, entstehende Preissensibilität und zugleich fehlende Erfahrungen von Preis-Leistungs-Relationen. Explosionsartige Warenströme aus den westlichen Bundesländern, vom fliegenden Händler aus dem LKW bis hin zu riesig dimensionierten Verkaufszelten der SB-Warenhaus-Konzerne, konnten den Wunsch nach westlichen Konsumgütern und Lebensmitteln bei der Bevölkerung kaum befriedigen.

Für die produzierenden Betriebe waren jahrzehntelang sichere Absatzmärkte im In- und Ausland verschwunden, weil die einstigen Abnehmer die bisherigen Waren nicht mehr beziehen wollten, die Verkaufspreise nicht mehr marktgerecht waren oder auch – gerade in Osteuropa als traditionellem Absatzmarkt – nicht mehr bezahlt werden konnten. Auch in den Handwerksbetrieben (meist genossenschaftlich organisiert) waren die in manufakturgeprägten Kleinserien produzierten Waren ökonomisch nicht mehr verwert- und vertretbar; bei Reparaturen erfolgte nunmehr der Austausch von Baugruppen oder gleich ein Neukauf statt aufwendiger, arbeitsintensiver Fehlerbehebung.

Räumlich kam ein weiterer Aspekt hinzu: Im Zusammenhang mit der – durch den nunmehr unproblematischen Autokauf (ohne jahrelange Wartezeiten) möglichen – persönlichen Mobilität hieß das aber auch: Der einstige Standortvorteil einer unmittelbaren Nähe zu den Verbraucherinnen und Verbrauchern rückt in der Werteskala hinter Angebotsfülle, Werbeversprechen, Schnäppchenmentalität und Einkaufserlebnis. Gerade die damalige Ernst-Thälmann-Straße als die zentrale Haupteinkaufsstraße des Leipziger Ostens zeigt diese Entwicklung deutlich: Einst durchgängige Geschäftsstraße, die durch ein „Ablaufen" von der Rosa-Luxemburg-Straße bis zum Torgauer Platz die tägliche Versorgung zuzüglich einiger unerwarteter Einkäufe sicherte, verlor schlagartig an Attraktivität. Niedergang der staatlichen Handelsorganisation, zusammenfallende Bausubstanz, spekulative Immobilienverwertungen förderten das Ladensterben in einem Teufelskreis, ohne dass den Kundinnen und Kunden grundlegend etwas fehlte. An den Standort gebundene Anbieter haben dieses Trading Down leidvoll durchleben müssen.

Bei weitem nicht alle ansässigen Gewerbetreibenden haben Ende der 90er Jahre den einsetzenden Beginn eines aktiven Gegensteuerns miterlebt: Teils vom Markt verschwunden, vielfach auch resigniert und müde, manchmal noch mit Ideen, oft aber ohne Kraft und auch ohne finanzielle Ressourcen haben sich die wenigen Aktiven auf Initiative eines IHK-Projekts in einer Standortgemeinschaft zusammengefunden.

Neben den traditionell am Standort vertretenen Gewerbetreibenden gibt es andererseits aber in der Stadtteilökonomie die „neuen" Unternehmen: Unternehmens- und Existenzgründungen sowie Neuansiedlungen prägen die lokale Ökonomie inzwischen stärker als die „alteingesessenen" Unternehmen. Strukturell zeigt sich jedoch, dass auch diese ebenfalls größtenteils Kleinstunternehmen sind, die von den Inhabern geführt werden, wirtschaftlich eine geringe Stabilität aufweisen und durch geringe Wertschöpfung geprägt sind. Die aktuelle Situation der Wirtschaftsstruktur stellt sich (2009) wie folgt dar: Der übergroße Teil der Unternehmen im Leipziger Osten sind Dienstleister und vorrangig auf die Bedarfe der Stadtteilbewohnerschaft ausgerichtet. Im weiteren Sinne (einschließlich Einzelhandel) sind 3 von 4 Unternehmen dienstleistend tätig. Etwa jedes siebte Unternehmen im Stadtteil ist ein Handwerksbetrieb (vielfach auch mit einem auf die Bewohnerschaft ausgerichteten Dienstleistungsangebot), der Anteil der Einzelhandelsbetriebe ist ebenso groß. Innerhalb der Dienstleistungsanbieter dominieren die personenbezogenen Angebote (vom Arzt bis zum Sonnenstudio); jedes dritte Unternehmen im Leipziger Osten ist dieser Gruppe zuzurechnen. Nur etwa jedes sechste Unternehmen bietet produktionsorientierte Dienstleistungen an. Das produzierende Gewerbe stellt lediglich 1 % der Unternehmen.

Unabhängig von den höherwertigen Dienstleistungen, die sich selbstverständlich auch im Leipziger Osten finden (wie z. B. Ärzte, Anwälte, Steuerberater) dominieren einfache, oftmals austauschbare bzw. beliebige Angebote. Solitäre, womöglich mit einer Alleinstellung über den Stadtteil hinaus verbundene Anbieter finden sich äußerst selten. Zu dieser Entwicklung tragen auch Existenzgründungen bei, die – mangels anderer Alternativen – aus der Arbeitslosigkeit heraus erfolgt sind, ohne eine tragfähige Geschäftsidee zu verfolgen. Eine relativ geringe wirtschaftliche Stabilität und Leistungsfähigkeit sind hier verbreitet zu finden.

Eine wesentliche Besonderheit ist der – für ostdeutsche Städte sehr hohe – Anteil von Selbständigen mit Migrationshintergrund: Im Stadtteil ist etwa jedes fünfte Unternehmen dazu zu zählen; in den Branchen werden vor allem Einzelhandel, Gastronomie sowie einfache personenbezogene Dienstleistungen bevorzugt. An bestimmten Standorten, so in der Eisenbahnstraße, haben ethnische Unternehmen einen Anteil bis zu 50% an der Gesamtzahl aller Betriebe. Generelle Merkmale der Unternehmen der ethnischen Ökonomie sind neben den allgemeinen Problemen von Kleinstunternehmen spezielle Entwicklungshemmnisse, die sich z. B. sprachlich und kulturell beim Umgang mit Behörden und Banken, in der Kenntnis der rechtlichen Rahmenbedingungen, in einer geringen Zahl und Qualität von Beschäftigungsangeboten, einem geringen Ausbildungsplatzangebot, aber auch in einem sehr geringen Organisationsgrad zur Interessenbündelung ausdrücken.

Offen ist, wie weit Unterschiede zwischen den traditionellen und neuen Unternehmen hinsichtlich der Bindung an den Standort bestehen. Neue Unternehmen suchen den Standort oft aus Kostengründen. Selten wird dabei reflektiert, dass Standortqualität, Standortkosten und Ertragspotenziale im Regelfall in einer Abhängigkeit stehen. Suboptimale Standortwahl sichert zwar niedrige Kosten, kann aber auch zu einer wirtschaftlichen Schwäche führen, die die Verlagerung an einen günstigeren Standort unmöglich macht. So sind de facto viele der neueren Unternehmen räumlich gebunden, zwar nicht durch Mietverträge oder Immobilienbesitz, sondern durch ein Fehlen von unternehmerischem Mut und finanziellen Ressourcen.

Fazit: Stadtteilökonomie zwischen Subsistenz und Substrat

Ein Großteil der Unternehmen der lokalen Ökonomie im Leipziger Osten ist vorrangig „subsistenzorientiert". Charakteristisch für sie ist eine ausgesprochen kleinteilige Struktur (inhaberbetrieben oder familiengeführt, oft auch als Ein-Personen-Unternehmen); motivational entstanden Neugründungen in vielen Fällen als einzige Alternative zur Arbeitslosigkeit; sie haben in der Regel weniger als fünf Beschäftigte, die zudem mehrheitlich in prekären Beschäftigungsarrangements tätig sind. Eine geringe Kapitalkraft ist typisch. Ein relativ hoher Anteil dieser Unternehmen ist ethnisch geprägt, vorrangig mit den Angeboten einfacher Dienstleistungen. Sie erfüllen primär Versorgungsfunktionen für die (fußläufig) ansässige Quartiersbevölkerung, wobei zwar persönliche Beziehungen aufgrund der Standortnähe einzelner Unternehmen und der Zugehörigkeit zu ethnischen Gruppen gegeben sind, unternehmens- oder geschäftsbezogene Austauschprozesse (und somit die Generierung neuer Erwerbsquellen) vor Ort aber keine Rolle spielen. Insgesamt sind sie in der Lage, eine Stabilisierungsfunktion für den Stadtteil zu übernehmen (siehe hierzu auch den Beitrag von Henn).

Insbesondere die ethnischen Unternehmen geben dem Straßenzug einen unverwechselbaren Charakter; allerdings bisher nur bedingt mit Beitrag zur Förderung eines positiven Stadtteilimages. Stabilisierend wirken für den Stadtteil die meisten Handwerksbetriebe sowie die Anbieter gewerblicher und (anspruchsvollerer) personenbezogener Dienstleistungen. Trotz der meist kleinen Betriebsgröße wirtschaften sie stabil auf mittlerem Erfolgsniveau.

Projektbezogene Aktivitäten – Beispiele aus dem Leipziger Osten

Der Leipziger Osten ist seit mehr als 17 Jahren ein Schwerpunkt in der Stadterneuerung Leipzigs. Die – im Angesicht des desolaten Zustands der Bausubstanz durchaus sehr offene – Frage „Ist Leipzig noch zu retten?"[2] wurde gerade in diesem Stadtteil durch die städtische Verwaltung schnell als Aufgabe angesehen: 1993 wurde das erste Sanierungsgebiet rund um den Neustädter Markt gebildet, um die kaum noch erkennbaren Reste der geschlossenen gründerzeitlichen Bebauung zu retten. Engagement der alten und neuen Eigentümer und umfassende Fördermittel zeigten recht bald ihre positive Wirkung. Baulich ging es deutlich voran, allerdings konnte dies nicht darüber hinwegtäuschen, dass das Viertel nicht mit der Gesamtentwicklung der Stadt mithalten konnte: sinkende Kaufkraft, Arbeitslosigkeit, soziale Probleme, Verkehrsbelastung, Leerstände von Gewerberäumen in der einstigen Einkaufsstraße.

Genau an diesem Dilemma setzte 1999 das damals neue Instrumentarium des Bund-Länder-Förderprogramms „Stadtteile mit besonderem Entwicklungsbedarf – „Soziale Stadt" gezielt an: Sanierte Gebäude reichen allein nicht aus, es

---

[2] Titel einer Sendung des DDR-Fernsehens am 06.11.1989 über den Verfall der gründerzeitlichen Bausubstanz

geht um einen komplexen Nachteilsausgleich für die Bewohnerinnen und Bewohner des Stadtteils. Anfangs neben baulichen Maßnahmen stark auf soziale Aspekte ausgerichtet, wurde aber deutlich klar: Nur eine stabile lokale Wirtschaft im Stadtteil kann ein Anker für eine nachhaltige positive Entwicklung sein. Von Anbeginn waren im Integrierten Handlungskonzept Wirtschaft und Arbeit ein wesentlicher Schwerpunkt. Zunächst mit dem Fokus Beschäftigung wurde versucht, auf dem zweiten Arbeitsmarkt Beschäftigungsmöglichkeiten zu erschließen. Dieser sozialorientierte Ansatz war sehr erfolgreich, stieß jedoch aufgrund beschränkter Brücken in den ersten Arbeitsmarkt zwangsläufig an seine Grenzen. In der Konsequenz wurde die „Förderkulisse" um ein weiteres Element erweitert. Mit Hilfe des Europäischen Fonds für Regionale Entwicklung (EFRE) konnten – auf Grundlage einer landesbezogenen Verwaltungsvorschrift zur Stadtentwicklung – Fördermittel auch mittelbar und unmittelbar für die Wirtschaftsakteure wirksam eingesetzt werden.

Ehrgeizigstes Bauprojekt war 2004 die grundhafte Sanierung der Eisenbahnstraße, der Hauptverkehrsachse und Einkaufsstraße im Gebiet. Integrierter Ansatz bedeutete für die Stadt Leipzig ganz praktisch, dass bereits ein Jahr vor dieser Baumaßnahme eine Potenzialanalyse für die Geschäftstraße veranlasst wurde. Hierin konnten wesentliche Aspekte herausgearbeitet werden, welche Chancen für die Gewerbetreibenden bestehen, aber auch, wo die Gefahren in den kommenden Jahren liegen. Das war umso wichtiger, als der Leipziger Osten inzwischen zu einem internationalen Viertel geworden war: Personen mit Migrationshintergrund hatten hier ihren Lebensmittelpunkt gewählt, immer mehr Läden waren nun ethnisch geprägt, die Vielfalt an Sprachen und Kulturen war unübersehbar. Anders als in vielen westdeutschen Städten finden sich auf kleinstem Raum Menschen verschiedenster Nationalitäten, angezogen von billigen Mieten für schöne Wohnungen, intakter Infrastruktur – und eben auch einer interkulturellen Vielfalt.

Ein Ergebnis der Potenzialanalyse für die Straßensanierung: Trotz optimierter Planung der lediglich 11-monatigen Bauphase bestand die Gefahr, dass schwache Unternehmen diesen Zeitraum nicht überleben würden. Auch hier erfolgte eine schnelle und wirkungsvolle Reaktion der Stadt: Ein befristetes integriertes Geschäftsstraßenmanagement bot allen Gewerbetreibenden Unterstützung, um die Perspektiven in der „neuen Eisenbahnstraße" auch tatsächlich gestalten zu können. Der Gewerbeverein „Lo(c)kmeile" hatte sich zum Ziel gesetzt, Kunden anzulocken und selbst die Funktion einer Lokomotive auf der Eisenbahnstraße wahrzunehmen; auch dies benötigte konzeptionelle, oft aber auch ganz praktische Unterstützung (siehe hierzu auch den Beitrag von Bauer in diesem Band).

Das Geschäftsstraßenmanagement in der Eisenbahnstraße bettete sich ein in ein Investitionsförderprogramm: Die Stadt Leipzig hatte 2003 beschlossen, kleinen und mittleren Unternehmen (KMU) in der lokalen Ökonomie des Stadtteils aus dem Europäischen Fonds für Regionale Entwicklung (EFRE) eine gesonderte Investitionsförderung anzubieten. Der Ansatz einer nachhaltigen Stadtentwicklung mit einer vierjährigen Bindungsfrist bildete den Förderrahmen, im Fokus standen die Stabilisierung der ortsansässigen und die Ansiedlung neuer Unternehmen. Obwohl dieses von 2004 bis 2007 laufende Programm weitgehendes Neuland bedeutete, wurde die Herausforderungen gemeistert: 600 Unternehmen bzw. Unternehmer/-innen waren in die Informationsprozesse einbezogen, 61 Unternehmen haben 72 Investitionsprojekte im Volumen von mehr als 2 Mio. EUR in Angriff genommen, die eingesetzten 840.000 EUR Fördermittel konnten 159 Arbeitsplätze schaffen und 248 Arbeitsplätze sichern[3].

All das ist nicht zuletzt durch eine außerordentlich kooperative Arbeit zwischen Verwaltung und Beauftragten, aber auch durch die unbürokratische Kooperati-

---

[3]   Nach Angaben der Stadt Leipzig, Amt für Stadterneuerung und Wohnungsbauförderung 2010

on mit IHK, Handwerkskammer und „klassischer" Wirtschaftsförderung gelungen. Die breite Anerkennung im Stadtteil und bei den Unternehmen der lokalen Wirtschaft ist die eine, die mittlerweile erfolgreich abgeschlossene Prüfung der ordnungsgemäßen Verwendung der Fördermittel die andere Seite. Mit dem Auslaufen der Förderperiode der Europäischen Union wurden diese Programme folgerichtig beendet, ohne dass jedoch die nachhaltige positive Wirkung gesichert war. So gab es deutliche Bestrebungen, die Kontakte in die Stadtteilökonomie hinein weiterhin zu pflegen und die nachgefragten Beratungsangebote, zumindest in Teilen, zu erhalten.

Hierzu bewarb sich die Stadt Leipzig 2007 im ESF-Bundesprogramm „XENOS – Leben und Arbeiten in Vielfalt – Beschäftigung, Bildung und Teilhabe vor Ort" mit der Projektidee „IQ_Quadrat". Mit dem Zuschlag für eine 15-monatige Förderung konnte das Projekt „Integrative Qualifizierung im Internationalen Quartier Leipziger Osten" (IQ_Quadrat) die Nachhaltigkeitspotenziale des sogenannten „Internationalen Quartiers" eruieren. Die starke ethnische Prägung der Stadtteilökonomie ist dabei die Basis, im Einzelhandels- und Dienstleistungsbereich die Vielfalt der Anbietenden zu einem Alleinstellungsmerkmal und Standortvorteil auszubauen. Als „Internationales Quartier" im Leipziger Osten soll der Stadtteil mittelfristig ein Anziehungspunkt innerhalb der Stadt Leipzig und über die Stadtgrenzen hinaus werden. Im Projektverlauf von IQ_Quadrat ging es u. a. darum, als Grundlage des Herangehens konkrete Kenntnisse über die Struktur der lokalen ethnischen Ökonomie rund um die Eisenbahnstraße und ihre Bedarfe für Ausbildung und Beschäftigung zu ermitteln sowie zu klären, mit welchen Methoden und Instrumenten ethnische Händler/-innen und Gewerbetreibende für eine aktive Rolle in der Stadtteilentwicklung anzusprechen und zu konditionieren sind. Mit der Studie zum „Ethnic Business District" der Universität Halle wurden spezifische Potenziale eruiert. Diese Untersuchung stellte gerade auch aufgrund ihres stadträumlichen Fokus ein Novum dar, da offizielle arbeitsmarktbezogene Daten sowie Daten zur Unternehmensstruktur (z. B. der Handwerks- bzw. Industrie- und Handelskammer) i. d. R. nicht auf Stadträume projiziert werden (können). Die Bereitstellung dieser Daten wirkt sich durch ihre Anwendung wiederum positiv auf die Projekte im Stadtteil aus.

Daneben ging es im Projekt „IQ_Quadrat" auch um die Sensibilisierung für die Standortverantwortung der Unternehmen und das Engagement für die eigenen unternehmerischen Interessen am Standort durch das aktive Einbringen in den Stadtteilentwicklungsprozess. Die Bedarfsermittlung bei Akteuren der lokalen, insbesondere der ethnischen Ökonomie erfordert ein spezifisches Vorgehen. Ihr vorwiegend kleinteiliges Wirtschaften, oft auch ohne strategische Orientierung, ließ eine Betriebsbefragung als ein wenig geeignetes Mittel erscheinen. Der Zugang zu den Akteuren erfolgte daher – statt auf Grundlage einer standardisierten Massenbefragung – vorwiegend in Einzelkontakten.

Für die Aktivierung erwies sich ebenfalls der individuelle Kontakt als erfolgreiches Instrument. Eine aktivierende Ansprache gemeinsam mit interkulturellen Projektberaterinnen und -beratern (i. d. R. Muttersprachler/-innen) ermöglichte den Zugang von Vertreterinnen und Vertretern eben dieser Sprachgruppe; nicht zu unterschätzen ist jedoch, dass sich andere Akteure der ethnischen Ökonomie dadurch eher ausgeschlossen fühlten und wiederum nur positiv auf den Kontakt mit „deutschen" Beraterinnen und Beratern reagierten. Die Initiierung und Begleitung eines Zusammenschlusses ethnischer Unternehmer rund um die Eisenbahnstraße wurde über einen langen Zeitraum intensiv vorbereitet. Noch in der Projektlaufzeit traf sich dieser Stammtisch insgesamt dreimal mit guten Ergebnissen zu den Themen Unternehmensförderung, Drogenkriminalität am Standort sowie Personalakquisition in Kooperation mit dem Arbeitgeberservice der Bundesagentur für Arbeit und der ARGE SGB II Leipzig. Mittlerweile haben sich diese Treffen verstetigt.

Für die Stadt Leipzig geht der Ansatz auf: Konzentration der Förderungen und Schaffen einer „Förderkulisse" aus unterschiedlichen Ansätzen. Für die lokale Wirtschaft ist sekundär, woher eine Unterstützung kommt, Hauptsache sie trifft die unternehmerischen Bedürfnisse, ist unbürokratisch und setzt an den richtigen Stellen an. Und in diesem Sinne wird es für Leipzig auch in den nächsten Jahren mit dem stadträumlichen Fokus im Leipziger Osten weiter gehen.

OstWerkStadt als aktuelles ESF-Projekt im Leipziger Osten

Die „OstWerkStadt" – gefördert aus Mitteln des Europäischen Sozialfonds (ESF) sowie des Bundesministeriums für Verkehr, Bau und Stadtentwicklung – will den Standort stärken, die Unternehmen entwickeln und Beschäftigung schaffen. „OstWerkStadt" wird durch die Stadt Leipzig innerhalb des ESF-Bundesprogramms „Soziale Stadt – Bildung, Wirtschaft, Arbeit im Quartier (BIWAQ)" bis 2012 realisiert.

In fünf Teilbereichen verfolgt die „OstWerkStadt" einen komplexen Ansatz:

- Die „UnternehmensWerkStadt" zielt auf die Einzelunternehmen: Beratungs- und Unterstützungsangebote fördern die Unternehmensstabilisierung und -entwicklung. Spezielle betriebsorientierte Bildungs- und Coachingangebote ergänzen vorhandene Möglichkeiten, indem sie die spezifischen Defizite von Unternehmen im Stadtteil aufgreifen und eine Bildungsferne vermeiden. Besonderes Augenmerk liegt in dieser WerkStadt auch in der Erschließung der Potenziale innerhalb des Ethnic Business Districts rund um die Eisenbahnstraße. Die Angebote für Unternehmen werden im Infocenter Eisenbahnstraße im Sinne einer „One-Stop-Agency" konzentriert und unternehmerfreundlich koordiniert.

- In der „WerkStadt Standort" werden die Einzelunternehmen in den Kontext ihres Standortes gesetzt. Mit den räumlichen Schwerpunkten Eisenbahnstraße und Dresdner Straße sollen hier – in unmittelbarer Kooperation mit den bestehenden Gewerbevereinen – Initialprojekte zur Belebung des Standortes realisiert werden. Besonderes Augenmerk wird auf die Begleitung und Unterstützung der Selbständigen mit Migrationshintergrund gelegt, damit auch hier eine Standortgemeinschaft entsteht und tendenziell mit der bisher vorrangig durch deutsche Gewerbetreibende geprägten Interessengemeinschaft Lo(c)k-Meile zusammen geht. In diesem Zusammenhang wird geprüft, inwieweit es sinnvoll und möglich ist, ein spezielles „ethnisches Geschäftsstraßenmanagement" zu schaffen, um spezifischen Erfordernissen gerecht zu werden.

- Die „KompetenzWerkStadt" richtet sich an die Bewohnerinnen und Bewohner im Stadtteil. Ihnen werden Beratungen und Unterstützung rund um Arbeit, Jobsuche und Qualifizierung angeboten. Durch den relativ hohen Anteil von Personen mit Migrationshintergrund spielen interkulturelle Aspekte eine wesentliche Rolle. Deshalb erfolgen die Angebote in deutscher, russischer, ukrainischer, vietnamesischer, arabischer, kurdischer, türkischer und englischer Sprache. Innerhalb der Projektlaufzeit von knapp vier Jahren sollen so etwa 1.500 Personen erreicht und konditioniert werden.

- Die „WerkStadt Arbeit" widmet sich vorrangig der Beschäftigungsentwicklung. Dazu sollen in den Unternehmen des Stadtteils neue Ausbildungs- und Arbeitsplätze entwickelt werden. Auf Grundlage einer speziellen Förderrichtlinie für den Leipziger Osten können für ein Jahr die Sozialversicherungsbeiträge (Arbeitgeberanteile) übernommen werden, so dass auch ein finanzieller Anreiz besteht. Die Zielzahlen von insgesamt 310 neuen Arbeitsplätzen sind ehrgeizig, aber nicht unrealistisch. In diesem Arbeitsfeld wird ein erster Schritt getan, um die vielfältigen Wirkungen von personenbezogenen Förderprogrammen auch in ihren stadträumlichen Bezug zu koordinieren. Hier zeigen sich bereits im ersten Projektjahr deutliche Erfolge, indem bestehende Angebote besser genutzt und durch Synergien neue Potenziale erschlossen werden.

- Der Leipziger Tradition der Stadterneuerung folgend, wird die Projektarbeit innerhalb der „KonzeptWerkStadt" reflektiert und verallgemeinert. Das Handlungsfeld Wirtschaft wird hier in den Gesamtprozess zurückgespiegelt und integrativ mit den baulichen, sozialen und kulturellen Aktivitäten im Stadtteil koordiniert. Bürger- und Akteursbeteiligung stehen hier ebenso im Mittelpunkt wie eine konstruktive Zusammenarbeit mit der Industrie- und Handelskammer, der Handwerkskammer sowie der Wirtschaftsförderung der Stadt Leipzig.

- „OstWerkStadt" stellt das zentrale Projekt innerhalb des Stadtteils mit dem Fokus „Lokale Ökonomie" dar. Aus der Sicht der Stadtteilakteure ist der Programm- und Projektansatz vor allem deshalb innovativ, da erstmals ein stadträumlicher Ansatz der Arbeitsmarktförderung umgesetzt wird. Der gewählte Fokus Stadtteilökonomie ermöglicht es, passgenaue Lösungen für Unternehmen und Arbeitsuchende als Arbeitsmarktakteure zu entwickeln. Die Ideen und Forderungen aus dem Integrierten Handlungskonzept können damit finanziell untersetzt und nunmehr in einer mittelfristigen Projektlaufzeit umgesetzt und erprobt werden.

„Nachhaltige Stadtentwicklung" aus EFRE-Mitteln mit Fördermöglichkeiten für die Lokale Ökonomie

Innerhalb des Ansatzes einer nachhaltigen Stadtentwicklung aus Mitteln des Europäischen Fonds für regionale Entwicklung (EFRE) kommt – wie auch in der vorherigen Förderperiode – dem Handlungsfeld Wirtschaft im Leipziger Osten eine besondere Bedeutung zu. Inhaltlich steht dabei neben einem sogenannten „Koordinator Wirtschaft" eine Investitionsbeihilfe für kleine Unternehmen im Mittelpunkt. Die durch den Freistaat Sachsen verabschiedete Verwaltungsvorschrift zur nachhaltigen Stadtentwicklung 2007-2013[4] ermöglicht innerhalb der Handlungsfelder

- Infrastruktur/städtebauliche Situation
- Bürgergesellschaft
- qualifizierte Freizeitgestaltung
- Wirtschaft
- Programmsbegleitung/Öffentlichkeitsarbeit

eine spezifische Unterstützung in den bestätigten Fördergebieten, zu denen – der bisherigen Förderlogik und der politischen Schwerpunktsetzung folgend – der Leipziger Osten mit dem Fördergebiet „Zentrum Eisenbahnstraße – Leipzig Ost" zählt.

Der Koordinator Wirtschaft sichert die strategisch fundierte, fachlich qualifizierte und unternehmensnahe Begleitung der lokalen Wirtschaft für einen wirksamen Nachteilsausgleich im Fördergebiet. Unter diesen Prämissen muss der Koordinator Wirtschaft in den kommenden Jahren (bis 2012) folgende Aufgaben umsetzen:

- Strategische Schwerpunktsetzung der lokalen Wirtschaftsfragen im Handlungskonzept innerhalb der Projektfamilie Ostwerk
- Permanentes Beratungsangebot für Unternehmen und Unternehmer/ -innen
- Vernetzung der Wirtschaftsakteure

---

[4]   Verwaltungsvorschrift des Sächsischen Staatsministeriums des Innern über die Durchführung und Förderung von Maßnahmen der nachhaltigen Stadtentwicklung und der Revitalisierung von Brachflächen zur Umsetzung des Operationellen Programms des Freistaates Sachsen für den Europäischen Fonds für regionale Entwicklung in der Förderperiode 2007 bis 2013 (VwV Stadtentwicklung 2007 bis 2013). In: Sächsisches Amtsblatt, Jg. 2008 Bl.-Nr. 27 S.879 Gkv-Nr.: 5532-V08.1 Fassung gültig ab: 01.03.2009

- Aktive Unterstützung der Ansiedlung von Unternehmen im Leipziger Osten

- Nutzung der Synergien zu bestehenden Strukturen, insbesondere zu Programmsteuerung und tangierenden Projekten

- Handlungsorientiertes Monitoring der Wirtschaftsstrukturentwicklung

Die Investitionsbeihilfe für kleine Unternehmen (d. h. Unternehmen mit weniger als 10 Mio. Euro Jahresumsatz und weniger als 50 Beschäftigten) wird durch eine Richtlinie[5] des Stadtrates geregelt. Ziel dieses Beschlusses ist es, im Fördergebiet Arbeitsplätze zu schaffen und zu erhalten, die Wettbewerbs- und Leistungsfähigkeit von Betrieben und Betriebsstätten zu stärken, die Investitionstätigkeit von Betrieben und Betriebsstätten zu verbessern sowie das Unternehmertum zu stärken. Die Zuwendungen sollen den Unternehmen im Programmgebiet Anreize zur Ansiedlung (Existenzgründung), Sicherung bzw. Erweiterung ihres Standortes sowie zur Verlagerung innerhalb des Programmgebietes bzw. in das Programmgebiet hinein (Stärkung der lokalen Ökonomie) bieten.

Danach werden für Investitionen in das betriebliche Anlagevermögen nicht rückzahlbare Zuschüsse in Höhe von bis zu 35% gezahlt, wenn das Vorhaben einen Beitrag zur Stadtentwicklung und zum Nachteilsausgleich leistet. Die qualifizierte Antragsberatung erfolgt in unmittelbarer Kooperation mit den Beratungsangeboten der „OstWerkStadt", so dass die Unternehmerinnen und Unternehmer im Regelfall nur einen Ansprechpartner haben. In dieser spezifischen Beratung wird das Investitionsvorhaben betriebswirtschaftlich fundiert und zugleich den komplexen Förderregularien entsprechend strukturiert. Das Antragsverfahren ist unbürokratisch und sehr einfach, eine Entscheidung kann in-

---

[5]   Förderrichtlinie der Stadt Leipzig über die Gewährung von Zuwendungen an kleine Unternehmen im Rahmen des EFRE-Förderprogramms nach VwV-Stadtentwicklung 2007-2013 vom 20.05.2008, Abschnitt II Nr. 1.4 a (Nachhaltige Stadtentwicklung) – „Investitionsbeihilfe" vom 18.06.2009. Veröffentlicht in: Leipziger Amtsblatt vom 04.07.2009.

nerhalb von vier Wochen getroffen werden. Durch die Kooperation der städtischen Verwaltung (in diesem Fall das Amt für Stadterneuerung und Wohnungsbauförderung sowie das Amt für Wirtschaftsförderung) mit der IHK und der Handwerkskammer in einer Clearingrunde werden die Förderfälle geprüft und es wird über eine Zuwendung einvernehmlich entschieden.

Im sachsenweiten Projekt „MigrantInnen als Wirtschaftsakteure in Sachsen" werden ethnischen Unternehmen im Leipziger Osten spezielle Beratungsangebote zur Stabilisierung ihrer Geschäftsidee und zur Erschließung neuer Geschäftsfelder angeboten. Der Hintergrund dieses aus ESF- und Bundesmitteln geförderten XENOS-Projekts liegt in einer Förderung von Integration und Vielfalt. Im Leipziger Osten ist durch den hohen Anteil von ethnisch geprägten Unternehmen, vor allem aber auch durch den Lebensmittelpunkt sehr vieler Personen mit Migrationshintergrund im Stadtteil, dieser Ansatz wichtig. Ausgehend von der dargestellten Subsistenzproblematik gerade in der Gruppe von Selbständigen mit Migrationshintergrund ist eine zielgerichtete, mit besonderen Instrumenten operierende Unterstützung erforderlich. Eine inhaltliche Kooperation mit der OstWerkStadt ermöglicht nicht nur Sprachkompetenz, sondern auch betriebswirtschaftliches und Standort-Know-how. Ergänzend können zu spezifischen Fragen Unternehmensberatungen sowie Coachings angeboten werden.

Fazit

Eine Bündelung und Fokussierung von nationalen und europäischen Förderprogrammen schafft eine „Förderkulisse", mit deren Hilfe die vielschichtigen Problemlagen angegangen werden. Durch mittelfristige Ansätze wird eine Stabilität unterstützt, die nachhaltige Lösungen ermöglicht. Die Stadtteilökonomie spielt dabei eine wesentliche Rolle, da ihre Stabilität und Zukunftsfähigkeit als Anker einer Positiventwicklung im Stadtteil angesehen wird. Stadtentwicklung mittels Wirtschaftsförderung unterstützt den integrierten Ansatz wirkungsvoll.

SEBASTIAN HENN

Ethnische Ökonomie – Struktur und wirtschaftliche Bedeutung.

1 Einleitung und Zielsetzung

In den vergangenen Jahren ist es sowohl in der Kommunalpolitik als auch in der Wissenschaft zu einer Neubewertung durch hohe Ausländeranteile gekennzeichneter urbaner Teilräume gekommen. Dominierte noch bis vor kurzem die Ansicht, dass es sich hierbei in erster Linie um in das Aufgabenspektrum von Ausländerbeauftragten und Sozialverwaltungen fallende, durch hohe Kriminalitätsraten und Armut gekennzeichnete „Problemgebiete" (Beauftragte der Bundesregierung für Migration, Flüchtlinge und Integration 2005, 22) handelt, so zeichnet sich seit etwa Mitte der 1990er Jahre die Hinwendung zu einer neuen, den spezifischen (ökonomischen) Potenzialen und Ressourcen dieser Gebiete Rechnung tragenden Perspektive ab. Zunehmend wird die Entwicklung dieser Teilräume daher auch als eine Aufgabe kommunaler Wirtschaftsförderung begriffen (Idik/Schnetger 2004, 163). Ausschlaggebend für dieses veränderte Verständnis sind im Wesentlichen zwei Ursachen, die hier nur überblicksartig dargestellt werden können:

Erstens lässt sich in Deutschland etwa seit Mitte der 1970er Jahre eine beständig steigende Zahl selbständiger Ausländer (Anfang der 1970er Jahre: ca. 40.000; 1993: ca. 220.000; 2005: ca. 300.000) beobachten (einen kurzen Überblick über die Entwicklung der ausländischen Bevölkerung Deutschlands seit den 1950er Jahren und deren Ursachen geben Idik/Schnetger 2004, 164ff.; vgl. u. a. Schuleri-Hartje et al. 2005, 28f.), die ihre wirtschaftlichen Aktivitäten zumeist innerhalb der Grenzen ihrer (segregierten) Wohnstandorte entfalten (Idik/Schnetger 2004,

170, 174; Pütz 2000, 27) und sowohl zur Integration von Landsleuten beitragen als auch eine Versorgungsfunktion für die Quartiersbevölkerung übernehmen.[1] Zweitens ist hervorzuheben, dass sich unter den Migranten im Zuge der „zunehmenden wirtschaftlichen Etablierung und der Aufgabe der ‚Rückkehrillusion‘" (ILS 2003: 9) eine durch verändertes Spar- und Konsumverhalten gekennzeichnete neue Mittelschicht ausgebildet hat, die über die verstärkte Bildung von Wohneigentum vor allem in Ballungsräumen eine stabilisierende Funktion in benachteiligten Stadtteilen übernimmt (ebd.; Idik/Schnetger 2004, 163).

Trotz des wachsenden Bewusstseins dafür, dass Personen mit Migrationshintergrund offensichtlich einen wesentlichen Beitrag zur (ökonomischen) Entwicklung benachteiligter Quartiere leisten können, steht die wissenschaftliche Auseinandersetzung mit dieser Thematik nach wie vor erst am Anfang: So lässt sich nicht nur ein Mangel an empirischen Daten insbesondere auf regionaler Ebene konstatieren, sondern angesichts des makroökonomischen und soziologischen Fokus der meisten bisherigen Untersuchungen zur sog. ethnischen Ökonomie auch eine fehlende konzeptionelle Fundierung zur Analyse, Beschreibung und Entwicklung der wirtschaftlichen Potenziale kleinräumiger Konzentrationen ethnischer Unternehmen.

Vor diesem Hintergrund wird im Folgenden der Versuch unternommen, die regionalwirtschaftliche Bedeutung räumlich konzentrierter ethnischer Unternehmen theoretisch abzuleiten und empirisch zu illustrieren. Zu diesem Zweck folgt

---

[1]   Mit großer Wahrscheinlichkeit wird die Auseinandersetzung mit Aspekten ausländischer Selbständigkeit in Zukunft noch an Bedeutung gewinnen: Erstens wird die Integration von Migranten in abhängige Beschäftigungsverhältnisse durch den Strukturwandel der Arbeitsmärkte erschwert (SCHULERI-HARTJE et al. 2005: 5). Zweitens lässt sich eine zunehmende Gründungsneigung aufseiten weiblicher Migranten beobachten. Drittens begünstigt die Freizügigkeit innerhalb Europas die Gründung weiterer Unternehmen durch Ausländer. Viertens ist von einer steigenden Gründungswelle der erst seit wenigen Jahren in Deutschland lebenden Asylsuchenden und Osteuropäer zu rechnen (JUNG/ABACI o. J.: 1).

der Beitrag folgendem Aufbau: Abschnitt 2 führt näher in die Thematik ein und fasst die wichtigsten Merkmale lokaler ethnischer Ökonomien zusammen. Darauf aufbauend gibt Abschnitt 3 einen konzeptionellen Überblick über die bisherigen Ansätze zu ethnischen Ökonomien, die über einen explizit räumlichen Fokus verfügen. Vor dem Hintergrund, dass diese Konzepte die regionalwirtschaftliche Bedeutung derartiger Unternehmenskonzentrationen nicht in ihren Mittelpunkt stellen, wird mit dem Ansatz der Ethnic Business District eine abweichende Sichtweise vorgeschlagen. Abschnitt 4 richtet sein Augenmerk auf methodische Aspekte der Untersuchung, bevor in Abschnitt 5 zentrale Charakteristika der ethnischen Ökonomie im Leipziger Osten thematisiert werden. Der sechste Abschnitt nimmt Bezug auf die Ergebnisse einer Untersuchung vor Ort und stellt die ermittelten Ausgabestrukturen im Detail dar. Abschnitt 7 thematisiert mit der Versorgungfunktion einen weiteren wichtigen Aspekt des Ethnic Business Districts, der zur Stabilisierung des Quartiers beiträgt. Der letzte Abschnitt fasst schließlich die wichtigsten Ergebnisse am Ende des Beitrags zusammen.

2 Ethnic Business und Ethnische Ökonomie

Der Begriff „ethnic business" wird im Allgemeinen auf Selbständige sowie Arbeitgeber und deren Beschäftigte aus einer ethnischen Gruppe angewendet (Bonacich/Modell 1980, 110f., 124), wobei das Attribut „ethnic" üblicherweise auf ein Set an Verbindungen, Kontakten und Kommunikationsmustern zwischen Personen mit gleichem nationalen bzw. ethnischen Herkunftshintergrund bzw. mit gemeinsamen Migrationserfahrungen bezogen wird (Waldinger et al. 1990b, 34). In der Regel erfolgt dabei eine inhaltliche Reduktion des Begriffes auf „jenen Teil der Wirtschaft, der genuin durch Angehörige ethnischer Gruppen bzw. von MigrantInnengruppen entwickelt und geprägt wurde. Nicht berücksichtigt werden beispielsweise Angehörige einer ethnischen Gruppe, die in anderen Teilen der Wirtschaft Beschäftigung gefunden haben" (Haberfellner et al. 2000, 12).[2] Unter Bezugnahme auf die Untersuchung der beiden Soziologen Bonacich/Modell (1980)[3] wird in der Literatur anstelle von „ethnic business" oftmals auch synonym von ethnischer Ökonomie gesprochen (vgl. z. B. Ohliger/Reiser 2005, 6). So definieren Schuleri-Hartje et al. (2005, 21) ethnische Ökonomie beispielsweise als „selbständige Erwerbstätigkeit von Personen mit Migrationshintergrund [...] und abhängige Beschäftigung in von Personen mit Migrationshintergrund geführten Betrieben [...], die in einem spezifischen Migrantenmilieu verwurzelt sind".

Bei der ethnischen Ökonomie handelt es sich nicht um einen grundsätzlich neuen Forschungsgegenstand: Vielmehr gewannen die wirtschaftlichen Implikationen ethnischer Unternehmen bereits mit der in den USA in den 1970er Jahren aufkommenden Diskussion über die Bedeutung von Kleinunternehmen an Aufmerksamkeit.[4] In den 1980er Jahren wurde die Thematik auch in Großbritannien aufgegriffen, als versucht wurde, Stadtzentren mit Hilfe von Immigranten zu beleben. Auch in Deutschland fanden zu dieser Zeit erste regional begrenzte Untersuchungen statt (Özcan 2004, 13). Gleichwohl hat die Beschäftigung mit der ethnischen Ökonomie hierzulande streng genommen erst in den 1990er Jahren Fuß fassen können, wobei als Schwerpunkte empirisch ausgerich-

---

[2]   Wenngleich sich der Begriff des „immigrant business" in Abgrenzung zu „ethnic business" explizit auf Personen mit Migrationshintergrund bezieht (in der Regel der ersten Generation), „ethnic business" dagegen auch ethnische Minderheiten einschließt, die traditionell in einem Land ansässig sein können, werden beide Termini oftmals auch synonym verwendet (HABERFELLNER et al. 2000, 12f.).

[3]   Die beiden Autoren wenden den Begriff der ethnischen Ökonomie auf Selbständige, Arbeitgeber und Arbeitnehmer derselben Ethnie in einem privaten und zu einem großen Anteil von ihnen kontrollierten Sektor an.

[4]   SCHULERI-HARTJE et al. (2005, 21) setzen die ersten Arbeiten zu ethnischen Ökonomien in den USA sogar bereits in den 1950er Jahren an.

teter Untersuchungen vor allem Berlin und Nordrhein-Westfalen hervortraten.[5] Etwa seit der zweiten Hälfte der 1990er Jahre sind ethnische Ökonomien auch zu einem Gegenstand der regionalen Wirtschaftsförderung geworden (Schuleri-Hartje et al. 2005, 22), was sich in zahlreichen Initiativen zur Unterstützung von Zuwanderern bei der Gründung und Führung von Unternehmen niederschlug. Um das Jahr 2000 schließlich avancierten ethnische Ökonomien zu einem wichtigen Untersuchungsfeld in Europa, wie zahlreiche länderweite und -übergreifende Studien belegen (so z. B. Leicht et al. 2005; Apitzsch 2003; Haberfellner et al. 2000; Ackermann et al. 2000). Angesichts der hohen Komplexität der Thematik blieben die meisten der bisherigen Untersuchungen allerdings auf wenige Aufnahmeländer bzw. Fallstudien bestimmter ethnischer Gruppen oder einzelne Wirtschaftssegmente beschränkt, so dass insgesamt noch ein erheblicher Forschungsbedarf insbesondere im Hinblick auf die Charakterisierung und Förderung ethnischer Unternehmen auf lokaler Ebene konstatiert werden muss (Schuleri-Hartje et al. 2005, 79; Özcan 2004, 139). Wenn Aliochin (2007, 25) anmerkt, „dass es in der Bundsrepublik Deutschland Migrantenökonomie gibt, ist unbestreitbar. Leider ist dies jedoch auch die einzige verifizierbare Aussage, die sich treffen lässt", dann spielt er damit auf die mit dem Anliegen, eindeutige Aussagen über die Merkmale der Ethnischen Ökonomie treffen zu wollen, verbundenen Herausforderungen an: Tatsächlich besteht ein erheblicher Mangel an geeigneten bzw. widerspruchsfreien Statistiken, die Auskunft über die Migrantenökonomie in Deutschland geben könnten (Stadt Nürnberg o. J.: 1; vgl. Alio-

---

[5]   Ein Grund für die Vernachlässigung der Thematik bis zu diesem Zeitpunkt liegt in erster Linie darin, dass selbständige Migranten in Deutschland bis in die 1970er Jahre die Ausnahme waren. Erst die Ölkrise, die nachfolgende Rezession und der Abbau rechtlicher Schranken haben zu einer Veränderung der Struktur ausländischer Erwerbstätiger beitragen können (PLAHUTA 2004, 1), so dass die Ethnische Ökonomie bereits in den 1980er Jahren eine wichtige Rolle auf lokaler Ebene spielte (SCHULERI-HARTJE et al. 2005, 21).

chin 2007, 25f. für eine kritische Gegenüberstellung unterschiedlicher Studien). Erschwert wird die Problematik der Verwendbarkeit von Daten durch Abweichungen in den jeweils vorgenommenen Definitionen von ethnischer Ökonomie. Darüber hinaus fällt es schwer, verbindende Definitionsmerkmale der aus unterschiedlichen kulturellen Kontexten stammenden ethnischen Gruppen zu identifizieren.[6] Angesichts dieser Defizite kann sich die Charakterisierung der ethnischen Ökonomie an dieser Stelle nur auf eine Auflistung einiger „stilisierter Fakten" beschränken:

Spezifische Merkmale der Unternehmensgründer. Verschiedene Arbeiten deuten darauf hin, dass ausländische Gründer im Durchschnitt jünger sind und häufiger Nebenerwerbsunternehmen gründen als Deutsche (Idik/Schnetger 2004, 172; DtA 2003, 8). Darüber hinaus ist der Anteil männlicher Gründer deutlich höher als bei deutschen Unternehmensgründern. Für die Zukunft ist allerdings von einem steigenden Anteil weiblicher Gründer auszugehen (Jung/Abaci o. J., 1).

Kleinbetriebliches Milieu. Mehr als 93 % der ethnischen Unternehmen haben maximal zehn Mitarbeiter, bei rund 45 % der ethnischen Unternehmen handelt es sich sogar um Einpersonenunternehmen. Die geringe Größe der Unternehmen ist sowohl Ausdruck der Branchenstruktur als auch der vergleichsweise

---

[6]   Diesem Problem begegnen SCHULERI-HARTJE et al. (2005) insofern, als sie nicht von *der* Ethnischen Ökonomie, sondern von Ethnischen Ökonomi*en* sprechen, wobei sie explizit eine türkische, eine italienische und eine russische Ökonomie unterscheiden. Für dieses Vorgehen spricht nicht zuletzt auch die Tatsache, dass zwischen den einzelnen Ethnien in der Regel nur wenige Verflechtungen bestehen (ebd.: 33). In Untersuchungen mit regionalem Fokus muss eine solche Fokussierung jedoch nicht zwangsläufig sinnvoll sein, da Stadtteile mit einem hohen Besatz ethnischer Unternehmen oftmals durch die Ko-Existenz von Angehörigen verschiedener ethnischer Gruppen gekennzeichnet sind.

kurzen Aufenthaltsdauer ihrer Gründer, die stärkere Wachstumsprozesse bislang nicht zugelassen hat (Schuleri-Hartje et al. 2005, 35).

Hohe Bedeutung ethnischer und familiärer Solidarität. Vielfach beschränken sich die Aktivitäten von Migrantenunternehmen auf das eigene ethnische Netzwerk, was zu einer gewissen Abgeschlossenheit nach außen beiträgt (Schuleri-Hartje et al. 2005, 36). Diese „ethnische Solidarität" betrifft dabei einerseits die Zulieferverflechtungen der Unternehmen, in die nur selten andere Ethnien integriert sind (Schuleri-Hartje et al. 2005, 33), andererseits aber auch deren Finanzierung (z. B. in Form von Privatkrediten). Auch wird ein Großteil der Kundschaft der ethnischen Unternehmen von den Landsleuten der Betriebsinhaber gestellt (Leicht et al. 2005, 15; Hillmann 1998, 4; Schader-Stiftung et al. o. J.).[7] Die Tatsache, dass ca. 80 % der in den ethnischen Unternehmen Beschäftigten derselben Ethnie angehören wie deren Unternehmensinhaber, ist indes weniger Ausdruck ethnischer Solidarität oder kultureller Aspekte als vielmehr eine Folge der Orientierung der Angehörigen der ethnischen Gruppe an arbeitsintensiven Branchen einerseits bzw. der Distanz zu wissensintensiven Bereichen andererseits (Leicht et al. 2005, 15; 17). Eine weitere Besonderheit der Beschäftigtenstruktur ethnischer Unternehmen ist in einem sehr hohen Anteil mithelfender Familienangehöriger zu sehen.[8]

---

[7]   Hierzu liegen in der Literatur allerdings widersprüchliche Angaben vor. So formuliert LEICHT (2005, 3): „Annahmen dahingehend, dass die Unternehmen von Migranten ihr Kundenpotenzial wesentlich aus der jeweils eigenen Ethnie schöpfen, können nicht bestätigt werden".

[8]   Nach LEICHT et al. (2005, 15) gehört etwa jeder zweite Beschäftigte der Familie des Unternehmensinhabers an. Alleine für das Jahr 2005 wird deutschlandweit von rund 29.000 mithelfenden Familienangehörigen in ethnischen Unternehmen ausgegangen (ebd.). Der Anteil der pro Betrieb beschäftigten Angehörigen derselben Ethnie hängt dabei einerseits von der Ethnie, andererseits von der betreffenden Branche ab (Leicht/Leiß 2006, 58).

Sektorale Konzentration. Nicht zuletzt aufgrund von Schwierigkeiten bei der Fremdfinanzierung sind ethnische Unternehmen hauptsächlich in Märkten mit geringen Markteintrittsbarrieren insbesondere im Dienstleistungssektor zu finden, während sie in höherwertigen Geschäftsfeldern eher selten vertreten sind (Schuleri-Hartje et al. 2005, 36). Verschiedene Untersuchungen (Leicht et al. 2005, 27; Schuleri-Hartje et al. 2005, 29; Pütz 2000, 27) zur ethnischen Ökonomie Deutschlands belegen eine sektorale Konzentration der Unternehmen auf die Gastronomie und den Handel und damit auf zwei Bereiche, die aufgrund ihrer Wettbewerbs- und Arbeitsintensität eine hohe Risikobereitschaft, Arbeitsmotivation und Leistungsbereitschaft erfordern. Diese Tatsache begründet auch, warum ausländische Selbständige oftmals nur geringe Erwerbseinkommen erzielen.

Räumliche Konzentration. Auf der Makroebene weist die Ethnische Ökonomie räumliche Konzentrationen in Ballungsräumen, auf der Mikroebene in Stadtteilen mit hohen Anteilen von Migranten auf (Idik/Schnetger 2004, 170; Schuleri-Hartje et al. 2005, 32).

3 Ethnische Ökonomien aus räumlicher Perspektive

In der Vergangenheit wurden mit den Ansätzen der Enklavenökonomie und der ethnischen Kolonie zwei Konzepte entwickelt, in deren Mittelpunkt räumliche Ballungen ethnischer Akteure stehen. Die Ansätze werden im Folgenden in ihren Grundzügen vorgestellt und im Hinblick auf ihr Potenzial, die lokale ethnische Ökonomie abzubilden bzw. als Grundlage für deren Unterstützung zu dienen, kritisch beleuchtet.

3.1 Enklavenökonomien

Ursprünglich beruht der Ansatz der ethnischen Enklavenökonomie auf dem Konzept der Arbeitsmarktsegmentierung, das wiederum als Erweiterung der

Ende der 1960er Jahren entwickelten Theorie der Dualen Ökonomie (Galbraith 1971; Averitt 1968) aufzufassen ist (Wilson/Portes 1980). Gemäß Letzterer kommt es in entwickelten kapitalistischen Gesellschaften zur Konzentration von Minderheiten, darunter auch Migranten, auf dem durch geringe Qualifikationen und Löhne gekennzeichneten sog. zweiten Arbeitsmarkt. Dieser Zusammenhang wird von Vertretern der Enklavenökonomie-Hypothese (erstmals Wilson/Portes 1980) in Frage gestellt. Konkret argumentierten sie, (1) dass die Enklave[9] neben dem primären und dem sekundären als ein weiterer Arbeitsmarktsektor anzusehen ist, (2) dass die in der Herkunftsregion der Migranten vorgenommenen Humankapitalinvestitionen in der Enklave höher entlohnt werden als in der sonstigen Wirtschaft und (3) dass Enklaven-Beschäftigte höher entlohnt werden als Angehörige derselben Ethnie mit vergleichbarem Humankapital in der „mainstream economy", selbst wenn sie dort in den besseren Segmenten tätig sind (Portes/Shafer 2006, 4). Seit der frühen Arbeit von Portes/Wilson (1980) hat sich die Debatte insofern gewandelt, als der Begriff der Enklavenökonomie heute ohne ausdrücklichen arbeitsmarktökonomischen Bezug lediglich zur Kennzeichnung einer spezifischen räumlichen Organisationsform von ethnischer Ökonomie verwendet wird.[10] So stellen Haberfellner et al. (2000, 13) fest, dass „jede ethnische Gruppe [...] eine Ökonomie, aber nicht jede [...] eine 'ethnic enclave economy' [hat], die sich durch räumliche Konzentration von Unternehmen, starke ökonomische Interdependenzen mit der community und eine Konzentration von Landsleuten als Beschäftigte auszeichnet". Im Gegensatz zum

---

[9]   Zur Definition von ethnischer Enklave vgl. PORTES/JENSEN (1987).

[10]   Schon PORTES (1981, 291) verstand unter einer Enklavenökonomie "immigrant groups which concentrate in a distinct spatial location and organize a variety of enterprises serving their own ethnic market and/or the general population. Their basic characteristic is that a significant proportion of the immigrant workforce are employed in enterprises owned by other immigrants".

ursprünglichen Verständnis werden dabei nicht nur ausländische Angestellte, sondern vor allem ausländische Selbständige als ein wesentliches Element derartiger räumlicher Ballungen von Migrantenunternehmen begriffen (zum Wandel im Begriffsverständnis vgl. auch Morales 2004, 17). Als weitere Kennzeichen von Enklavenökonomien werden in der Literatur hervorgehoben (Schuleri-Hartje 2005 et al., 76ff.; vgl. Hillmann 1998, 4)[11]:

- Ergänzendes Warenangebot für die Quartiersbevölkerung,
- Aufwertung des Standorts durch stadtweite Attraktion bestimmter Kundenkreise,
- Schaffung von Arbeits- und Ausbildungsplätzen (insbesondere für Angehörige der eigenen Ethnie) sowie
- multikulturelle Bereicherung des Stadtlebens.

Für die Gruppe der Migranten erfüllen die räumlich konzentrierten Unternehmen vor allem folgende Funktionen (Schuleri-Hartje et al. 2005, 82ff.):

- Füllen von Marktlücken,
- „Selbstintegration" und Selbstverwirklichung durch berufliche Selbständigkeit,
- Integration von Neuankömmlingen durch Bereitstellung von Dienstleistungen in der Herkunftssprache und von „Nachbarschaftsdiensten" (wie Faxversand, Übersetzungsleistungen etc.),
- Verkauf bekannter Waren und der Vermittlung eines Gefühls von „Heimat" durch Aufrechterhaltung bestimmter Handelspraktiken (Aushandeln von Preisen, Realtausch, Anschreiben beim Kauf von Waren) und

---

[11] An dieser Stelle soll nicht verschwiegen werden, dass die Konzentration ethnischen Gewerbes auf bestimmte Teile durchaus auch negativ bewertet wird, da die Bildung von Parallelgesellschaften befürchtet wird. Wie SCHULERI-HARTJE et al. (2005, 81) ausführen, hängt die Bewertung von Migrantenbetrieben in einem Viertel nicht zuletzt von der Zusammensetzung der betreffenden Aufnahmebevölkerung ab.

- Sozialisierungsinstanz für Angehörige der eigenen Ethnie (sozialer Treffpunkt, „Informationsdrehscheibe").

3.2 Ethnische Kolonien

Der Ansatz der ethnischen Kolonie, in Deutschland u. a. von den Soziologen Heckmann (1998), Häußermann und Siebel (2002) aufgegriffen, thematisiert die „formellen und informellen Strukturen ethnischer Selbstorganisation von Migranten" (Heckmann 1998, 30)[12]. In Anlehnung an die frühe Einwandererforschung wird der Koloniebegriff[13] (zur Historie des Begriffes vgl. ebd.) dabei mehrdimensional verstanden: Er beinhaltet sowohl eine ausgewanderte Gruppe von Menschen, die zunächst ihre bisherige nationale Identität behält als auch die „Formen ihrer ökonomischen und sozialkulturellen Organisation" (ebd.) und schließlich einen Raum, in dem sie ‚siedelt'. All dies darf aber nicht zu der Annahme führen, dass ethnische Kolonien von einer einheitlichen Kultur oder einer kulturell homogenen Gruppe repräsentiert würden. Im Gegenteil ist die

---

[12] An anderer Stelle definiert HECKMANN (1998, 31) eine ethnische Kolonie als „eine zusammenfassende Konzeption [...]., welche verschiedene, auf der Basis von Selbstorganisation entstandene Beziehungsstrukturen unter Einwanderern in einer bestimmten räumlich-territorialen Einheit" beinhaltet, wobei sich Letzteres sowohl auf Nachbarschaft als auch auf Stadtviertel, das Stadtgebiet oder einen metropolitanen Raum bezieht. In den letzten Jahren hat der Ansatz der ethnischen Kolonie insofern eine Weiterentwicklung vollzogen als er heute das aus informellen und formellen Beziehungen bestehende komplexe Netzwerk zwischen den Migranten fokussiert (HABERFELLNER et al. 2000, 18).

[13] So bezeichnet der Begriff der Einwandererkolonie die Gesamtheit aus der Einwanderergruppe, deren gemeinsamen Wohnbezirk und sozial-kulturellen, religiösen und politischen Organisationen. Hinter dem Begriff steht die historische Tatsache, dass es im Rahmen von Urbanisierungs- und Industrialisierungsprozessen zur Ausbildung geschlossener, zumeist am Stadtrand liegender Siedlungen (‚Werkskolonien') für die in einer bestimmten Fabrik arbeitenden Migranten kam (HECKMANN 1992, 97; vgl. HABERFELLNER et al. 2000, 18).

Einwanderergruppe in der Regel vielfältig gespalten, so dass die „vermeintliche Einheit der ethnischen Kolonie [...] also eher eine Außenansicht" (Haberfellner et al. 2000, 19) darstellt. Im Gegensatz zur Ghettobildung, die Ausdruck erzwungener Segregation ist, wird Koloniebildung als ein freiwilliger Prozess verstanden (so auch Häußermann/Siebel 2002: 71), der einerseits die auf Kettenwanderungen und Migrationsnetzwerken beruhende „Verpflanzung" sozialer Beziehungen aus der Herkunfts- in die Zielgesellschaft beinhaltet, andererseits aber auch als „institutionelle Antwort auf die Bedürfnisse der Migranten in der Migrations- und Minderheitensituation" (Heckmann 1998, 31) zu interpretieren ist. Zu den Strukturelementen ethnischer Kolonien zählt Heckmann (1998, 32ff.) Verwandtschaft, religiöse Gemeinden, das Vereinswesen (z. B. ethnische Sportvereine, Elternvereine, Arbeitervereine), informelle soziale Verkehrskreise und Treffpunkte, politische Organisationen, spezifisch ethnische Medien und die ethnische Ökonomie. Die Funktionen ethnischer Kolonien werden in der Bereitstellung eines unterstützenden Umfeldes für Neueinwanderer, der Persönlichkeitsstabilisierung der Migranten über die Praktizierung ihrer Herkunftskultur und die damit verbundene Reduktion des Anpassungsdrucks, in der Selbsthilfe durch Mobilisierung und Nutzung informeller Netzwerke, der sozialen Kontrolle durch dichte Verbindlichkeitsstrukturen und internen Kontrollmechanismen sowie der Interessensvertretung und Repräsentation gesehen (ebd.: 20f.). Ob eine ethnische Kolonie mit der Zeit in der Mehrheitsgesellschaft aufgeht (Akulturation), in ihrer bestehenden Form erhalten bleibt, oder aber sich in ein Ghetto verwandelt, hängt von mehreren Gründen ab: Grundsätzlich ist davon auszugehen, dass wenn sich die Bedürfnisse, auf die das institutionelle Gefüge einer ethnischen Kolonie eine Antwort zu geben sucht, abschwächen, ein sukzessiver Bedeutungsverlust der Kolonie eintritt und diese demnach nur als mittelfristig stabile „Zwischenwelt" (Heckmann 1998, 35; vgl. Häußermann/Siebel 2002, 72) zu begreifen ist. Diesem Auflösungsprozess steht allerdings der Zustrom neuer

© Frank & Timme   Verlag für wissenschaftliche Literatur

Migranten mit Denkweisen aus der Herkunftsgesellschaft entgegen, der in seinem Ausmaß stärker sein kann als die Integration der schon im Zielland lebenden Migranten. Ebenso kann die Exklusion der Migranten durch eine geschlossene Mehrheitsgesellschaft zur Stabilität verschiedener Formen ethnischer Selbstorganisation beitragen (Heckmann 1998, 36).

3.3 Ethnic Business Districts

Mit den Konzepten der Enklavenökonomie und der ethnischen Kolonie liegen zwei Erklärungsansätze vor, die zwar explizit auf kleinräumige Ballungen ethnischer Akteure Bezug nehmen, die deren (regional)ökonomische Implikationen aufgrund ihres auf verschiedenen Aspekten insbesondere der Integration liegenden Fokus aber nicht hinreichend präzise abzubilden vermögen. So werden im ursprünglichen (arbeitsmarktökonomischen) Konzept der ethnischen Enklavenökonomie zwar spezifische Aspekte der sozialen Mobilität von abhängig beschäftigten Migranten, nicht aber die zwischen den betreffenden Unternehmen existierenden Beziehungen bzw. die regionalen Effekte dieser Ballungen behandelt. Auch das eklektische Verständnis von ethnischen Enklavenökonomien als spezifischen räumlichen Ausprägungen ethnischer Ökonomien liefert keine Grundlage für die analytische Charakterisierung und ökonomische Weiterentwicklung kleinräumiger Konzentrationen ethnischer Unternehmen, sondern allenfalls einen groben Rahmen für die Deskription der jeweiligen lokalen ethnischen Ökonomie. Der soziologische Ansatz der ethnischen Kolonie wiederum begreift „Raum" im Sinne eines Containerraumverständnisses als „Siedlungsraum" von Migranten und stellt die zwischen den Akteuren bestehenden sozialen Netzwerke und deren Bedeutung für die Entstehung verschiedener Formen von Migrantenselbstorganisationen in seinen Mittelpunkt. Die ethnische Ökonomie wird dabei lediglich als eine Form migrantischer Selbstorganisation verstanden, die im Hinblick auf ihre innere Struktur bzw. die von ihr ausgehenden Effekte aber nicht näher betrachtet wird.

Ausgehend von diesen Schwächen wird hier mit dem Ethnic Business District (EBD)-Konzept ein abweichender Ansatz vorgeschlagen (vgl. Henn 2007): Konkret wird unter einem EBD eine kleinräumliche urbane Konzentration ethnischer Unternehmen verstanden, die über materielle und immaterielle Austauschprozesse miteinander in Verbindung stehen. Damit versteht sich das in inhaltlicher Nähe zum Cluster-Ansatz stehende EBD-Konzept[14,15] nicht nur als

---

[14] Das in der jüngeren regionalwissenschaftlichen Literatur entwickelte Cluster-Konzept stellt eine nicht-zufällige Ansammlung von Unternehmen in ähnlichen oder stark komplementären Aktivitätsfeldern in sein Zentrum und versucht, die damit verbundenen Implikationen für die regionale Entwicklung zu bewerten (MASKELL/LORENZEN 2004, 1002). Ausgehend von der grundlegenden Arbeit des US-Managementwissenschaftlers M. PORTER (1990; 1998) wird dabei zumeist davon ausgegangen, dass sich Cluster positiv auf die regionalwirtschaftlicher Entwicklung auswirken. Das Clusterkonzept wurde bislang vornehmlich zur Erklärung des Erfolgs ausgewählter High-Tech-Regionen herangezogen (insbes. Silicon Valley, Route 128). Darüber hinaus wurden zahlreiche Versuche unternommen, Clusterstrukturen auch im Dienstleistungsbereich auszumachen (u. a. SCHAMP 2001). Jüngst wurden Clusterstrategien auch als Instrument zur Aufwertung innerstädtischer Quartiere diskutiert (FRIEDRICH EBERT STIFTUNG 2006, 18ff.).

[15] Wenngleich der Clusterbegriff im Handel in einem abweichenden Bedeutungskontext bislang vor allem auf den großflächigen Einzelhandel bezogen wurde (sog. Einzelhandels- oder Retail Cluster; vgl. z. B. HELMER-DENZEL 2002, 90ff.), scheint das Konzept regionaler Cluster grundsätzlich auch für die Analyse durch horizontale und vertikale Verflechtungen gekennzeichneter kleinräumiger Ballungen von Einzelhandelsunternehmen geeignet. Da (1) der Begriff des „Ethnic" oder „Immigrant Clusters" üblicherweise mit einer räumlichen Konzentration ausländischer Bevölkerung assoziiert wird (vgl. z. B. PAMUK 2004, 14), (2) Clusterstrukturen in der Regel nicht auf die hier relevanten Stadtteilökonomien beschränkt bleiben, (3) zwischen den ethnischen Unternehmen nicht zwangsläufig eine als „Clusterbewusstsein" bestehende kognitive Kohärenz bestehen muss (REGIOCONSULT 2006, 28), und (4) das Konzept der Industriedistrikte, das eine Sonderform regionaler Cluster beschreibt, der

Beitrag zur Förderung der lokalen ethnischen Ökonomie, sondern auch als ein spezifisches Instrument der Stadtteilentwicklung. Die regionalökonomischen Wirkungen eines EBD umfassen einerseits die direkte und indirekte Generierung von Beschäftigung und Einkommen, andererseits aber auch diejenigen Effekte, die sich durch die Auftragsvergabe und Investitionstätigkeit der betreffenden Unternehmen ergeben. Darüber hinaus decken die Unternehmen typischerweise eine spezifische Nachfrage sowohl von Ausländern als auch von Einheimischen aus dem betreffenden Quartier ab.

Generierung von Beschäftigung und Einkommen. Neben den direkten Einkommens- und Beschäftigungseffekten, die sich infolge der Anstellung von Personen in den ethnischen Unternehmen selbst einstellen, sind im Rahmen von empirischen Analysen zur Abschätzung des regionalwirtschaftlichen Potenzials von EBD auch indirekte Effekte zu berücksichtigen, die sich durch die Verausgabung der (direkt) ausbezahlten Löhne und Gehälter ergeben. Dabei ist zu beachten, dass diese Effekte ceteris paribus umso geringer ausfallen, je größer die Transfers der Beschäftigten an ihre Verwandten und Bekannten in den betreffenden Heimatregionen sind. Angesichts ihrer kleinbetrieblichen Struktur ist insgesamt nur eine vergleichsweise geringe Beschäftigungswirkung von EBD anzunehmen.

Auftragsvergabe/Investitionstätigkeit. Die von ethnischen Unternehmen nachgefragten Waren und Dienstleistungen (z. B. Reinigungsdienstleistungen, Sicherheitsdienstleistungen) sowie deren Investitionstätigkeit (z. B. Geschäftsausstattung) artikulieren sich in Einnahme- und Beschäftigungseffekten aufseiten der beauftragten Unternehmen.[16] Angesichts der schwachen wirtschaftlichen Basis

---

großen Bedeutung von Familienbetrieben Rechnung trägt (HENN 2006, 37ff.), erscheint es sinnvoll, die betrachteten Ballungen ethnischer Unternehmen im Folgenden nicht als Cluster, sondern als Distrikte zu bezeichnen.

[16] Über die Investitionstätigkeit ethnischer Unternehmen liegen bislang nur wenige, teils widersprüchliche Angaben vor (SCHULERI-HARTJE 2005, 30). Laut DTA (2003, 31) liegt das

der meisten ethnischen Unternehmen sind auch hier nur vergleichsweise geringe Effekte zu erwarten.

Versorgung der Quartiersbevölkerung. Die einen EBD konstituierenden, insbesondere im Handel und Gastgewerbe tätigen Unternehmen tragen zur Versorgung der Quartiersbevölkerung bei (Schuleri-Hartje 2007; Leicht et al. 2005, 10), was den Folgen von Standortverlagerungen von Unternehmen insbesondere aus Stadtteilen mit geringer Kaufkraft in den suburbanen Raum („Grüne Wiese") entgegenwirkt. Die Versorgungsfunktion betrifft einerseits die Bereitstellung von Gütern (z. B. durch Lebensmittelgeschäfte, Export-Import-Geschäfte, Reisebüros, Videogeschäfte, Übersetzungsbüros, Speditionen, Buchläden und Banken), die auf die spezifischen Bedürfnisse der Migranten zugeschnitten sind und von den einheimischen Anbietern nicht oder nur in anderer Form bereitgestellt würden (sog. Ergänzungsökonomie). Andererseits werden von den ethnischen Unternehmen auch vor allem von der Mehrheitsgesellschaft nachgefragte Güter angeboten (Nischenökonomie[17]), so z. B. von Schnellimbissen, Restaurants, Änderungsschneiderein, Autoreparaturwerkstätten und Marktständen.

Neben den genannten Faktoren sei an dieser Stelle auch betont, dass funktionierende EBD über erfolgreiche Unternehmen verfügen, die gleichsam als Vorbilder weitere Unternehmensgründungen stimulieren können. Ferner tragen EBD zur Integration von Migranten bei, einerseits aufgrund ihres Einbezugs in den

---

durchschnittliche Investitionsvolumen ausländischer Existenzgründer bei etwa 50.000 EUR und damit deutlich unter dem von deutschen Gründern.

[17] Diese Begrifflichkeiten werden in der Literatur nicht einheitlich verwendet. Auch sei darauf verwiesen, dass die Grenzen zwischen Ergänzungs- und Nischenökonomie in vielen Fällen nicht eindeutig zu bestimmen sind (HECKMANN 1998, 34).

arbeitsteiligen Wirtschaftsprozess[18], andererseits aufgrund des Kontakts zur deutschen Quartiersbevölkerung (Schuleri-Hartje 2007).[19] Im Folgenden stehen jedoch die zuvor erwähnten regionalwirtschaftlichen Effekte eines EBD im Vordergrund, die am Beispiel der ethnischen Ökonomie im Leipziger Osten näher analysiert werden.

4 Datenbasis und Methodik

Die empirische Datenbasis stützt sich auf Befragungen von Passanten und Unternehmen, die im Juli 2007 von Studierenden der Geographie der Martin-Luther-Universität Halle-Wittenberg in Zusammenarbeit mit dem Unternehmen SOZIOdesign Leipzig durchgeführt wurden.

Im Rahmen der *Passantenbefragung* wurden insgesamt 365 auf der Eisenbahn-straße zufällig ausgewählte Passanten mit Hilfe eines halbstandardisierten Fragebogens zu ihrem Konsumverhalten, ihrer Standortbewertung und demographischen Merkmalen befragt (zu den Ergebnissen der Befragung siehe auch den Beitrag von Pink in diesem Band).

Im Rahmen der auf das Gebiet „Soziale Stadt" beschränkten *Unternehmensbefragung* konnten Angaben von 49 der zu diesem Zeitpunkt insgesamt bestehenden 67 ethnischen Unternehmen (73,1 %) erhoben werden. Um eine möglichst hohe Datenqualität zu erzielen, war der eingesetzte halbstandardisierte, mit 56

---

[18]   Dies trifft insbesondere auf neue Zuwanderer zu, die für eine Tätigkeit in der restlichen Ökonomie in der Regel nicht über die erforderlichen Sprach- und sonstigen Kompetenzen verfügen.

[19]   Auch kann vor dem Hintergrund von Ergebnissen empirischer Studien in den USA darauf hingewiesen werden, dass die in EBD gegebene Diversität, verstanden als „positive Anerkennung der verfügbaren Vielfalt einer Gesellschaft" (ELRICK 2007, 184) auch insofern als Standortfaktor begriffen werden kann, als sie das Zustandekommen von Kreativität und Innovationen fördert.

Fragen zu soziodemographischen Merkmalen der Unternehmensgründer, Beschäftigungsaspekten, Zuliefer- bzw. Abnehmerstrukturen und Weiterbildungsaspekten vergleichsweise umfangreiche Fragebogen zuvor einem ausführlichen Pretest unterzogen und auf vietnamesisch und arabisch übersetzt worden. Um Nachfragen zuzulassen, erfolgte die Befragung mündlich, wobei jeweils ein Muttersprachler zugegen war, der vonseiten der vor Ort tätigen Initiative DIALOG freundlicherweise für diese Aufgabe freigestellt wurde. Schließlich wurde angestrebt, die Gespräche mit den Unternehmensinhabern zu führen, was – von einer Ausnahme abgesehen – auch gelang. Da 18 der insgesamt 67 Unternehmen (=28,4 %) im Rahmen der Erhebung nicht erfasst werden konnten bzw. einzelne Fragen unbeantwortet ließen, stützen sich die nachfolgenden Analysen auf die Annahme, dass die erhobenen Angaben repräsentativ waren. Mit Blick auf die Verteilung der Branchen bedeutet dies, dass insgesamt von 25 Unternehmen im Einzelhandel (Typ I), 38 Unternehmen im Bereich der sonstigen Dienstleistungen (Typ II) und weiterer vier Unternehmen ausgegangen wird, die sowohl im Einzelhandel aktiv sind als auch sonstige Dienstleistungen anbieten (Typ III; Tab. 1).

	Befragte Unternehmen	Anteil	Annahme über Grundgesamtheit*
Einzelhandel	18	37,50 %	25
Sonstige Dienstleistungen	27	56,25 %	38
Sonstige Unternehmen	3	6,25 %	4
Summe	48	100,0 %	67

*Tab. 1: Annahme über Branchenverteilung in der Grundgesamtheit; *) zugrundeliegende Berechnung: 67 x Anteil an allen befragten Unternehmen; ein Unternehmen ließ die Frage unbeantwortet (Quelle: eigene Erhebung, eigene Berechnungen)*

5 Struktur des Leipziger EBD: Grundlegende Kennziffern

Die in Abschnitt 2 erläuterten Charakteristika eines EBD werden im Folgenden herangezogen, um die Ballung ethnischer Unternehmen im Leipziger Osten in ihrer Struktur näher zu beschreiben.

Spezifische Merkmale der Unternehmensinhaber. Im Gegensatz zu anderen Städten findet sich im Leipziger Osten eine durch kulturelle Vielfalt geprägte ethnische Ökonomie (siehe auch Tab. 2). Zwar wird auch diese von männlichen Unternehmensgründern dominiert; gleichwohl ist anzumerken, dass der Anteil der weiblichen Unternehmensinhaber mit 28,6 % erstaunlich hoch ausfällt. Eine nähere Betrachtung zeigt, dass die Hälfte von ihnen aus (ehemaligen) sozialistischen Ländern (GUS, Vietnam) stammt, in denen die weibliche Erwerbstätigkeit staatlicherseits forciert wurde. Vor dem historischen Hintergrund überraschender ist hingegen die Tatsache, dass 28,6 % der Inhaberinnen aus dem islamischen Kulturkreis stammen (Irak, Türkei). Im Schnitt waren die Unternehmensinhaber 31 Jahre alt und seit 10 Jahren in Leipzig ansässig. Ihre Unternehmen am heutigen Standort waren mit einem Durchschnittsalter von zwei Jahren vergleichsweise jung. In 38,8 % der Fälle (N=49) waren sie – zumeist von Freunden (50,0 %; N=18) – übernommen worden, in der Mehrheit der erfassten Fälle (N=49) jedoch durch den heutigen Inhaber auch gegründet worden. Als Gründe für den Schritt in die Selbstständigkeit wurden dabei vor allem die Unabhängigkeit (44,7 % der Unternehmen; N=47), die Sicherung der Existenz sowie eine drohende Arbeitslosigkeit (jeweils 38,3 %) genannt.

Kleinbetriebliche Struktur: Mit 97,9 % handelt es sich bei nahezu allen antwortenden Unternehmen um Kleinstunternehmen (1 bis 5 Mitarbeiter); lediglich ein Unternehmen gab an, zum Zeitpunkt der Befragung sechs Mitarbeiter zu haben. Eine nähere Analyse zeigt, dass ein Drittel der Unternehmen über keine bzw. knapp ein weiteres Drittel (31,3 %) nur über einen Mitarbeiter verfügten. Die kleinbetriebliche Struktur des EBD spiegelt sich auch in den Beschäftigungsverhältnissen wider, standen doch von den insgesamt 62 erfassten Mitarbeitern nur 30 (=48,4 %) in einem Vollzeitbeschäftigungsverhältnis. Auch der Umsatz fällt mit erfassten durchschnittlichen 42.000 EUR pro Unternehmen (N=8) p. a. sehr moderat aus.[20]

Hohe Bedeutung ethnischer und familiärer Solidarität. Im Durchschnitt gehören 34,7 % der Mitarbeiter eines Unternehmens der Familie des jeweiligen Unternehmensgründers an; alleine 28 % der Unternehmen (mit Mitarbeitern) griffen ausschließlich auf Familienangehörige zurück. Jedes dritte antwortende Unternehmen (N=45) hat zudem die Gründung/Geschäftsübernahme mit Darlehen von Familienangehörigen finanziert. Die Verbundenheit der Unternehmensinhaber bleibt jedoch nicht auf deren Familien beschränkt. Vielmehr lässt sich auch feststellen, dass es sich im Schnitt bei etwa einem Drittel (N=32) der Belegschaft der Unternehmen mit einem oder mehreren Angestellten um Landsleute des Unternehmensinhabers handelte. Etwas schwächer fällt die „ethnische Solidarität" dagegen auf der Nachfrageseite aus: So ist durchschnittlich davon auszugehen, dass nur 22,5 % (N=44) der Kunden zugleich auch Landsleute des Unternehmensinhabers sind.

Sektorale Konzentration. Die befragten Unternehmen sind ausnahmslos im Dienstleistungssektor tätig. Rund 37,5 % (N=48) sind dabei als reine Einzelhändler zu klassifizieren, wobei deutliche Schwerpunkte in den Bereichen Le-

---

[20] An dieser Stelle muss jedoch angemerkt werden, dass die von den Unternehmen gemachten Umsatzangaben in der Auswertung z. T. nicht unproblematisch sind, wie an folgendem Beispiel gezeigt werden kann: Lediglich zwei Unternehmen haben sämtliche Fragen betr. Umsatzhöhe und Ausgaben beantwortet. Demnach verbleiben einem Unternehmen nach Abzug der erfragten Ausgaben vom angeblichen Umsatz knapp 12 TEUR, einem anderen jedoch -6 TEUR. Da weder auszuschließen ist, dass das letztgenannte Unternehmen tatsächlich (kurzfristig) Verluste macht, noch Informationen darüber vorliegen, ob der Umsatz zu gering oder die Summe der Ausgaben zu hoch eingeschätzt wurde, wird an den erhobenen Daten festgehalten.

bensmitteln und Bekleidung/Textilien festgestellt werden konnten. Über die Hälfte aller Unternehmen (56,3 %) bieten sonstige Dienstleistungen mit einem besonderen Fokus auf der Gastronomie an. Mit 16,7 % tritt ein weiterer großer Anteil der Unternehmen als Anbieter von Kommunikationsdienstleistungen hervor (z. B. Internetcafé). Drei Unternehmen (6,3 %) gaben schließlich an, sowohl als Einzelhändler zu fungieren als auch sonstige Dienstleistungen anzubieten (siehe hierzu auch den folgenden Abschnitt). Ein auffallendes Ergebnis der Analyse ist, dass keines der befragten Unternehmen als Anbieter höherer Dienstleistungen fungiert, was eine Gesamtorientierung auf ein mit keinen oder nur sehr geringen Einstiegsbarrieren verbundenes Geschäftsfeld nahelegt.

Räumliche Konzentration. Die ethnischen Unternehmen im Gebiet „Soziale Stadt" ballen sich an insgesamt vier Standorten. Die zweifellos bedeutendste mikroräumliche Konzentration besteht entlang der Eisenbahnstraße und ihren Nebenstraßen, wo 52 % der Geschäfte anzutreffen sind. Weitere Schwerpunkte sind in der Gegend Dresdner Str.-Wiebelstr.-Wurzner Str.-Bernhardstr.-Gregor-Fuchs-Str. (24 %) bzw. rund um die Zweinaundorfer-Straße und dem Täubchenweg (18 %) auszumachen. Von nachgeordneter Bedeutung ist dagegen die Ballung im Bereich Kohlgartenstr.-Bergstr.-Rabet, wo lediglich 6 % der ethnischen Unternehmen lokalisiert sind. Der Grund für die Eröffnung der Unternehmen an ihren heutigen Standorten ist kein Zufall. Vielmehr wurde die Nähe zu den Kunden von 45,7 % (N=46) der antwortenden Unternehmen als ein wichtiger Grund für ihre Standortwahl hervorgehoben. Tatsächlich stammt mit 64,3 % (N=38) ein nicht unerheblicher Anteil der Kundschaft aus dem Gebiet innerhalb der 15-min-Gehweg-Isochrone. Neben der Kundennähe sprachen für den Mikrostandort zudem die günstigen Mieten (32,6 %; N=46), die ausländerfreundliche Atmosphäre (21,7 %) sowie die Nähe zur Wohnung/Familie bzw. zu Geschäften von Landsleuten (jeweils 19,6 %).

6 Regionalökonomische Wirkungen

6.1 Generierung von Beschäftigung und Einkommen

Die Gründe für die Etablierung ethnischer Unternehmen sind in der Vergangenheit hinreichend untersucht und mit Hilfe verschiedener Einzelansätze (Nischenmodell, Kulturmodell, Ressourcenmodell, Reaktionsmodell) bzw. jüngst auf Grundlage eines integrierenden Verständnisses konzeptionell erklärt worden (vgl. hierzu auch Fischer 2001, 39). Vor diesem Hintergrund konzentriert sich der Abschnitt auf eine bloße Beschreibung der Beschäftigungssituation sowie der Lohn- und Gehaltsstruktur, wobei der Tatsache Rechnung getragen wird, dass die Beschäftigungsstruktur in der ethnischen Ökonomie dabei sowohl von der betrachteten Ethnie als auch von der betreffenden Branche abhängt (vgl. Leicht/Leiß 2006, 58).

	Befragte Unternehmen	Anteil (%)	Annahme über Grundgesamtheit*
Irak	16	32,7	22
Vietnam	13	26,5	18
GUS	9	18,4	12
Türkei	5	10,2	7
Sonstige	6	12,2	8
Summe	49	100,0	67

*Tab. 2: Herkunft der Unternehmensinhaber; *) zugrundeliegende Berechnung: 67 x Anteil an allen befragten Unternehmen (Quelle: eigene Erhebung)*

Betrachtet man die Beschäftigung in Abhängigkeit von der Herkunft der Unternehmensinhaber (zur Verteilung der ethnischen Gruppen auf Basis der Annahme einer entsprechend repräsentativen Erfassung in der Stichprobe, siehe Tab. 2), so fällt auf, dass die meisten Beschäftigungsverhältnisse in denjenigen Unternehmen geschaffen wurden (Tab. 3), deren Inhaber keiner der am stärksten vertretenen Ethnien angehört. Auf diese Unternehmen entfallen durchschnittlich zwei Arbeitsplätze, alle übrigen Unternehmen haben im Schnitt dagegen weniger als 1,5 Beschäftigte, wobei Unternehmen mit türkischstämmigen Inhabern mit durchschnittlich lediglich einem Beschäftigten als die kleinsten Betriebseinheiten hervortreten. Die meisten Vollzeitarbeitsplätze werden von Unternehmen aus der GUS geschaffen – durchschnittlich sind 71 % der bei ihnen Beschäftigten vollzeitangestellt. Die befragten türkischstämmigen Unternehmen haben ausschließlich Teilzeitarbeitsplätze geschaffen, während bei allen anderen Unternehmen etwa jeder zweite Beschäftigte in Vollzeit arbeitet. Auch die Beschäftigung von Familienangehörigen variiert je nach Herkunft des Unternehmensinhabers: Eine besonders intensive Beschäftigung von Familienmitgliedern konnte in denjenigen Unternehmen nachgewiesen werden, deren Inhaber aus der GUS bzw. aus Vietnam stammt; die befragten Unternehmen, deren Inhaber aus dem Irak oder einem hier nicht näher benannten Land kommt, zeichnen sich im Gegensatz dazu durch einen relativ geringen Anteil von Familienangehörigen aus.

Bezieht man die ermittelten Durchschnittswerte auf alle 67 Unternehmen im Untersuchungsraum, so kann insgesamt von rund 86 Beschäftigten, davon ca. 39 Vollzeitbeschäftigte, 28 Familienangehörige bzw. 58 „externe" Mitarbeiter ausgegangen werden.

	Unternehmen	Mitarbeiter insgesamt	Mitarbeiter pro Unternehmen	Anzahl helfender Familienangehöriger insgesamt	Familienangehörige pro Unternehmen	Vollzeitbeschäftigte insgesamt	Vollzeitbeschäftigte pro Unternehmen	Vollbeschäftigtenquote*
Befragte Unternehmen								
Vietnam	12	17	1,40	8	0,67	8	0,67	0,47
Irak	16	16	1,00	2	0,13	7	0,44	0,43
GUS	10	14	1,42	7	0,70	10	1,00	0,71
Türkei	5	5	1,00	3	0,60	0	0,00	0,00
Sonstige	5	10	2,00	0	0,00	5	1,00	0,50
Insgesamt	48	62	1,29	20	0,42	28	0,58	0,45
Alle Unternehmen (Schätzung)								
Insgesamt	67	86,4	1,3	28,1	0,42	38,9	0,58	0,45

Tab. 3: Beschäftigungsstruktur nach Herkunft des Unternehmensinhabers; *) Anteil der Vollzeitbeschäftigten an allen Beschäftigten. (Quelle :eigene Erhebung, eigene Berechnungen)

Zur Analyse der Ausgabenhöhe für laufende Personalkosten wurden zunächst die Löhne und Gehälter pro Mitarbeiter nach Ethnie berechnet (Tab. 4). In der Summe gaben die 19 zu dieser Frage Stellung beziehenden Unternehmen mit insgesamt 36 Mitarbeitern an, monatliche Aufwendungen in Höhe von 20.695,00 EUR zu haben. Eine Aufschlüsselung nach ethnischen Gruppen macht dabei deutlich, dass die Löhne und Gehälter in den befragten Unternehmen mit türkischstämmigen Inhabern mit 362,50 EUR am geringsten ausfielen, während Unternehmen der hier nicht näher differenzierten Ethnien mit über 1.000 EUR, gefolgt von den GUS-Unternehmen mit 683,13 EUR pro Kopf die höchsten Lohn- und Gehaltssummen pro Mitarbeiter verzeichneten. Im Mittelfeld bewegten sich die Unternehmen mit Inhabern aus Vietnam und dem Irak.

	Unternehmen	Mitarbeiter insgesamt	Summe der Löhne und Gehälter (EUR)	Löhne und Gehälter pro Mitarbeiter (EUR)
Vietnam	3	3	1.210	403,33
Irak	8	16	7.470	466,88
GUS	3	8	5.465	683,13
Türkei	2	4	1.450	362,50
Sonstige	3	5	5.100	1.020,00
Summe	19	36	20.695	574,86

Tab. 4: Löhne und Gehälter nach Herkunft des Unternehmensinhabers (befragte Unternehmen) (Quelle: eigene Erhebung, eigene Berechnungen)

Auf alle Unternehmenseinheiten extrapoliert (Tab. 5), ergeben sich Ausgaben für Löhne und Gehälter in Höhe von knapp 53.000 EUR pro Monat bzw. etwa 636.000 EUR pro Jahr.[21]

	Unternehmen	Mitarbeiter pro Unternehmen*	Mitarbeiter insgesamt	Löhne und Gehälter pro Mitarbeiter und Monat (EUR)	Löhne und Gehälter insgesamt pro Monat (EUR)	Löhne und Gehälter insgesamt pro Jahr (EUR)
Vietnam	22	1,40	30,80	403,33	12.422,56	149.070,72
Irak	18	1,00	18,00	466,88	8.403,84	100.846,08
GUS	12	1,42	17,04	683,13	13.344,54	160.134,48
Türkei	7	1,00	7,00	362,50	2.537,50	30.450,00
Sonstige	8	2,00	16,00	1.020,00	16.320,00	195.840,00
Insgesamt				574,86	53.028,44	636.341,28

*Tab. 5: Extrapolation der Löhne und Gehälter nach Herkunft des Unternehmensinhabers; *) siehe Tab. 3 (Quelle: eigene Erhebung, eigene Berechnungen)*

---

[21] Hierzu ist anzumerken, dass aufgrund fehlender Angaben über die ethnische Zusammensetzung der nicht an der Befragung teilnehmenden Untersuchungseinheiten der Berechnung der ermittelte Durchschnittswert zugrunde gelegt wurde.

Für die lokale Wirtschaft von besonderer Bedeutung ist dabei die Tatsache, dass der Großteil der Unternehmensmitarbeiter aus Leipzig stammt (Tab. 6) und entsprechend angenommen werden kann, dass von den Gesamtausgaben für Löhne und Gehälter etwa 97 % pro Jahr in der Stadt verbleiben und dort vermutlich zu einem großen Teil auch verausgabt werden. Die dadurch induzierten Folgeeffekte konnten im Rahmen der Studie jedoch nicht erfasst werden.

	Unternehmen	Anteil der aus Leipzig stammenden Mitarbeiter (%)	Monatliche Ausgaben (EUR)	Jährliche Ausgaben (EUR)
	Befragte Unternehmen		Extrapolation	
Vietnam	7	100,0	12.422,56	149.070,72
Irak	8	83,3	6.975,19	83.702,25
GUS	4	100,0	13.344,54	160.134,48
Türkei	2	100,0	2.537,50	30.450,00
Sonstige	6	100,0	16.320,00	195.840,00
Summe			51.599,79	619.197,45

Tab. 6: Lokaler Anteil der extrapolierten Löhne und Gehälter nach Herkunft des Unternehmensinhabers (Quelle: eigene Erhebung, eigene Berechnungen)

Wenngleich Unterschiede in der Entlohnung auch kulturell begründet sein mögen, wird hier doch die Ansicht vertreten, dass sich die Unterschiede in der ethnischen Ökonomie vor allem auf unterschiedliche Tätigkeitsprofile zurückführen lassen. Die darauf aufbauende Analyse der Beschäftigungsstruktur in Abhängigkeit vom Unternehmenstyp (Tab. 7) zeigt, dass mit durchschnittlich 1,47 Mitarbeiter pro Unternehmen die größte Beschäftigtendichte im Einzelhandel gegeben war. Typ-II-Unternehmen erwiesen sich mit im Schnitt 1,30 Mitarbeitern als geringfügig kleiner, während von den übrigen Unternehmen mit durchschnittlich nur einem Mitarbeiter die deutlich geringsten Beschäftigungseffekte hervorgehen.

© Frank & Timme Verlag für wissenschaftliche Literatur

	Unternehmen	Mitarbeiter insgesamt	Mitarbeiter pro Unternehmen
Typ I	17	25	1,47
Typ II	27	35	1,30
Typ III*	3	3	1,00

Tab. 7: Beschäftigungsstruktur nach Unternehmenstyp (befragte Unternehmen) (Quelle: eigene Erhebung, eigene Berechnungen)

Die oben ermittelte Reihenfolge bleibt bei der Betrachtung der Lohn- und Gehaltsstruktur (Tab. 8) jedoch nicht bestehen. Vielmehr fällt in diesem Falle auf, dass die Typ-II-Unternehmen mit etwa 580 EUR die höchsten Löhne pro Mitarbeiter auszahlen, während die Unternehmen vom Typ I knapp 13,2 % weniger verausgaben.

	Unternehmen	Mitarbeiter insgesamt	Summe der Löhne und Gehälter (EUR)	Löhne und Gehälter pro Mitarbeiter (EUR)
Typ I	9	18	9.086,00	504,77
Typ II	12	20	11.625,00	581,25
Typ III*	k. A.	k. A.	k. A.	543,01

Tab. 8: Löhne und Gehälter nach Unternehmenstyp (befragte Unternehmen); *) Da vonseiten der Typ-III-Unternehmen keine näheren Angaben über die ausbezahlten Löhne und Gehälter vorlagen, mussten die entsprechenden Angaben hier als arithmetisches Mittel aus den korrespondierenden Größen der anderen Unternehmenstypen geschätzt werden. (Quelle: eigene Erhebung, eigene Berechnungen)

Bezieht man die pro Mitarbeiter ermittelten Löhne und Gehälter auf den gesamten Unternehmensbestand (Tab. 9), so ergibt sich die höchste Gesamtausgabensumme für Löhne und Gehälter für die Typ-II-Unternehmen, die im Jahr einen geschätzten Anteil von 58,1 % an allen Lohnausgaben der ethnischen Ökonomie haben. Die von den anderen Unternehmen verausgabten Löhne und Gehälter fallen mit Anteilen von 37,5 % (Typ I) bzw. 4,4 % (Typ III) dementsprechend deutlich geringer aus.

	Beschäftigte insgesamt	Löhne und Gehälter pro Monat (EUR)	Löhne und Gehälter pro Jahr (EUR)	Anteil an Gesamtsumme (%)
Typ I	36,75	18.550,30	222.603,60	37,5
Typ II	49,40	28.713,75	344.565,00	58,1
Typ III	4,00	2.172,04	26.064,48	4,4
Summe	90,15	49.436,09	593.233,08	100,0

Tab. 9: Extrapolation der Löhne und Gehälter nach Unternehmstyp (Quelle: eigene Erhebung, eigene Berechnungen)

Unter Berücksichtigung des außerhalb der Stadt wohnenden Anteils an Arbeitnehmern (Tab. 10) ergibt sich eine Gesamtausgabenhöhe der in Leipzig verbleibenden Löhne und Gehälter in Höhe von 564.000 EUR. Dies entspricht einem Anteil von 95,1 % an allen Ausgaben für Löhne und Gehälter.[22]

	Unternehmen	Anteil der aus Leipzig stammenden Mitarbeiter (EUR)	Monatliche Lohn- und Gehaltsausgaben (EUR)	Jährliche Lohn- und Gehaltsausgaben (EUR)
	Befragte Unternehmen		Extrapolation	
Typ I	10	90,0 %	16.695,27	200.343,24
Typ II	16	98,0 %	28.139,48	337.673,70
Typ III	1	100,0 %	2.172,04	26.064,48
Summe				564.081,42

Tab. 10: Lokaler Anteil der extrapolierten Löhne und Gehälter nach Unternehmstyp (Quelle: eigene Erhebung, eigene Berechnungen)

---

[22]   Stellt man einen Vergleich zwischen der auf Basis der Unternehmenstypen ermittelten Lohn- und Gehaltssumme und derjenigen an, die sich bei Abschätzung der Ausgaben nach ethnischen Gruppen ergibt, so fällt auf, dass Erstere um 8,9 % geringer ausfüllt. Die Ursachen für diese Differenz stehen in Zusammenhang mit den von den Unternehmen nicht beantworteten Fragen, die entsprechende Unterschiede in den Schätzungen zur Folge hatten.

6.2 Auftragsvergabe und Investitionstätigkeit

6.2.1 Laufende Ausgaben

6.2.1.1 Mietausgaben

Mit 97,9 % (N=48) gaben nahezu alle befragten Unternehmen an, ihre Geschäftsräume angemietet zu haben, wobei sich die durchschnittliche Gesamtfläche auf 87,5 m² bzw. der durchschnittliche Quadratmeterpreis auf 8,70 EUR (N=37) beläuft (Tab. 12). Eine Betrachtung nach Unternehmenstypen (Tab. 11) zeigt, dass die in der Befragung erfassten Einzelhändler im Durchschnitt eine um 24 m² größere Fläche angemietet haben als die sonstigen Dienstleistungsunternehmen.

	Unternehmen	Durchschnittlich angemietete Gesamtfläche pro Unternehmen (m²) (EUR)
Typ I	15	111,67
Typ II	26	87,23
Typ III	2	80,00

Tab. 11: Gesamtfläche (befragte Unternehmen) (Quelle: eigene Erhebung, eigene Berechnungen)

Gleichzeitig zahlen sie durchschnittlich einen um 1,58 EUR (22,8 %) höheren Quadratmeterpreis. Unternehmen vom Typ III hatten mit 80 m² im Mittel die kleinsten Flächen; dass sie mit knapp 14 EUR pro m² gleichzeitig auch die deutlich höchsten Mieten zahlen, kann im Grunde nur auf eine vergleichsweise gute Lage bzw. einen relativ guten Zustand ihrer Geschäftsräume zurückzuführen sein.

	Unternehmen	Monatl. Gesamtmiete pro Unternehmen (EUR)	Miete/m² pro Unternehmen (EUR)
Typ I	14	946,36	8,50
Typ II	23	603,57	6,92
Typ III	3	1.113,33	13,92

Tab. 12: Gesamtmiete (befragte Unternehmen) (Quelle: eigene Erhebung, eigene Berechnungen)

Bei Schätzung der Mietausgaben für alle Unternehmen der Grundgesamtheit (Tab. 13) zeichnen sich die höchsten Gesamtmietausgaben aufseiten der Einzelhändler ab, denen in geringem Abstand die Typ-II-Unternehmen folgen. Mit etwa 53.000 EUR Jahresmiete haben die vier sonstigen Unternehmen dagegen lediglich einen Anteil von 8,7 % an allen geschätzten Mietausgaben.

	Monatliche Gesamtausgaben pro Unternehmen (EUR)	Jährliche Gesamtausgaben pro Unternehmen (EUR)	Monatliche Gesamtausgaben insgesamt (EUR)	Jährliche Gesamtausgaben insgesamt (EUR)
Typ I	946,36	11.356,32	23.659,00	283.908,00
Typ II	603,57	7.242,84	22.935,66	275.227,92
Typ III	1.113,33	13.359,96	4.453,32	53.439,84
Summe			51.047,98	612.575,76

Tab. 13: Extrapolation der Mietausgaben (Quelle: eigene Erhebungen, eigene Berechnungen)

Die geschätzten monatlichen Gesamtausgaben für Miete belaufen sich auf insgesamt rund 51.000 EUR. Über das Jahr gerechnet kann folglich von Mietausgaben in Höhe von rund 613.000 EUR ausgegangen werden. Angesichts der Tatsache, dass ein großer Anteil der Immobilienbesitzer außerhalb Leipzigs[23] (Tab. 14) wohnt, verbleiben von den ermittelten Gesamtmietausgaben jedoch nur ca. 221.000 EUR (36,1 %) in der Stadt.

---

[23]   Dies schließt natürlich nicht aus, dass Teile der in den Mietausgaben erfassten Ausgaben auch an Unternehmen aus der Region fließen (z. B. im Rahmen von Reparaturaufträgen etc.).

Unternehmen	Durchschnittlicher Anteil der in Leipzig verbleibenden Mieteinnahmen (EUR)	Monatliche Mietausgaben (EUR)	Jährliche Mietausgaben (EUR)
	Befragte Unternehmen	Extrapolation	
Typ I	15	40,0 %	9.463,60	113.563,20
Typ II	23	39,1 %	8.967,84	107.614,12
Typ III	2	0,0 %	0,00	0,00
Insgesamt	40	36,1 %	17.681,44	221.177,32

Tab. 14: Lokaler Anteil der Mietausgaben (Quelle: eigene Erhebungen, eigene Berechnungen)

6.2.1.2 Ausgaben für Warenzulieferungen

Die Analyse der Warenzulieferungen zeigt, dass die Einzelhändler im Durchschnitt für den Bezug von Waren rund 7.700,00 EUR pro Unternehmen und Monat aufwenden (N=10). Erwartungsgemäß fällt die Warenzulieferung der übrigen Dienstleistungsunternehmen (N=19) mit durchschnittlich 1.720 EUR pro Unternehmen und Monat deutlich geringer aus. Die Unternehmen, die sowohl im Einzelhandel als auch im Bereich der sonstigen Dienstleistungen aktiv sind, geben mit durchschnittlich 1.200 EUR nochmals deutlich weniger pro Monat für Warenzulieferungen aus[24]. Bezogen auf alle Unternehmen im Untersuchungsraum ergeben sich somit monatliche Warenzulieferungen für die Einzelhandelsunternehmen im Gesamtwert von 192.500 EUR, für die übrigen Dienstleistungsunternehmen in Höhe von 65.360 EUR und für die sonstigen Unternehmen in Höhe von 4.800 EUR. Dies entspricht monatlichen Warenzulieferungen im Gesamtwert von 262.660 EUR bzw. jährlichen Warenzulieferungen in Höhe von 3,15 Mio. EUR (Tab. 15).

---

[24] Hierzu ist allerdings anzumerken, dass diesbezüglich lediglich eine Angabe vorlag.

	Unter-nehmen	Monatliche Ausgaben für Warenzulieferungen pro Unternehmen (EUR)	Monatliche Ausgaben für Warenzulieferungen (EUR)	Jährliche Ausgaben für Warenzulieferungen (EUR)
	Befragte Unternehmen		Extrapolation	
Typ I	10	7.700,00	192.500,00	2.310.000,00
Typ II	19	1.720,00	65.360,00	784.320,00
Typ III	1	1.200,00	4.800,00	57.600,00
	Alle Unternehmen (Schätzung)			
Insgesamt	67	3.920,30	262.660,00	3.151.920,00

Tab. 15: Warenzulieferungen (Quelle: eigene Erhebung, eigene Berechnungen)

Bei Betrachtung der Warenzulieferungen nach Herkunft (Tab. 16) zeigt sich, dass die Typ-II-Unternehmen mehr als zwei Drittel und damit einen weitaus höheren Anteil ihrer Waren aus Leipzig beziehen als es bei den anderen Unternehmen der Fall ist. Im Hinblick auf das gesamte Zuliefervolumen fällt jedoch dem Einzelhandel die größte regionalwirtschaftliche Bedeutung zu. Nach der hier erstellten Schätzung bezieht alleine er aus Leipzig Waren in Höhe von knapp 1,1 Mio. EUR pro Jahr, was einem Anteil von knapp zwei Dritteln (64,4 %) am Wert aller Warenzulieferungen der ethnischen Ökonomie im Leipziger Osten entspricht.

	Befragte Unternehmen		Extrapolation	
	Unternehmen	Durchschnittlicher Anteil der in Leipzig verbleibenden Ausgaben für Warenzulieferungen (%)	Monatliche Ausgaben für Zulieferungen aus Leipzig (EUR)	Jährliche Ausgaben für Zulieferungen aus Leipzig (EUR)
Typ I	13	47,50	91.437,50	1.097.250,00
Typ II	19	68,47	47.751,99	573.023,88
Typ III	2	57,00	2.736,00	32.832
Summe			141.565,49	1.703.105,88

Tab. 16: Anteil der in Leipzig verbleibenden Warenzulieferungen (Quelle: eigene Erhebung, eigene Berechnungen)

6.2.1.3 Ausgaben für sonstige Dienstleistungen

Sonstige Dienstleistungen wie regelmäßige Wartungen und Reparaturen, aber auch Reinigungsleistungen werden nur von einem sehr geringen Anteil (14,6 %; N=48) aller Unternehmen in Anspruch genommen, was bei der geringen Ressourcenausstattung der Unternehmen nicht weiter verwundert. So ist in vielen Fällen ist davon auszugehen, dass derartige Dienstleistungen in Eigenleistung erbracht werden. Aus den analysierten Daten geht aber hervor (Tab. 17), dass der sonstige Dienstleistungen in Anspruch nehmende Anteil der Unternehmen vom Typ II doppelt so hoch ausfällt wie der entsprechende Anteil der Typ-I-Unternehmen, bei denen lediglich jedes zehnte Unternehmen derartige Leistungen an Dritte vergibt.

	Unternehmen	Sonstige Dienstleistungen beziehende Unternehmen	Anteil sonstige Dienstleistungen beziehender Unternehmen (%)
Typ I	18	1	11,1
Typ II	27	6	22,2
Typ III	3	0	0,0

Tab. 17: Sonstige Dienstleistungen (befragte Unternehmen) (Quelle: eigene Erhebung, eigene Berechnungen)

Die insgesamt mit dem Bezug sonstiger Dienstleistungen verbundenen Ausgaben von rund 814,74 EUR im Monat bzw. 9.776,88 EUR im Jahr fallen im Hinblick auf die Gesamtausgaben jedoch nicht weiter ins Gewicht (Tab. 18).

Unternehmen	Monatliches Bezugsvolumen pro Unternehmen (EUR)	Durchschnittliches Bezugsvolumen (EUR)	Monatliches Bezugsvolumen (EUR)	Jährliches Bezugsvolumen (EUR)
	Befragte Unternehmen		Extrapolation	
Typ I	1	20,00	20,00	55,50	666,00
Typ II	4	360,00	90,00	759,24	9.110,88
Typ III	0	0,00	0,00	0,00	0,00
	Alle Unternehmen (Schätzung)			
Insgesamt	5	380,00	55,00	814,74	9.776,88

Tab. 18: Sonstige Dienstleistungen (Quelle: eigene Erhebung, eigene Berechnungen)

Berücksichtigt man den auf die Stadt Leipzig entfallenden Anteil der Dienstleistungen, so fällt auf, dass Typ-II-Unternehmen vor allem auf in Leipzig ansässige Anbieter zurückgreifen. Den gemachten Angaben zufolge verbleiben dabei im Durchschnitt 95 % der vergebenen Aufträge innerhalb Leipzigs. Vonseiten der Typ-I-Unternehmen lag lediglich eine Antwort vor, aus der hervorging, dass sämtliche Aufträge an Unternehmen mit Sitz außerhalb Leipzigs vergeben werden (Tab. 19). Insgesamt kann von rund 9.000 EUR Ausgaben für sonstige Dienstleistungen ausgegangen werden, die tatsächlich auch in Leipzig verbleiben.

Unternehmen	Durchschnittlicher Anteil der in Leipzig verbleibenden Ausgaben für sonstige Dienstleistungen (%)	Monatliches Bezugsvolumen (EUR)	Jährliches Bezugsvolumen (EUR)
	Befragte Unternehmen		Extrapolation
Typ I	1	0,0	0,00	0,00
Typ II	6	95,0	721,28	8.655,34
Typ III	0	0,0	0,00	0,00
	Alle Unternehmen (Schätzung)		
Insgesamt	7		721,28	8.655,34

Tab. 19: Lokaler Anteil der sonstigen Dienstleistungen (Quelle: eigene Erhebung, eigene Berechnungen)

6.3 Investitionen

Um eine Vorstellung über das Investitionsverhalten der Unternehmen zu bekommen, wurden diese nach dem aktuellen Wert ihrer Betriebsausstattung und deren Herkunft befragt. Da aufgrund der Fragebogenlänge keine weiteren Angaben zum jährlichen Investitionsverhalten erhoben werden konnten, mussten für die weitere Analyse verschiedene Annahmen getroffen werden[25]: Zunächst wurde eine durchschnittliche Nutzungsdauer des Inventars, dessen Wert linear abgeschrieben werde, von 10 Jahren[26] angenommen[27]. Zweitens wurde angenommen, dass die Erstinvestition (ohne berücksichtigte Abschreibungen) den 1-0,05*n-ten-Anteil des Wertes der Betriebsausstattung ausmacht, wobei n der Zahl der seit der Betriebsgründung vergangenen Jahre entspricht. Der verbleibende Anteil der Investitionen wurde als ein über die Jahre konstanter Betrag an Folgeinvestitionen (Ersatz- und positive Nettoinvestitionen) interpretiert.[28] Da

---

[25]   Der Verfasser ist sich über mögliche Schwächen des gewählten Vorgehens und die Auswirkungen auf das Gesamtergebnis der Analyse bewusst (so kann beispielsweise die Betriebsausstattung sehr viel älter sein als das Unternehmen).

[26]   Laut AfA-Tabelle für die allgemein verwendbaren Anlagegüter des Bundesministeriums der Finanzen haben u. a. folgende, für die Untersuchung relevante Güter eine steuerliche Nutzungsdauer von 10 Jahren: Kühlschränke, Waschmaschinen, Verkaufstheken.

[27]   Um Annahmen über das Investitionsverhalten vor mehr als zehn Jahren ausschließen zu können, wurde für Unternehmen, deren Gründungsjahr vor 1997 liegt, eine Existenzdauer von 10 Jahren angenommen. Die sich dadurch ergebenden Überbewertungen der Erstinvestitionen und der laufenden Investitionen fallen bei den weiteren Berechnungen nicht stark ins Gewicht, da von dieser Regelung nur wenige Unternehmen betroffen waren.

[28]   Beispiel: Bei einem Unternehmen, das angibt, seit 2002 (n=2007-2002=5) zu existieren und eine Betriebsausstattung mit einem heutigen Wert in Höhe von 10.000 EUR zu besitzen, wird angenommen, dass die Investitionen in die Betriebsausstattung zu 75 % (1-0,05*5=0,75), d. h. in Höhe von 7.500 EUR in die Erstausstattung geflossen sind und zu 25 %, d. h. in Höhe von 2.500 EUR in Ersatz- und sonstige Investitionen (Folgeinvestitionen) im Zeitraum von

nicht alle befragten Unternehmen die zur Berechnung erforderlichen Angaben gemacht haben, waren darüber hinaus diverse weitere Annahmen und Schätzungen erforderlich.[29]

2003 bis 2007, wobei eine über die Jahre konstante Investitionshöhe unterstellt wird. Der Wert der um die unterstellten Abschreibungen in Höhe von 10 % p. a. bereinigten Erstinvestition berechnet sich als 7.500/(0,9^5) und beträgt somit 12.701,32 EUR. Der Wert der um die jährlichen Abschreibungen in Höhe von jeweils 10 % bereinigten Folgeinvestitionen beläuft sich dagegen auf (2.500/(0,9^5+0,9^4+0,9^3+0,9^2+0,9))=678,32 EUR pro Jahr bzw. für den betrachteten Zeitraum insgesamt auf 3.391,59 EUR. Die Summe aller Investitionen für dieses Unternehmen ergibt sich aus der Summe von Erstinvestitionen und Folgeinvestitionen und beträgt somit 16.092,91 EUR.

[29] So wurde beispielsweise im Falle der Unternehmen, die im Jahr der Befragung gegründet wurden, angenommen, dass deren Erstinvestitionen dem gegenwärtigen Wert der Betriebsausstattung entsprechen. Lagen über den Wert der Betriebsausstattung keine Information vor, wurde unterstellt, dass das Unternehmen ein halbes Jahr existiert, und dementsprechend die Hälfte der pro Typ ermittelten Durchschnittsbetriebsausstattung als Erstinvestition angenommen. Bislang getätigte Folgeinvestitionen wurden für Unternehmen, die im Jahr der Befragung gegründet wurden, nicht angenommen. Für die Höhe der künftig von diesen Unternehmen zu erwartenden jährlichen laufenden Investitionen wurde – pro Unternehmenstyp – von dem Mittel der erfassten laufenden Investitionszahlungen ausgegangen (Typ 1: 798,35 EUR, N=14; Typ 2: 2.116,82 EUR, N=17; Typ 3: 204,01 EUR, N–2), da ein durchschnittliches Investitionsverhalten unterstellt wurde. Der Abschätzung des Investitionsverhaltens derjenigen Unternehmen, die im Rahmen der Befragung nicht erfasst wurden (Typ 1: 7 Unternehmen; Typ 2: 11 Unternehmen; Typ 3: 1 Unternehmen), wurden folgende Mittelwerte zugrunde gelegt: Alter – Typ1: 4,625 (N=16); Typ 2: 2,9231 (N=26); Typ 3: 3,67 (N=3); Anteil der in Leipzig verbleibenden Investitionen – Typ 1: 83,64 (N=11); Typ 2: 64,05 (N=21); Typ 3: 95 (N=2), Betriebsausstattung pro Jahr Existenzdauer – Typ 1: 2.355,72 EUR (N=10), Typ 2: 13.576,00 EUR (N=22), Typ 3: 1.031,25 EUR (N=3) sowie die oben erwähnten durchschnittlichen laufenden Investitionsausgaben.

	TYP I Summe	TYP I Mittelwert	TYP II Summe	TYP II Mittelwert	TYP III Summe	TYP III Mittelwert	Summe
Befragt N		18		27		3	48
Erstinv.	200.048,23	11.113,79	849.463,51	31.461,61	8.208,43	2.736,14	1.057.720,17
Jährliche Folgeinv.	14.370,34	798,35	57.154,11	2.116,82	612,03	204,01	72.136,48
Erstinv. Leipzig	176.636,51	9.813,14	573.410,89	21.237,44	7.483,06	2.494,35	757.530,47
Folgeinv. p. a. Lz.	13.041,98	724,55	35.524,76	1.315,73	564,93	188,31	49.131,67
Sum. Folgeinv.	96.747,34	5.374,85	224.973,25	8.332,34	1.419,16	473,05	323.139,75
Sum. Folgeinv. Lz.	87.687,85	4.871,55	164.078,62	6.076,99	1.308,46	436,15	253.074,92
Geschätzt N		7		11		1	19
Erstinvestition	76.298,81	10.899,83	436.524,06	39.684,01	3.784,69	3.784,69	516.607,56
Jährliche Folgeinv.	5.588,45	798,35	23.285,02	2.116,82	204,01	204,01	29.077,48
Erstinv. Leipzig	63.816,32	9.116,62	279.593,66	25.417,61	2.838,52	2.838,52	346.248,50
Folgeinv. p. a. Lz.	4.674,18	667,74	14.914,06	1.355,82	153,01	153,01	19.741,24
Sum. Folgeinv.	25.846,58	3.692,37	68.064,44	6.187,68	748,72	748,72	94.659,74
Sum. Folgeinv. Lz.	21.618,08	3.088,30	43.595,28	3.963,21	561,54	561,54	65.774,89
Summe (Befragt+Geschätzt) N		25		38		4	67
Erstinvestition	276.347,04	11.053,88	1.285.987,57	33.841,78	11.993,12	2.998,28	1.574.327,73
Jährliche Folgeinv.	19.958,79	798,35	80.439,13	2.116,82	816,04	204,01	101.213,96
Erstinv. Leipzig	240.452,84	9.618,11	853.004,56	22.447,49	10.321,58	2.580,39	1.103.778,97
Folgeinv. p. a. Lz.	17.716,16	708,65	50.438,81	1.327,34	717,94	179,48	68.872,92
Sum. Folgeinv.	122.593,92	4.903,76	293.037,69	7.711,52	2.167,87	541,97	417.799,49
Sum. Folgeinv. Lz.	109.305,93	4.372,26	207.673,89	5.465,10	1.869,99	467,50	318.849,81

Tab. 20: Investitionsverhalten der ethnischen Ökonomie im Leipziger Osten*; *Auf Basis der im Text erläuterten restriktiven Annahmen. (Quelle: eigene Berechnungen)

Aus Tab. 20 geht in diesem Zusammenhang hervor, dass die Typ-II-Unternehmen für beide Kategorien die mit Abstand die höchsten Ausgaben aufweisen, was u. a. auf die Ausstattung mit verhältnismäßig teurer Kommunikationstechnik und deren Unterhaltung zurückzuführen sein mag. Pro Unternehmen ergibt sich unter den getroffenen Annahmen eine Erstinvestition von im Schnitt rund 33.840 EUR, während sich deren Höhe bei Unternehmen vom Typ I auf etwa 11.000 EUR und damit auf etwa ein Drittel bzw. im Falle von Typ sogar lediglich auf etwa 3.000 EUR beläuft. Ein vergleichbares Bild zeichnet sich für die laufenden Investitionen ab. Insgesamt wird auf Grundlage der getroffenen Annahmen von Erstinvestitionen in Höhe von etwa 1,6 Mio. EUR und bislang getätigten Folgeinvestitionen in Höhe von etwa 420.000 EUR ausgegangen.[30] Von diesen Ausgaben wurde mit 1,1 Mio. EUR bzw. 320.000 EUR der weitaus größte Anteil in Leipzig verausgabt. Jährlich kann von Folgeinvestitionen in Höhe von insgesamt 100.000 EUR ausgegangen werden, von denen etwa 70.000 EUR auf Leipzig entfallen. Wenngleich diese Zahl zunächst beeindrucken mag, ist doch zu bedenken, dass pro Unternehmen durchschnittlich lediglich von etwa 1.500 EUR Investitionen im Jahr, d. h. etwa 125 EUR pro Monat auszugehen ist, von denen dann etwa 85 EUR in Leipzig verbleiben.

6.4 Überblick

Den höchsten Anteil an den auf Leipzig entfallenden (laufenden) Ausgaben der Unternehmen haben die Warenzulieferungen, gefolgt von den Löhnen und Gehältern und der Miete. Von vergleichsweise untergeordneter Bedeutung erwiesen sich dagegen die jährlichen Folgeinvestitionen und Ausgaben für sonstige Dienstleistungen.

Insgesamt, d. h. unter Berücksichtigung aller Ausgabekategorien (mit Ausnahme der Erstinvestitionen) belaufen sich die monatlichen Gesamtausgaben auf etwa 370.000 EUR. Auf das Jahr gerechnet entspricht dies einer Summe von rund 4,5 Mio. EUR, von denen immerhin 2,6 Mio. EUR (= 57 %) auf Leipzig entfallen (Tab. 21).

---

[30]   Diese Investitionen können jedoch durchaus höher sein als hier angenommen, da über in der Vergangenheit aktive, heute jedoch nicht mehr existente Unternehmen keine Angaben vorlagen.

		Monatliche Ausgaben	Jährliche Ausgaben	Jährlich in Leipzig verbleibende Ausg.
Laufende Ausgaben (in EUR)	Löhne und Gehälter	49.436,09	593.233,08	564.081,42 (95,1 %)
	Miete	51.047,98	612.575,76	221.177,32 (36,1 %)
	Warenzulieferungen	262.660,00	3.151.920,00	1.703.105,88 (54,0 %)
	Sonstige Dienstleistungen	814,74	9776,88	8.655,34 (88,5 %)
	Gesamt	363.958,81	4.367.505,72	2.497.019,96 (57,2 %)
Investitionen (in EUR)	Erstinvestition	1.574.327,73		1.103.778,97 (70,1 %)
	Folgeinvestitionen (pro Jahr)	8.434,50	101.213,96	68.872,92 (68,0 %)
	Folgeinvestitionen (bislang geleistet)	417.799,49		318.849,81 (76,3 %)
	Summe bislang geleisteter Inv. (Erstinv. + Folgeinvestitionen)	1.992.127,22		1.422.628,78 (71,4 %)
Summe*		372.393,31	4.468.719,68	2.565.892,88 (57,4 %)

Tab. 21: Zusammenfassung; *) Ohne Erstinvestitionen (Quelle: eigene Berechnungen)

7 Versorgungsfunktion

Die wirtschaftliche Bedeutung des Ethnic Business Districts im Leipziger Osten bleibt nicht auf seine Bedeutung als Nachfrager von Arbeitskräften, Gütern und Dienstleistungen beschränkt. Vielmehr kommt den Unternehmen eine bedeutende Funktion bei der Versorgung der Quartiersbevölkerung zu.

Auf Grundlage der im Rahmen der Passantenbefragung gewonnenen Daten kann gezeigt werden, dass rund zwei Drittel der Kunden der in der Eisenbahnstraße ansässigen Unternehmen (darunter auch zahlreiche ethnische Unternehmen) aus einem Gehweg-Umkreis von 15-min um das befragte Unternehmen und rund ein weiteres Viertel aus dem übrigen Leipzig stammen. Dabei kann das Bild einer nahräumlichen Versorgung durch die ethnische Ökonomie erhärtet werden, haben doch 77,6 % (N=170) der befragten Passanten, die in der Eisenbahnstraße einkaufen, zugleich auch im Leipziger Osten ihren Wohnort bzw. 41,2 % der befragten Erwerbstätigen (N=51) ihren Arbeitsort. Wenngleich nicht für andere Standorte im Leipziger explizit nachgewiesen, scheint es plausibel, auch dort von ähnlichen Nachfragstrukturen auszugehen. Die Versorgungsfunktion, die die ethnischen Unternehmen für ihre Umgebung besitzen, bleibt dabei mitnichten auf die ausländische Bevölkerung beschränkt: Vielmehr sind nach Auskunft der Unternehmen knapp 47 % der Kunden gebürtige Deutsche. Besondere Relevanz entfaltet der Standort im Hinblick auf die Versorgung mit Obst und Gemüse, Backwaren, Drogerieartikeln, Getränken und Apothekerware (jeweils mehr als 50% der Befragten bevorzugten den Standort Eisenbahnstraße gegenüber anderen Standorten beim Erwerb der genannten Artikel).

Die Bedeutung, die dem Standort im Hinblick auf seine Versorgungsfunktion zuteil wird, zeigt auch eine im Rahmen der Analyse der Passantenbefragung durchgeführte Stärken-Schwächen-Analyse. Demnach besitzt die Eisenbahnstraße besondere Stärken in der guten Erreichbarkeit mit öffentlichen Verkehrsmitteln, der Wohnortnähe sowie dem Angebot von ausländischen Spezialitäten. Defizite werden dagegen im Preisniveau, dem beschränkten Angebotsspektrum sowie der fehlenden Einkaufsatmosphäre gesehen. Im Hinblick auf das Angebotsspektrum werden in erster Linie Bekleidungsgeschäfte, aber auch Discounter (insbesondere Aldi) und Drogerien vermisst. Über 40 % der befragten Passanten gaben jedoch auch an, dass die Angebotsqualität, -breite und -attraktivität an anderen Standorten – hier sind in erster Linie die Innenstadt als auch der Standort Paunsdorf hervorzuheben – ausschlaggebend für die Präferenz derselben anzusehen sind. Dies ist zugleich ein Indikator für Defizite im Leipziger Osten, die aufgrund der strukturellen Schwächen des Standortes und nicht weit entfernter Discounter-Standorte zumindest kurzfristig nicht zu beheben scheinen.

Dauer und Frequenz von Versorgungseinkäufen werden nicht zuletzt von der Atmosphäre eines Einkaufsstandortes mitbestimmt. Für den Leipziger EBD sind in diesem Zusammenhang vor allem zwei Aspekte hervorzuheben: Erstens muss

© Frank & Timme Verlag für wissenschaftliche Literatur

konstatiert werden, dass sich eine große Anzahl der Befragten in dem Befragungsgebiet offensichtlich nicht sicher fühlt.[31] Zur Identifikation der Gründe dafür und der genauen Abgrenzung offensichtlich bestehender „Angsträume" (Stadt Heidelberg 1994) und einer darauf aufbauenden Handlungsstrategie scheint jedoch eine eigene umfassende Analyse erforderlich. Zweitens zeigt die Analyse auch, dass weder das Umfeld noch die Warenauslagen als attraktiv empfunden werden. Bei beiden Aspekten handelt es sich jedoch um Aspekte, die sich zumindest partiell durch entsprechende Maßnahmen kurzfristig beheben lassen sollten (siehe hierzu auch den Beitrag von Pink in diesem Band).

8 Zusammenfassung und Ausblick

Ausgehend von der bisher nur am Rande erfolgten Betrachtung der regionalwirtschaftlichen Bedeutung ethnischer Ökonomien hat der vorliegende Beitrag den Versuch unternommen, die wirtschaftlichen Effekte des EBD im Leipziger Osten auf Grundlage des Nachfrageverhaltens seiner Unternehmen einerseits sowie seiner Versorgungsfunktion für die Stadtteilbevölkerung andererseits abzuschätzen. Die Untersuchung beruhte auf einer empirischen Erhebung der ethnischen Unternehmen und zufällig ausgewählter Passanten im Leipziger Osten. Unter der Annahme, dass die zugrundeliegende Unternehmensbefragung die Struktur der ethnischen Ökonomie repräsentativ abbildete, wurden die in ihrem Rahmen erzielten Ergebnisse auch auf die nicht an der Befragung teilnehmenden Unternehmen bezogen.

Die Nachfrageanalyse – hinreichend exakt erfasst wurden in diesem Zusammenhang Ausgaben für Löhne und Gehälter, Miete, Warenzulieferungen sowie für sonstige Dienstleistungen, während das Investitionsverhalten auf Grundlage

---

[31] Unter neun zu bewerten Kriterien erhielt die Aussage „Ich fühle mich sicher" im Durchschnitt die zweitschlechteste Bewertung.

verschiedener Verhaltensannahmen abgeschätzt werden musste – zeigt auf, dass die ethnische Ökonomie im Leipziger Osten jährlich rund 4,3 Mio. EUR verausgabt, von denen jedoch nur etwa 2,4 Mio., d. h. 56 % auf Leipzig entfallen. Als wichtigste Ausgabekategorie haben sich dabei Miet-, aber auch Lohn- und Gehaltszahlungen erwiesen. Insgesamt wird der wirtschaftliche Gesamteffekt in diesen Zahlen gleichwohl noch unterschätzt, da sich diese lediglich auf die direkten, nicht aber auf indirekte (zusätzliche Nachfrage nach lokalen Diensten und Zulieferungen, die durch die Sachausgaben und Investitionen der Unternehmen entsteht) oder induzierte Effekte (Effekte, die aus der Verausgabung der von den direkten und indirekten Effekten herrührenden zusätzlichen Einkommen resultieren) beziehen. Die ethnische Ökonomie im Leipziger Osten besitzt demnach sowohl eine nicht zu unterschätzende Funktion als Arbeitgeber für rund 87 Beschäftigte als auch als Auftraggeber für in Leipzig, aber auch außerhalb der Stadt lokalisierte Zulieferer. Daneben fungiert sie auch als Versorgungsstandort für die Stadtteilbevölkerung, die vor Ort insbesondere Obst und Gemüse, Backwaren, Drogerieartikeln, Getränken und Apothekerware einkauft.

Beide Sachverhalte legen nahe, ethnische Ökonomien in der kommunalen Politik grundsätzlich nicht zu marginalisieren, sondern als wichtigen Beitrag zur Entwicklung benachteiligter Stadtteile zu begreifen. Angesichts der Tatsache, dass die ethnischen Unternehmen in der Regel nur über eine sehr schwache Ausstattung mit Ressourcen verfügen, stellt sich für Akteure aus dem Bereich Stadtteilentwicklung und Wirtschaftsförderung die Aufgabe, den Wirtschaftsfaktor ethnische Ökonomie auf Grundlage gezielter Maßnahmen – z. B. im Bereich der Unternehmensfinanzierung, der Außendarstellung des betreffenden Gebietes – entsprechend zu unterstützen. Dies setzt eine entsprechende Erfassung der wirtschaftlichen Bedeutung und internen Verflechtungen voraus, die vermutlich am besten in Kooperation mit einer auf diesem Gebiet spezialisierten Hochschule geleistet werden kann.

Literaturverzeichnis

Ackermann, G.; Ersöz, A.; Blaschke, J. (2000): Ethnisches Gewerbe in Europa. Katalog und Ausstellung. Berlin.

Aliochin, R. (2007): Migrantenökonomie in Deutschland. Entwicklung und Daten. Nürnberg.

Apitzsch, U. (2003): Immigrant Business in Europe and America. London.

Averitt, R. (1968): The Dual Economy. New York.

Beauftragte der Bundesregierung für Migration, Flüchtlinge und Integration (Hrsg.) (2005): Integrationspolitik als Gesellschaftspolitik in der Einwanderungsgesellschaft. Memorandum der Beauftragten der Bundesregierung für Migration, Flüchtlinge und Integration, Marieluise Beck. Berlin.

Bonacich, E.; Modell, J. (1980): The Economic Basis of Ethnic Solidarity: A Study of Japanese Americans. Berkeley, Los Angeles.

DtA [Deutsche Ausgleichsbank] (Hrsg.) (2003): Wirtschaftsdynamik durch Existenzgründungen von Migranten. Analysen auf Basis der DtA-Förderdaten und des DtA-Gründungsmonitors. Berlin.

Fischer, I. (2001): Ethnische Ökonomie als Potenzial zur Stabilisierung benachteiligter Stadtteile? Unveröffentlichte Diplomarbeit an der Fakultät Raumplanung der Universität Dortmund. Dortmund.

Friedrich Ebert Stiftung (Hrsg.) (2006): Lokale Ökonomie in den Berliner Quartiersmanagementgebieten im Rahmen der Sozialen Stadt: Fortentwicklung und neue Ansätze. Berlin.

Galbraith, J. K. (1971): The New Industrial State. New York.

Haberfellner, R.; Betz, F.; Böse, M.; Riegler, J. (2000): „Ethnic Business". Integration vs. Segregation. Endbericht. Ohne Ort.

Häußermann, H.; Siebel, W. (2001): Soziale Integration und ethnische Schichtung. Zusammenhänge zwischen räumlicher und sozialer Integration.

Gutachten im Auftrag der unabhängigen Kommission „Zuwanderung".

Berlin, Oldenburg.

Heckmann, F. (1998): Ethnische Kolonien: Schonraum für Integration oder Verstärker der Ausgrenzung? In: Friedrich Ebert Stiftung (Hrsg.): Ghettos oder ethnische Kolonie? Entwicklungschancen von Stadtteilen mit hohem Zuwandereranteil. Bonn, 29-41.

Helmer-Denzel, A. (2002): Global Play im Ruhrgebiet: Die Erstellung handelsergänzender Dienstleistungen im Einzelhandel am Beispiel eines Urban Entertainment Centers und Innenstädten. Dissertation. Bochum.

Henn, S. (2006): Regionale Cluster in der Nanotechnologie. Entstehung, Eigenschaften, Handlungsempfehlungen. Frankfurt a. M.

Henn, S. (2007): Ethnic Business Districts (Gutachten im Auftrag der Stadt Leipzig) Leipzig.

Hillmann, F. (1998): Türkische Unternehmerinnen und Beschäftigte im Berliner ethnischen Gewerbe. Berlin (=Discussion Paper FS I 98-107, Wissenschaftszentrum Berlin für Sozialforschung).

Idik, E.; Schnetger, M. (2004): Barrieren einer Migrantenökonomie und Bedingungen einer geeigneten Förderstruktur. In: Hanesch, W.; Krüger-Conrad, K. (Hrsg.): Lokale Beschäftigung und Ökonomie. Herausforderungen für die ‚soziale Stadt'. Wiesbaden, 163-183.

ILS [Institut für Landes- und Stadtentwicklungsforschung des Landes Nordrhein-Westfalen] (Hrsg.) (2003): Potenziale der Wohneigentumsbildung von Migrantinnen und Migranten in benachteiligten Stadtteilen. Dortmund.

Jung, M.; Abaci, K. (o. J.): Migranten als Unternehmer in Deutschland. Berlin (VDG-Fachbeiträge). URL: http://www.vdg-forum.de/fachbeitraege/vdg-migranten1.pdf, Abruf:

Leicht, R. (2005): Charakteristika, Ressourcen und Probleme selbständiger Migranten. Thesenpapier Fachtagung „Small Business und Lokale Ökonomie", PROFI Mannheim 21.04.2005. Mannheim.

Leicht, R.; Leiß, M. (2006): Bedeutung der ausländischen Selbständigen für den Arbeitsmarkt und den sektoralen Strukturwandel. Mannheim.

Leicht, R.; Leiß, M.; Zimmer-Müller, M. et al. (2005): Die Bedeutung der ethnischen Ökonomie in Deutschland. Push- und Pull-Faktoren für Unternehmensgründungen ausländischer und ausländischstämmiger Mitbürger. Mannheim.

Maskell, P.; Lorenzen, M. (2004): The Cluster as Market Organization. In: Urban Studies 41 (5-6), 991-1009.

Morales, M. C. (2004): Ethnic Niches, Pathway to Economic Incorporations or Exploitation? Labor Market Experiences of Latina/os. Dissertation Submitted to the Office of Graduate Studies of Texas A&M University in Partial Fulfillment of the Requirements for the Degree of Doctor of Philosophy. Ohne Ort.

Ohliger, R.; Reiser, U. (2005): Integration und Migration in Berlin. Zahlen – Daten – Fakten. Berlin.

Özcan, V. (2004): Ausländische Selbständige in Deutschland. In: Hanesch, W.; Krüger-Conrad, K. (Hrsg.): Lokale Beschäftigung und Ökonomie. Herausforderungen für die ‚soziale Stadt'. Wiesbaden, 137-161.

Pamuk, A. (2004): Immigrant Clusters and Homeownership in Global Metropolises: Suburbanization Trends in San Francisco, Los Angeles, and New York. Ohne Ort (=Working Paper 2004-02, Institute of Urban and Regional Development, University of California at Berkeley).

Plahuta, S. (2004): Die Bedeutung von schulischen und beruflichen Qualifikationen für die Integration durch ethnische Ökonomie. Arbeitspapier, vorgestellt im Rahmen der Fachtagung des Ausländerbeauftragten der badenwürttembergischen Landesregierung am 29. November 2004 zum Thema „Migranten als Unternehmer – ein Beitrag zur Integration oder ein Wegbereiter ethnischer Abkapselung?". Stuttgart.

Porter, M. E. (1990): The Competitive Advantage of Nations. New York.

Porter, M. E. (1998): Cluster und Wettbewerb: Neue Aufgaben für Unternehmen, Politik und Institutionen. In: Porter, M. E. (Hrsg.): Wettbewerb und Strategie. München, 207-302.

Portes, A. (1981): Modes of Structural Incorporation and Present Theories of Labor Immigration". In: Kritz, M.; Kelley, C. B.; Tomasi, S. (Hrsg.): Global Trends in Migration: Theory and Research on International Population Movements. New York, 279-297.

Portes, A.; Jensen, L. (1987): What's an Ethnic Enclave? The Case for Conceptual Clarity. In: American Sociological Review 52, 768-771.

Portes, A.; Shafer, S. (2006): Revisiting the Enclave Hypothesis. Miami 25 Years Later. Ohne Ort (=CMD Working Paper #06-10; Princeton University).

Pütz, R. (2000): Von der Nische zum Markt? Türkische Einzelhändler im Rhein-Main-Gebiet. In: Escher, A. (Hrsg.): Ausländer in Deutschland. Probleme einer transkulturellen Gesellschaft aus geographischer Sicht. Mainz, 27-39.

Regioconsult (Hrsg.) (2006): Unternehmen der „ethnischen Ökonomie" als Zielgruppe im Rahmen des Standortmarketing für Gebiete des Stadtumbau West. Kurzstudie im Auftrag der Senatsverwaltung für Stadtentwicklung Berlin. Berlin.

Schader-Stiftung; Deutscher Städtetag; GDW Bundesverband Deutscher Wohnungs- und Immobilienunternehmen et al. (Hrsg.) (2005): Zuwanderer in der Stadt. Empfehlungen zur stadträumlichen Integrationspolitik. Darmstadt.

Schamp, E. W. (2001): Reorganisation metropolitaner Wissenssysteme in Spannungsfeld zwischen lokalen und nicht-lokalen Anstrengungen. In: Zeitschrift für Wirtschaftsgeographie 45 (3-4), 231-245.

Schuleri-Hartje, U.; Floeting, H.; Reimann, B. (2005): Ethnische Ökonomie. Integrationsfaktor und Integrationsmaßstab. Darmstadt, Berlin (Praxis + Theorie, Schader-Stiftung).

Schuleri-Hartje, U.-K. (2007): Rolle, Funktion und Bedarfe ethnischer Ökonomie im Stadtteil. URL: http://www.stadtteilarbeit.de/seiten/theorie/-schuleri_hartje/ethnische_oekonomie.htm,10.10.2007.

Stadt Heidelberg (Hrsg.) (1994): Angsträume in Heidelberg. Das Sicherheitsempfinden von Frauen in ihrer Stadt. Heidelberg.

Stadt Nürnberg (Hrsg.) (o. J.): Integrationsprogramm Teil II. Ethnische Ökonomie. URL: http://www.nuernberg.de/imperia/md/content/internet/-obm/integration/ethnische_oekonomie.pdf, Abruf: 10.10.2007.

Wilson, K.; Portes, A. (1980): Immigrant Enclaves: An Analysis of the Labor Market Experiences of Cubans in Miami. In: American Journal of Sociology 86 (September), 295-319.

KRISTIN LEIMER

Ethnic Business District Leipziger Osten – Eine Betrachtung der zwischenbetrieblichen Ebene ethnischer Ökonomien

1 Theoretische Basis

Bei der Definition ethnischer Ökonomien werden verschiedene Begrifflichkeiten verwendet. Mit dem Begriff Ethnic Business werden zunächst Selbständige und Arbeitgeber sowie deren Angestellte aus einer ethnischen Gruppe beschrieben (Light/Gold 2000, 4). Dabei bezieht sich „ethnic" auf eine Reihe von Verbindungen und Kontakten zwischen Personen mit gleichem nationalen Hintergrund oder gleichen Migrationserfahrungen, während Ethnizität selbst als die Selbstidentifizierung mit einer bestimmten ethnischen Gruppe verstanden werden kann. Die Mitglieder der ethnischen Gruppen sind durch soziale Strukturen wie Verwandtschaft und Freundschaft im Rahmen eines sozialen Netzwerks miteinander verbunden. Darüber hinaus besteht durch Arbeitsverhältnisse, Wohnsituation und gesellschaftlichen Austausch zusätzlich eine Verknüpfung mit anderen sozialen Netzwerken (Waldinger et al. 1990, 33f). Im Rahmen der Analyse ethnischer Ökonomien wird nur derjenige Teil der Wirtschaft betrachtet, der durch Angehörige der ethnischen Gruppe entwickelt und geprägt wurde. Beschäftigte aus anderen Teilen der Wirtschaft, die dennoch Angehörige dieser ethnischen Gruppe sind, werden nicht betrachtet. Der Begriff ethnic business setzt dabei nicht notwendigerweise eine Migration voraus. Es kann auch die Ökonomie einer ethnischen Minderheit beschrieben werden, die traditionell in dem Land ansässig ist (Haberfellner et al. 2000, 12f.). Der oftmals auch verwendete Begriff des Immigrant Business bezeichnet im Gegensatz dazu strenggenommen die ökonomische Aktivität von Personen, die in einem anderen Land geboren wurden und in das jeweilige Zielland eingewandert sind (ebd., 13).

Oftmals wird anstelle von Ethnic Business oder Immigrant Business auch synonym von Ethnischer Ökonomie gesprochen (Bonacich/Modell 1980; Ohliger/Raiser 2005). Nach Schuleri-Hartje et al. (2005, 21) beschreibt Ethnische Ökonomie „die selbständige Erwerbstätigkeit von Personen mit Migrationshintergrund in Deutschland oder die abhängige Beschäftigung in von ihnen geführten Betrieben, die in einem spezifischen Migrantenmilieu verwurzelt sind". Diese Definition liegt auch den folgenden Betrachtungen zugrunde.

Obwohl in vielen bisherigen Studien (z. B. Hillmann 1998; Leicht et al. 2005; Pütz 2000; Schuleri-Hartje et al. 2005) die verschiedenen ethnischen Gruppen überwiegend getrennt untersucht wurden, kann man einige Charakteristika ethnischer Ökonomien definieren. Dazu gehören zunächst die spezifischen Merkmale der Unternehmer mit Migrationshintergrund. Das Eintrittsalter bei Unternehmensgründung der meist männlichen Gründer liegt unter dem deutschen Durchschnitt (Idik/Schnetger 2004, 172). In den letzten Jahren zeichnete sich jedoch auch eine zunehmende Gründungsneigung bei Frauen ab (Henn 2007, 10).

Ethnische Unternehmensgründungen erfolgen meist in Märkten im Dienstleistungssektor. Häufig ist keine gesonderte Ausbildung nötig und auch die Kosten zur Unternehmensgründung sind gering (Schuleri-Hartje et al. 2005, 36). In verschiedenen Untersuchungen konnte eine Konzentration der ethnischen Unternehmen auf die Bereiche Gastronomie und Handel (Leicht et al. 2005, 27; Schuleri-Hartje et al. 2005, 29; Pütz 2000, 27) belegt werden.

Ein weiteres gemeinsames Merkmal der ethnischen Ökonomien ist die hohe Bedeutung der familiären und ethnischen Solidarität. Diese spielt zunächst eine Rolle bei der Finanzierung der Selbstständigkeit durch Privatkredite von Verwandten, Freunden oder Mitgliedern anderer ethnischer Netzwerke (Schuleri-Hartje et al. 2005, 36). Zudem gehören 4/5 der Mitarbeiter derselben ethnischen Gruppe an wie der Unternehmensinhaber. Des Weiteren machen mithelfende

Familienangehörige einen großen Anteil der Beschäftigungsstruktur aus (Leicht 2005, 15). Dies erhöht die Flexibilität der ethnischen Unternehmer, geht jedoch auch mit teilweise ausbeuterischen Verhältnissen wie langen Arbeitszeiten und geringem oder keinem Lohn einher (Schuleri-Hartje et al. 2005, 32). Beschäftigung in der ethnischen Ökonomie wird nach Leicht et al. (2005, 15) vor allem von „der übermäßigen Zuwendung zu den arbeitsintensiven Branchen einerseits und der Ferne zu den ‚wissensintensiven' Branchen anderseits" geprägt.

Ethnische Solidarität spielt auch in den Unternehmerbeziehungen eine Rolle. Daher sind selten andere Ethnien in die vertikalen Verflechtungen der Unternehmen einbezogen (Schuleri-Hartje et al. 2005, 32f). Auch die Kunden kommen zum Großteil aus der eigenen ethnischen Gruppe (Hillmann 1998, 4; Leicht et al. 2005, 15; Pütz 2000, 30).

Ethnische Unternehmen sind meist Klein- und Kleinstunternehmen, die vergleichsweise selten wachsen. Mehr als 93% der Unternehmen haben maximal 10 Mitarbeiter. Rund 45 % sind Einpersonenunternehmen. Die kleinbetriebliche Organisation spiegelt die Branchenstruktur ethnischer Unternehmer wider und resultiert zudem aus der relativ kurzen Aufenthaltsdauer der Gründer, die bisher für umfassende Wachstumsprozesse noch nicht ausgereicht hat (Schuleri-Hartje et al. 2005, 35).

Ein weiteres Merkmal ethnischer Ökonomie ist deren räumliche Konzentration. Bei der Betrachtung der Makroebene befinden sich diese in Ballungsräumen, mikroräumlich betrachtet in Stadtteilen mit hohem Migrantenanteil (Idik/Schnetger 2004, 170; Schuleri-Hartje et al. 2005, 32).

2 Ethnische Ökonomie aus räumlicher Perspektive

Im Folgenden sollen verschiedene Konzepte vorgestellt werden, die zur Abbildung und Erklärung lokaler räumlich konzentrierter ethnischer Ökonomien entwickelt wurden (vgl. Henn 2007, 12f).

2.1 Enklavenökonomie

Der Ansatz der Enklavenökonomie beruht auf dem Konzept der Arbeitsmarkt-segmentierung, einer Erweiterung der Theorie der Dualen Ökonomie, gemäß derer es in kapitalistischen Gesellschaften zu einer Konzentration von Minder-heiten auf dem zweiten Arbeitsmarkt kommt. Dieser ist durch geringe Qualifi-kation und niedrige Löhne gekennzeichnet (Wilson/Portes 1980). Die Arbeit von Wilson/Portes (1980) beschreibt die Enklave neben dem primären und dem sekundären als gesonderten Arbeitsmarkt. In diesem werden Beschäftigte der eigenen ethnischen Gruppe der Enklave höher entlohnt als außerhalb. Heute be-schreibt der Begriff Enklavenökonomie zumeist eine spezifische räumliche Or-ganisationsform der ethnischen Ökonomie, die durch „räumliche Konzentration von Unternehmen, starke ökonomische Interdependenzen mit der community und einer Konzentration von Landsleuten als Beschäftigte" (Haberfellner et al. 2000, 13) gekennzeichnet ist. Weitere Merkmale sind ergänzende Waren- und Dienstleistungsangebote für die Quartiersbevölkerung sowie die Schaffung von Arbeits- und Ausbildungsplätzen, vor allem für Angehörige der eigenen ethni-schen Gruppen. In der Außenwirkung können Enklavenökonomien auch als Be-reicherung des Stadtlebens empfunden werden und die Standorte aufwerten. Im negativen Fall können sie aber auch zur Entstehung von Parallelgesellschaften beitragen.

2.2 Ethnische Kolonie

Der Begriff Ethnische Kolonie stammt aus der frühen Einwanderungsforschung. Er bezieht sich auf den Umstand, dass Migranten im Zuge der Urbanisierung und Industrialisierung häufig in Fabriken beschäftigt waren und in geschlosse-nen Siedlungen lebten, die sich meist außerhalb oder in Randlage eines Ortes befanden (Heckmann 1992, 97; Haberfellner et al. 2000, 18). Der Begriff der Ethnischen Kolonie wird dabei mehrdimensional verstanden. Er beschreibt ein vielseitiges formelles und informelles Netzwerk an Beziehungen einer Gruppe von Migranten sowie den Raum, in dem sie leben (Haberfellner et al. 2000, 18; Henn 2007, 13). Laut Heckmann (1992, 110f.) kann man in einer ethnischen Kolonie nicht von einer einheitlichen Kultur ausgehen. Zwar baut sie auf ethnischen Gemeinsamkeiten auf, sie umfasst jedoch eine Vielzahl von verschiedenen Gruppen, die stark zersplittert, inhomogen oder uneinig sein können. „Die vermeintliche Einheit der ethnischen Kolonie ist also eher eine Außenansicht, entspricht jedoch nicht den inneren Verhältnissen" (Haberfellner et al. 2000, 19). Die Koloniebildung ist, im Gegensatz zur Ghettobildung, eine freiwillige Aufnahme oder Weiterführung der innerethnischen Beziehungen (Heckmann 1998, 31). Soziale Netzwerke können durch Kettenwanderungen in die Zielgesellschaft „verpflanzt" (ebd., 33) werden. Die spezifischen Bedürfnisse der Migranten werden selbstorganisatorisch erfüllt, was unter anderem die Einwanderung für den Einzelnen erleichtert (ebd., 31f.). So findet man in ethnischen Kolonien ein weit verzweigtes Netzwerk von institutionellen und informellen Kommunikationsplattformen, zu denen Vereine, religiöse Gemeinschaften, politische Organisationen, spezifische ethnische Medien, ethnische Ökonomien und informelle soziale Treffpunkte gehören (Haberfellner et al. 2000, 19).

Es können eine Reihe positiver Funktionen der ethnischen Kolonien herausgestellt werden (ebd., 20f.). Dazu zählen u. a.:

- die Bereitstellung eines unterstützenden Umfeldes für Neueinwanderer,
- die Persönlichkeitsstabilisierung der Migranten über die Praktizierung ihrer Herkunftskultur,
- die damit verbundene Reduzierung des Lern- und Anpassungsdrucks, der mit der Migration einhergeht,
- die Selbsthilfe durch Mobilisierung und Nutzung informeller Netzwerke,
- Sozialisation und soziale Kontrolle sowie
- Interessensvertretung und Repräsentation.

Werden die Migranten dauerhaft von der Mehrheitsgesellschaft ausgeschlossen und stoßen kontinuierlich neue Migranten mit Denkweisen aus der Herkunftsgesellschaft zu der Kolonie hinzu, besteht jedoch auch die Gefahr einer Ghettobildung bzw. die Entstehung einer Parallelgesellschaft (Heckmann 1998, 35f.; Schuleri-Hartje et al. 2005, 38).

2.3 Ethnic Business Districts (EBD)

Die Konzepte der Enklavenökonomie und der ethnischen Kolonie beziehen sich zwar auf kleinräumige Ballungen ethnischer Akteure, können aber (regional)ökonomische Implikationen nicht hinreichend präzise abbilden. So betrachten die Konzepte ethnische Ökonomien und die damit in Beziehung stehenden sozialen Netzwerke lediglich als eine Form der Migrantenselbstorganisation, nicht aber die zwischen den Unternehmen bestehenden Beziehungen bzw. die von ihnen ausgehenden regionalen Effekte (Henn 2007, 14).

Ausgehend von dieser Kritik wurde das Konzept der Ethnic Business Districts entwickelt, das sich an das Cluster-Konzept anlehnt. Letzteres betrachtet „eine nicht-zufällige Ansammlung von Unternehmen in ähnlichen oder stark komplementären Aktivitätsfeldern" (ebd., 15) und versucht, die damit verbundenen Auswirkungen auf die regionalwirtschaftliche Entwicklung zu beurteilen (Maskell/Lorenzen 2004, 1002). In Anlehnung an Porter (1990) wird zumeist davon ausgegangen, dass diese Auswirkungen positiv sind. Bislang wurde das Clusterkonzept überwiegend zur Analyse von High-Tech-Regionen genutzt und konnte darüber hinaus auch auf den Dienstleistungsbereich angewendet werden (u. a. Schamp 2001). Die Friedrich-Ebert Stiftung (2006) hat Clusterstrategien zudem als Instrument zur Aufwertung innerstädtischer Quartiere diskutiert. Auch zur Analyse von kleinräumigen Ballungen von Einzelhandelsunternehmen mit horizontalen und vertikalen Verflechtungen scheint es grundsätzlich geeignet (Henn 2007, 15). Um dem hohen Anteil der ethnische Ökonomien kennzeichnenden Familienbetrieben Rechnung zu tragen, schlägt Henn (2007, 16) in Anlehnung an das Konzept der Industriedistrikte jedoch vor, den Clusterbegriff durch den Distriktbegriff zu ersetzen. Daneben spielt ein wesentliches Merkmal von Industriedistrikten[1] – nämlich das zwischen den Akteuren bestehende Vertrauen und deren Einbettung (embeddedness) in ein „spezifisches sozikulturelles Umfeld" (Bathelt/Glückler 2003, 188) – auch in kleinräumigen Ballungen ethnischer Ökonomien eine wesentliche Rolle.

3 Aufbau und Analyseebenen des EBD

Der betriebliche Erfolg von Unternehmen im Ethnic Business District ist sowohl abhängig von unternehmensspezifischen Faktoren als auch von zwischenbetrieblichen Vernetzungen und Einflüssen aus dem Unternehmensumfeld. Daher erfolgt die Analyse auf drei Ebenen: der betrieblichen, der zwischenbetrieblichen und der Umfeldebene (Henn 2007, 20).

3.1 Betriebliche Ebene

Der Fokus der meisten bisherigen Arbeiten zur ethnischen Ökonomie lag klar auf der betrieblichen Ebene, die die spezifischen Herausforderungen ethnischer Unternehmen fokussiert und nach entsprechenden Lösungsansätzen sucht. Denn für diese Unternehmen ergeben sich neben den allgemeinen und sozialen Herausforderungen spezifische Hemmnisse, die ihr Wachstum und ihre Stabilität beeinträchtigen können. Folgende Beispiele mögen dies verdeutlichen: Oftmals bestehen bei Migranten Informationsdefizite im Hinblick auf verschiedene gründungsrelevante Aspekte. Dies hat seine Ursache zum Einen bei den Migranten selbst, die aufgrund vorhergehender oder unvermuteter negativer Erfahrun-

---

[1] Bezugnehmend auf die Konzeptualisierung der italienischen Industriedistrikte (BATHELT/GLÜCKLER 2003, 187f.).

gen mit staatlichen Einrichtungen keine Beratungsstellen aufsuchen. Zum Anderen können die Ursachen aber auch bei den Beratungsstellen liegen, die Migranten nicht als Zielgruppe betrachten (Idik/Schnetger 2004, 174ff.). Aber auch Hürden seitens des Gesetzes, wie bei der Erlangung eines Aufenthaltstitels bzw. einer Gewerbeerlaubnis oder dem Anerkennen von Qualifikationsnachweisen erschweren die Existenzgründung durch Migranten. Oftmals scheitert zudem die Finanzierung durch Banken, da Sicherheiten und Eigenkapital fehlen (ebd., 177). Schließlich sind Migranten neben den aufgeführten institutionellen auch personenbezogenen Hemmnissen ausgesetzt. Sie verfügen meist nur über ein geringes allgemeines Qualifikationsniveau und wenig gründungsspezifische Kenntnisse bezüglich EDV, Marketing etc., was die Überlebensfähigkeit der Unternehmen beeinträchtigt (Leicht et al. 2005, 21).

3.2 Zwischenbetriebliche Ebene

3.2.1 Horizontale Dimension

Die horizontale Dimension eines EBDs umfasst Unternehmen, die auf gleicher Wertschöpfungsstufe und somit miteinander in Wettbewerb stehen. Auch wenn sie nicht durch intensive Austauschbeziehungen miteinander verflochten sind oder in engem Kontakt zueinander stehen, so können sie sich doch aufgrund der räumlichen Nähe zueinander gegenseitig intensiv beobachten und die verwendeten Einsatzfaktoren bzw. erzeugten Produkte vergleichen (Bathelt/Glückler 2002, 213). Das Wissen der Konkurrenten kann so für den eigenen Betrieb genutzt werden. Oft beobachtet man sogar ein vollständiges Kopieren erfolgreicher Geschäftskonzepte (Leicht et al. 2005, 21f.). Neben dem verstärkten Wettbewerb führt die räumliche Nähe aber auch zum gegenseitigen Aushelfen zwischen eigentlich konkurrierenden Unternehmen (Pütz 2003, 268). Laut Henn (2007, 21) kann darüber hinaus die Ballung von Unternehmen, die ähnliche Produkte oder Dienstleistungen anbieten, auch als ein Alleinstellungsmerkmal aufgefasst werden, durch dessen geeignete Vermarktung das oftmals negative Image des betreffenden Stadtteils verbessert werden kann.

3.2.2 Vertikale Dimension

Ein wesentliches Kennzeichen räumlicher Konzentrationen ethnischer Unternehmen sind auch vertikale Beziehungen zwischen Akteuren, obgleich diese jedoch nicht in jeder Untersuchung nachgewiesen werden konnten (Hillmann 1998, 4; Schuleri-Hartje et al. 2005, 32). Die vertikale Dimension besteht aus Zuliefer- und Abnehmerbeziehungen von Unternehmen zu vor- und nachgelagerten Einheiten einer Wertschöpfungskette. Diese ergeben sich oft als Folge einer ausgeprägten horizontalen Dimension, da so Skaleneffekte realisiert werden können. Durch die räumliche Nähe der Unternehmen im EBD ergibt sich eine Reihe von Vorteilen. Neben der Realisierung geringer Transport- und sonstiger Transaktionskosten (diese sind jedoch produktabhängig) haben Lieferanten und Abnehmer in einem Cluster die Möglichkeit, leicht und ohne großen Aufwand mit den Produzenten in Kontakt zu treten und diese zu Produkt- bzw. Verfahrensinnovationen anzuregen (sog. interaktives Lernen). Hier lassen sich Parallelen zu dem von Bathelt/Glückler (2000, 175) beschriebenen Clusterkonzept ziehen. Eine Analyse der lokal vorhandenen Wertschöpfungsstufen und die Aufdeckung möglicher Lücken können seitens des Quartiersmanagements zur gezielten Ansiedlung neuer ethnischer Unternehmen oder zur stärkeren Einbeziehung bereits vorhandener Unternehmen genutzt werden (Henn 2007, 22f.).

3.2.3 Externe Dimension

Die externe Dimension eines Ethnic Business Districts betrifft die Verbindungen seiner Unternehmen zu außerhalb des EBD befindlichen Akteuren. Dabei können Beziehungen auf räumlicher Betrachtungsebene zu Akteuren außerhalb der unternehmerischen Konzentration des EBD sowie Beziehungen zu Unternehmen der ‚sonstigen Ökonomie' unterschieden werden (Henn 2007, 23).

Bei den Beziehungen zu Akteuren außerhalb des EBD spielen die Verbindungen zum Ausland eine besondere Rolle. Viele Migranten überweisen regelmäßig Teile ihres Einkommens (sog. Remittances) an Verwandte in ihrer Herkunftsregion. Umgekehrt fließen aber auch Waren aus dem Ausland auf den deutschen Markt. Dies sind zumeist Produkte, die die speziellen Konsumbedürfnisse der Migranten erfüllen und auf dem hiesigen Markt noch nicht angeboten wurden. Eine Kenntnis von diesen Beziehungen kann helfen, hemmende Faktoren (z. B. spezifische Transport-, Ein- und Ausfuhrbestimmungen) zu erkennen und zu beseitigen, um zur wirtschaftlichen Stabilisierung der Unternehmen beizutragen (ebd.). Durch ihre mehrstufigen Lieferantenketten geben ethnische Unternehmen auch positive Impulse auf die jeweils vorgelagerten Stufen der Wertschöpfungskette. Dadurch tragen sie dazu bei, auch in Unternehmen in der restlichen Ökonomie Arbeitsplätze zu schaffen bzw. bestehende zu sichern (Idik/Schnetger 2004, 174).

3.3 Umfeldebene

Die Umfeldebene umfasst alle Einflussfaktoren, die außerhalb der Handlungsmacht der Unternehmen liegen, deren betrieblichen Erfolg jedoch mittelbar oder unmittelbar beeinflussen. Dabei kann zunächst das infrastrukturelle Umfeld betrachtet werden. Ethnic Business Districts befinden sich meist in benachteiligten Stadtteilen, die durch den sanierungsbedürftigen Zustand von Immobilien und das schmutzige Erscheinungsbild ein negatives Image nach außen vermitteln. Dies kann bei den Akteuren vor Ort ein Gefühl von Benachteiligung auslösen und darüber hinaus zu einem sich selbst verstärkenden Kreislauf aus fehlenden Investitionen und sozialer Segregation führen. Daher sollte die Image-Aufwertung, neben einem wichtigen Schwerpunkt der Stadterneuerung, auch als

Förderung der lokalen ethnischen Ökonomie betrachtet werden (Henn 2007, 23f.).

Auch das institutionelle Umfeld hat eine nicht zu unterschätzende Bedeutung für das Bestehen ethnischer Ökonomien. Die bereits im Konzept der ethnischen Kolonie angesprochene Selbstorganisation durch institutionelle Vernetzung beschränkt sich nicht mehr nur auf Kultur- und Traditionspflege, sondern stellt vielmehr Beratungs- und Betreuungsleistungen in den Vordergrund. Dadurch können Interessen und Probleme mit der Mehrheitsgesellschaft kommuniziert werden, gleichzeitig aber auch die Mitglieder der eigenen ethnischen Gruppe bei unternehmensspezifischen Fragestellungen unterstützt werden (Idik/Schnetger 2004, 180; Schuleri-Hartje et al. 2005, 32). Kooperationen zwischen Unternehmern unterschiedlicher Ethnien, die meist ähnliche Interessen und Probleme haben, können die Außenwirkung und somit die Durchsetzungsfähigkeit der lokalen Ökonomie erhöhen (Schuleri-Hartje et al. 2005, 33).

4 Struktur des Untersuchungsgebiets

Das Untersuchungsgebiet Leipziger Osten umfasst die Ortsteile Neustadt-Neuschönefeld, Volkmarsdorf sowie Teile von Reudnitz und Anger-Crottendorf. Es ist geprägt von gründerzeitlichen Blöcken und einem großen Anteil innerstädtischer Plattenbauten mit einer hohen Leerstandsquote und niedrigen Sanierungsgrad. Momentan leben mehr als 32.500 Einwohner in diesem Gebiet. Der Anteil an Arbeitslosen ist sehr hoch und das durchschnittliche Nettoeinkommen niedrig. Während in Leipzig im Durchschnitt 9,7 % der Einwohner einen Migrationshintergrund haben, liegt der Anteil im Leipziger Osten bei ca. 30 %. Der Stadtteil leidet unter einer negativen Außenwahrnehmung. Kriminalität und Drogenhandel werden als stark ausgeprägt wahrgenommen (siehe hierzu auch die Beiträge von Glorius/Hanslmeier/Schulz und von Pink in diesem Band). Zudem ist die Wirtschaft des Leipziger Ostens als insgesamt nur schwach ausgeprägt zu bewerten.

Im Leipziger Osten gibt es derzeit 743 Unternehmen, von denen 18 % von Unternehmern mit Migrationshintergrund geführt werden. Wie Abb. 1 zeigt, sind die ethnischen Unternehmen hauptsächlich in den Branchen Einzelhandel (32 %, N137) und personenbezogene Dienstleistungen (55 %) tätig. Zu den personenbezogenen Dienstleistungen zählen neben Gastronomie bzw. Vergnügungsstätten auch Apotheken, medizinische Dienstleistungen, Telekommunikation, Bildung sowie das Übernachtungsgewerbe und Consulting. In diesem Bereich haben Unternehmen der Gastronomie bzw. Vergnügungsstätten mit 64 % den größten Anteil.

Abb. 1: Branchenverteilung ethnischer Unternehmen im Leipziger Osten (N=137) (Quelle: Kartierung der Fachgruppe Wirtschaftsgeographie, Martin-Luther-Universität Halle-Wittenberg, September 2009)

Bezogen auf alle ethnischen Unternehmen im Leipziger Osten ist der überwiegende Anteil (68 %) demnach dem Einzelhandel und der Gastronomie zugeordnet. Die vergleichsweise hohe räumliche Konzentration dieser Unternehmen lässt die Existenz zwischenbetrieblicher Beziehungen auf horizontaler und vertikaler Ebene vermuten und bildet daher die Basis für die vorliegende Untersuchung. Der Bereich Einzelhandel wird von Lebensmittel- und Textilgeschäften dominiert. Letztere werden vor allem von Vietnamesen und Indern geführt. Im Bereich der Lebensmittelgeschäfte und Gastronomie stammen die Unternehmensinhaber überwiegend aus Vietnam und dem Nahen Osten (Iraker, Kurden, Türken).

5 Qualitative Untersuchung der zwischenbetrieblichen Ebene

5.1 Methodik

In Anlehnung an das Ethnic Business District-Konzept, welches in Kapitel 3 vorgestellt wurde, wurde in Vorbereitung der Untersuchung ein Schema entwickelt, welches einen Überblick über die Dimensionen zwischenbetrieblicher Vernetzung ethnischer Unternehmen gibt (Abb. 2).

Im Zentrum der Abbildung ist die lokale ethnische Ökonomie abgebildet, welche sowohl horizontale als auch vertikale Verflechtungen aufweist. Dabei beschreibt die horizontale Dimension die Verbindungen zwischen Unternehmen derselben Branche. A1 und A2 sowie B1 und B2 stellen symbolisch jeweils Unternehmer dar, die vergleichbare Produkte anbieten. Exemplarisch wurden im mittleren Teil Unternehmen des Einzelhandels (A1 und A2) und der Gastronomie (B1 und B2) abgebildet. Das Schema ließe sich jedoch um beliebig viele Unternehmen derselben (A3,...,An) und anderer Branchen (C1,..., Cn) erweitern. Gemäß den konzeptionellen Betrachtungen aus Kapitel 3.2 ist hier zu untersuchen, ob es sich um Konkurrenz- oder Kooperationsbeziehungen handelt. Darüber hinaus stellt sich die Frage nach dem Formalisierungsgrad vorhandener Kooperationsbeziehungen, z. B. in Form von Einkaufsnetzwerken. Die vertikale Dimension bezieht sich auf Zuliefer- und Absatzbeziehungen zwischen den im

Leipziger Osten ansässigen ethnischen Unternehmern. Wie bereits ausgeführt, konnte diese Dimension nicht in allen Untersuchungen zum Thema ethnische Ökonomie nachgewiesen werden. Diese vertikalen Beziehungen werden in Abb. 2 durch Verbindungen zwischen Unternehmen A1 und B1 und A2 und B2 symbolisiert. Auch hier ließe sich das Schema um Unternehmen vor- oder nachgelagerter Wertschöpfungsstufen erweitern (C1,…,Cn; D1,…Dn;…). Sowohl bei der Betrachtung der vertikalen als auch der horizontalen Dimension gilt es zu prüfen, welche Rolle der informelle Austausch von Produkten oder auch von Arbeitskräften spielt bzw. ob institutionelle Vernetzungen von Unternehmern der ethnischen Ökonomie bestehen. Schließlich soll analysiert werden, ob sich in diesem Zusammenhang Unterschiede zwischen den einzelnen ethnischen Gruppen ausmachen lassen.

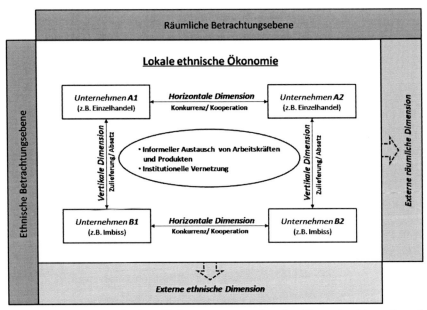

Abb. 2: Schema der zwischenbetrieblichen Vernetzung ethnischer Ökonomien (eigene Darstellung)

© Frank & Timme Verlag für wissenschaftliche Literatur

Die Untersuchung der externen Dimension wird dabei in eine räumliche und eine ethnische Dimension differenziert werden. Die externe ethnische Dimension umfasst alle Beziehungen zur einheimischen Wirtschaft im Leipziger Osten. Dazu zählen Zuliefer- und Absatzbeziehungen sowie institutionelle Verflechtungen. Die externe räumliche Dimension ist unabhängig von der ethnischen Zugehörigkeit und umfasst Zuliefer- und Absatzbeziehungen zu Unternehmern außerhalb des Leipziger Ostens. Dazu zählen alle regionalen, überregionalen und internationalen Standorte außerhalb des Untersuchungsgebiets.

Im Rahmen der vorliegenden Untersuchung wurden 29 leitfadengestützte Interviews mit ethnischen Unternehmern aus den Bereichen Lebensmittel- und Textileinzelhandel sowie Gastronomie durchgeführt. Der überwiegende Anteil der Befragten hat seinen Unternehmensstandort in der Eisenbahnstraße. Die Interviewpartner wurden zunächst gemeinsam mit einer interkulturellen Beratungsstelle[2] im Untersuchungsgebiet ausgewählt. Im Hinblick auf mögliche Verständigungsschwierigkeiten wurden die ersten Interviews von Mitarbeitern der Beratungsstelle begleitet, welche die Muttersprache der Unternehmensinhaber beherrschen. Trotz gewisser Sprachbarrieren war es möglich, die Interviews mit vereinfachten Fragestellungen in Deutsch durchzuführen. Die Begleitung durch Muttersprachler war dadurch im weiteren Verlauf der Befragung nicht erforderlich. Mit deren Abwesenheit konnten zudem auch Hemmnisse im Auskunftverhalten auf der Seite der Befragten verringert werden. Die Auswahl der Befragungsteilnehmer wurde unter Berücksichtigung einer Gleichverteilung der Branchenzugehörigkeit vorgenommen. Die Interviews wurden während der Geschäftszeiten in den jeweiligen Geschäftsräumen durchgeführt. Schwierigkeiten

---

[2]   Die Beratungsstelle unterstützt Migranten im Leipziger Osten bei der Arbeits- und Wohnungssuche, Aus- und Weiterbildung und im Umgang mit Behörden und Rechtsfragen. Durch die langjährige Arbeit im Untersuchungsgebiet bestehen Kontakte zu ansässigen Unternehmern. Ein Großteil der Mitarbeiter hat ebenfalls einen Migrationshintergrund.

ergaben sich zum Teil durch Unterbrechungen der Interviews aufgrund des laufenden Kundenverkehrs. Es konnten 11 Unternehmer aus dem Bereich Gastronomie, 10 aus dem Bereich Lebensmittel- sowie 8 Unternehmen aus dem Bereich Textileinzelhandel befragt werden. Die Gespräche dauerten je nach Kundenverkehr, Sprachkenntnissen und Motivation der Interviewpartner zwischen 5 und 25 Minuten. Der den Interviews zugrundeliegende Leitfaden gliedert sich in drei Themenblöcke. Inhaltliche Schwerpunkte bilden dabei das Produktsortiment, Zuliefer- und Absatzbeziehungen sowie Kooperationen.

Ergänzend wurden vier leitfadengestützte Experteninterviews geführt. Interviewpartner waren drei Mitarbeiter der interkulturellen Beratungsstelle sowie ein ehemaliger Mitarbeiter der IHK mit langjähriger Erfahrung auf dem Gebiet der ethnischen Ökonomien.

5.2 Auswertungen

5.2.1 Horizontale Dimension

Im Leipziger Osten haben sich die Unternehmer nur auf wenige Branchen wie den Einzelhandel, vor allem in den Bereichen Lebensmittel und Textilien, sowie auf die Gastronomie, spezialisiert. Da sich die Unternehmensstandorte im Leipziger Osten räumlich konzentrieren, sind vor allem die Beziehungen in der horizontalen Dimension stark ausgeprägt.

Kooperationen finden im informellen Rahmen statt und sind stark auf die eigene ethnische Gruppe begrenzt. Dies wurde besonders bei vietnamesischen Unternehmen deutlich, wobei hier laut einem Interviewpartner auch die Zugehörigkeit zu einer der drei großen, in Leipzig ansässigen Familien eine bedeutende Rolle spielt. Nach seinen Angaben bestehen Kooperationen ausschließlich innerhalb der gleichen Familie. Zwischen den verschiedenen Familien existieren dagegen trotz Zugehörigkeit zur gleichen ethnischen Gruppe keine Verbindungen.

Die Weitergabe von Informationen über günstige Angebote der Großhändler kann in diesem Zusammenhang als ein Beispiel der Kooperation angeführt werden:

> *„[...] meine Kumpel, Bekannte verkaufen auch Textilien und die fahren dorthin und sagt mir: Gibt Angebot heute" (Interview U04).*

Darüber hinaus werden gemeinsam große Warenposten gekauft, um für den Einzelnen einen Preisvorteil zu erlangen.

> *„Bei Gemüse gehen wir zusammen mit mehrere, da kann man besser kaufen. Weil so in einzelne Kisten ist teurer, wenn man ganze Palette kauft. Da machen wir manchmal zusammen, in Großmarkt" (Interview U03).*

Voraussetzung ist dabei ein Vertrauensverhältnis, welches meist nur im engeren sozialen und meist familiären Netzwerk herrscht. Durch die Einbettung der Unternehmen in dieses Netzwerk herrscht auch bei informellen ökonomischen Handlungen (wie dem Bezahlen von Waren ohne vertragliche Grundlage) ein beiderseitiges Vertrauen, dass auch informelle Vereinbarungen nicht gebrochen werden. Denn bei einem Missbrauch des Vertrauens würde sich dies nicht nur auf die Beziehung zwischen den beiden beteiligten Unternehmern auswirken, sondern auf ihr gesamtes Beziehungsnetzwerk.

> *„Unter uns verstehen wir uns besser, auch wegen Bezahlung. Er bezahlt vorher für mich, und abrechnen dann nachher. Aber bei den Anderen [ethnischen Gruppen, Anm. d. Verf.]...die haben auch unter sich" (Interview U03).*

Auch bei Unternehmern aus dem Nahen Osten spielt die Solidarität untereinander eine große Rolle. Die Zugehörigkeit zu einer Gruppe wird hier jedoch von mehreren Faktoren bestimmt. Dazu zählen Sprache, Herkunftsland oder -region sowie Religion und politische Einstellung. Die Gruppenzugehörigkeit erweitert oder verengt sich, je nach Betrachtungsebene.

Befreundete Unternehmer derselben Ethnie auf gleicher Wertschöpfungsstufe unterstützen sich oft gegenseitig. Da die meisten Lebensmittelhändler und Gastronomen aus Leipzig den Großteil ihrer Waren von Großhändlern mit gleicher Herkunft außerhalb von Leipzig (z. B. Berlin oder Hamburg) beziehen, entstehen für den Einzelnen beträchtliche Transportwege und damit verbundene Kosten. Daher werden befreundeten Unternehmern aus dem Leipziger Osten teilweise Einkäufe mitgebracht oder man hilft sich untereinander mit Waren aus:

> *„Wir unterhalten uns, was wir machen sollen. Und wenn die die Ware brauchen, dann holen wir die für die in Berlin. Wenn wir brauchen, dann holen wir. Wenn wir nicht gehen, dann die. Wir kennen uns schon länger. Haben wir uns unterhalten und dann geht das"* (Interview U14).

Auch folgende Aussage verdeutlicht derartige Formen zwischenbetrieblicher Zusammenarbeit:

> *„Wir arbeiten sowieso fast zusammen. Heute wir haben Ware gebracht den Nachbarn. Es fehlten bei ihm ein paar Sachen, wir haben für ihn mitgebracht"* (Interview U15).

Grundsätzlich geschehen derartige Kooperationen im engen Vertrauensverhältnis und bilden eher den Ausnahmefall. Auch wird wiederholt die Konzentration auf innerethnische Beziehungen deutlich: Interethnische Beziehungen innerhalb des EBD werden durch unterschiedliche Sprachen, Kulturen und Traditionen und somit fehlende Gemeinsamkeiten und die fehlende Vertrauensbasis erschwert. Die Errichtung eines formellen Einkaufsnetzwerkes auch innerhalb einer ethnischen Gruppe wird abgelehnt.

> *„Wenn man nicht selber macht, bekommt man manchmal schlechte Ware oder keine frische Ware. Also, das haben wir schon mal probiert. Jemand anderen dorthin geschickt, aber die ... ich weiß nicht ... also, lieber man selber dort hingeht und schaut und macht"* (Interview U05).

Im Bereich der Gastronomie ist eine besonders starke räumliche Konzentration vorhanden. Teilweise liegen Unternehmen Tür an Tür. Aus einem Interview geht hervor, dass es sich dabei jedoch um Unternehmer unterschiedlicher ethnischer Gruppen handelt, was für den Außenstehenden nicht immer deutlich wird. Mitglieder der eigenen Community würden nicht in solch direkte Konkurrenz treten, so der Interviewpartner. Trotz vieler am Standort existierender Unternehmen werden immer wieder Geschäftskonzepte kopiert und neue Geschäfte in bereits erschlossenen Märkten eröffnet. Bei den Befragungen der ethnischen Unternehmen nach einem möglichen Konkurrenzdruck gaben fast alle an, dass sie andere Unternehmen derselben Branche nicht als Konkurrenz betrachten, sondern vielmehr von deren Ballung profitieren:

„Es gibt auch Vorteile und Nachteile. Vorteile. Wenn hier viele Geschäfte, hier kommen Deutsche und ausländische Leute auch her. Nachteile: natürlich wird alles geteilt. Nachteile eigentlich kann man nicht sagen. Jeder krieg sowieso die Bewertung von den Kunden. Nachteile nehm ich zurück" (Interview U15).

Die Existenz von Lokalisationsvorteilen in der ethnischen Ökonomie wurde in den Experten-Interviews bestätigt. Auch hier wurde die ethnische Solidarität erneut deutlich, denn jeder Unternehmer verfügt über eine Mindestanzahl an Kunden aus der eigenen ethnischen Gruppe, die deren Existenz zunächst absichert.

Ein „Ausleihen" von Mitarbeitern zwischen den Unternehmen konnte im Rahmen der Unternehmerinterviews nicht festgestellt werden. Auch die Experten konnten dies nicht bestätigen. Dies geschieht ihrer Ansicht nach nur, wenn die Unternehmen denselben Inhaber haben. Ansonsten findet dies als formeller Arbeitgeberwechsel statt.

5.2 Vertikale Dimension

Die zwischenbetriebliche Vernetzung über Zuliefer- oder Absatzbeziehungen innerhalb des Ethnic Business Districts ist nur schwach ausgeprägt. Auch dies ist auf die Spezialisierung der Unternehmen auf bestimmte Branchen zurückzuführen, die meist auf den Verkauf an den Endkunden ausgelegt sind.

Vertikale Vernetzungen existieren nur zwischen Lebensmittelhändlern und Gastronomen. Döner-Imbisse und Grillhäuser kaufen beispielsweise halal[3] geschlachtetes Fleisch bei lokalen ethnischen Lebensmittelhändlern. Diese beziehen ihre Produkte hingegen, wie bereits beschrieben, bei Großhändlern meist außerhalb Leipzigs. Die Großhändler in den großen Ballungszentren wie Berlin, Hamburg und Braunschweig bieten spezielle Produkte, wie z. B. Halal-Fleisch an und haben auch importierte Produkte aus den Heimatländern der Migranten im Angebot, die man vor Ort nicht erwerben kann. Die Entscheidung, bei welchem Großhändler eingekauft wird, ist abhängig – wie in mehreren Interviews verdeutlicht wurde – von den Ansprüchen an Preis und Qualität, jedoch auch von persönlichen Kontakten und jahrelangen Geschäftsbeziehungen.

Exemplarisch für die vertikale Verflechtung der Unternehmer im EBD Leipziger Osten wird die Wertschöpfungskette im Bereich Gastronomie am Beispiel eines Döners in Abb. 3 illustriert. Diese gliedert sich in drei Abschnitte: Bereitstellung der Rohstoffe, Verarbeitung und Verkauf sowie Konsum. Die Bereitstellung der Rohstoffe erfolgt zunächst durch Großhändler außerhalb des EBD. Innerhalb des EBD findet die Produktion des Ausgangsprodukts Brot sowie der Weiter-

---

[3] *Halal* bezeichnet im Islam alle Dinge und Taten, die nach islamischem Recht erlaubt oder zulässig sind. Nach islamischem Ritus müssen geschlachtete Tiere vollständig ausbluten (Schachtung). Es gibt unterschiedliche Auslegungen der Koranregeln. Nach strengen islamischen Regeln ist eine vorherige Betäubung der Tiere nicht zulässig. Eine weitere Regel besagt, dass beim Schlachten eines jeden Tieres Allah angerufen werden muss. Das Essen von Fleisch nicht geschlachteter, verendeter Tiere ist nicht zulässig, also nicht *halal*.

verkauf weiterer Inputs statt. Jedoch können im Bezug auf die Ausgangsproduk-te auch Wertschöpfungsstufen übersprungen werden, indem das jeweilige Gast-ronomieunternehmen die Waren direkt beim Großhändler außerhalb des EBD kaufen. Dadurch gehen wirtschaftliche Impulse für die Unternehmen im EBD verloren. Nach der Produktion des Endprodukts Döner erfolgt dessen Verkauf an den Endkunden, der wiederum überwiegend von außerhalb des EBD stammt.

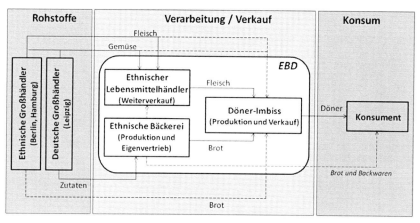

Abb. 3: Wertschöpfungskette Döner (eigene Darstellung)

Seit Februar 2009 erfolgen drei Produktion und der Verkauf von speziellen Backwaren innerhalb des EBD durch einen kurdischen Bäcker. Die auf die spe-ziellen Bedürfnisse der ethnischen Ökonomie ausgerichteten Waren werden an Lebensmittelhändler, Gastronomen und Endkunden aus fast allen ethnischen Gruppen verkauft.

> *„Also 20 Kunden war erst. Iran, Deutsche, Türken, verschiedene Kunden.*
>
> *Wir machen Fladenbrot. Warum?! Wegen Döner-Geschäft. Wir beliefern*
>
> *die Dönergeschäfte" (Interview U13).*

Die Vernetzung geht dabei auch über den EBD hinaus. Die Ausgangsprodukte werden außerhalb des EBD eingekauft. Das Mehl wird dabei von einem deutschen Großhändler aus dem Großraum Leipzig bezogen. Das produzierte Fladenbrot wird an Dönerimbisse und Lebensmittelgeschäfte sowohl im Leipziger Osten, als auch im gesamten Stadtgebiet von Leipzig verkauft. Die Inhaber der betreffenden Geschäfte sind dabei unterschiedlicher Herkunft, was darauf hindeutet, dass ein gemeinsamer ethnischer Hintergrund hier also nicht von Bedeutung ist. Die Lebensmittelgeschäfte im Leipziger Osten verkaufen dieses Fladenbrot dann an Gastronomieunternehmen im EBD weiter. Der Bäcker nimmt somit eine wichtige Rolle bei der vertikalen Vernetzung ein, da er am Anfang einer lokalen Wertschöpfungskette steht.

Im Textilbereich werden die Waren überwiegend vom Asia-Center in der Maximilianallee außerhalb des EBDs bezogen und direkt an den Endkunden weiterverkauft, so dass in diesem Sektor keine vertikalen Vernetzungen existieren.

5.3 Externe Dimension

Die externe Dimension ist im Vergleich zur vertikalen Dimension stark ausgeprägt. Aus räumlicher Perspektive gibt es zahlreiche Verbindungen zu Akteuren außerhalb des EBD. Zulieferer ethnischer Unternehmen findet man teilweise in Leipzig. Diese sind ebenfalls ethnische Unternehmer, wie z. B. im Fall der im Asia-Center in der Maximilianallee ansässigen Unternehmen der Textil- und Lebensmittelbranche. Aber auch deutsche Unternehmen gehören zu den Zulieferern. Dazu zählen die Großhandelsketten Metro und Selgros sowie Kaufland und sonstige Einzelhandelsketten mit Unternehmenssitz in Leipzig. Dort werden vorwiegend Produkte eingekauft, die nicht spezifisch ethnisch sind. Dazu zählen hauptsächlich Gemüse und Getränke. Der Großteil der Zulieferer hat seinen Unternehmenssitz jedoch außerhalb Leipzigs. Gerade Unternehmer aus dem Nahen Osten kaufen in den Ballungszentren Berlin oder Hamburg ein. Hier werden spezifische, aus dem Nahen Osten importierte Produkte eingekauft, wie z. B. Gewürze, Trockenfrüchte und Konserven. Aber auch halal geschlachtetes

Fleisch, Brot, das Blätterteiggebäck Baklava oder Gemüse stammen in der Regel aus diesen Ballungszentren, was oftmals mit günstigeren Preisen oder besserer Qualität begründet wird. Das Sprechen derselben Sprache oder dieselbe Kultur von Verkäufer und Kunde spielen dabei keine Rolle.

Trotz des großen Angebots an Textilien im Großhandel in der Maximilianallee kaufen Textil-Unternehmer aus dem Leipziger Osten auch in anderen Städten (wie z. B. Braunschweig, Magdeburg, Dresden) ein. Dabei werden z. T. Anfahrtswege bis nach Frankfurt/Main in Kauf genommen. Die Interviewpartner in den Unternehmen gaben an, dass auch hier weder Sprache noch ethnische Zugehörigkeit den Ausschlag geben, sondern vor allem der Preis und auch die Qualität über den Einkauf entscheiden. Die Empfehlung dieser Großhändler erfolgt durch Bekannte. In den Experteninterviews konnten diese Angaben jedoch nicht vollständig bestätigt werden. Die Interviewpartner machten vielmehr deutlich, dass sich die Mitglieder einer ethnischen Gruppe untereinander solidarisch verhalten und das bestehende Vertrauensverhältnis auch beim Handeln von großer Bedeutung sei. Oft könne dies für einen Unternehmer mehr wert sein als ein preisgünstigerer Einkauf.

Zudem wird nicht von direkten Importen aus dem Ausland ausgegangen. Nach Angaben der Unternehmen wäre dies nicht wirtschaftlich und durch die Produktpalette der Großhändler darüber hinaus auch nicht nötig. Es kann jedoch vorkommen, dass bei Heimatbesuchen Produkte mitgebracht und anschließend verkauft werden. Dies geschieht aber meist unregelmäßig und in kleinen Mengen.

6 Fazit

Es lässt sich feststellen, dass die Dimensionen der zwischenbetrieblichen Ebene des Ethnic Business Districts Leipziger Osten nur zum Teil stark ausgeprägt sind. Obgleich Vernetzungen meist auf informeller Basis und innerhalb der eigenen ethnischen Gruppe stattfinden, konnte eine Beschränkung auf ausschließlich innerethnische ökonomische Beziehungen nicht festgestellt werden. Es ist daher wichtig, auch weiterhin sowohl Vernetzungen in Form von Kooperationen zwischen Unternehmern mit unterschiedlichen Migrationshintergründen als auch mit hiesigen Unternehmern zu fördern. Damit ließe sich die Außenwahrnehmung des EBD stärken und eine bessere Vermarktung dieser lokalen Besonderheit ermöglichen. Darüber hinaus kann so auch das negative Image des Stadtteils verbessert werden. Durch gezielte Ansiedlungen von Unternehmen, die innerhalb der vertikalen Dimension aktiv werden – beispielsweise Einzel- sowie Großhändler mit einem spezifischen Angebot für den EDB – könnten zudem Wirtschaftskreisläufe angestoßen und lokale Wertschöpfungsketten gefördert werden. Durch die Ausdehnung der Zuliefer- und Absatzbeziehungen nicht zuletzt zur deutschen Wirtschaft, könnten zudem neue Arbeitsplätze im Leipziger Osten geschaffen und bestehende gesichert werden.

Literaturverzeichnis

Bathelt, H.; Glückler, J. (2000): Netzwerke, Lernen und evolutionäre Regionalentwicklung. In: Zeitschrift für Wirtschaftsgeographie 44 (3-4), 167-182.

Bathelt, H.; Glückler, J. (2003): Wirtschaftsgeographie. Ökonomische Beziehungen in räumlicher Perspektive. Stuttgart.

Bonacich, E.; Modell, J. (1980): The Economic Basis of Ethnic Solidarity: A Study of Japanese Americans. Los Angeles.

Friedrich Ebert Stiftung (Hrsg.) (2006): Lokale Ökonomie in den Berliner Quartiersmanagementgebieten im Rahmen der Sozialen Stadt: Fortentwicklung und neue Ansätze. Berlin.

Haberfellner, R.; Betz, F.; Böse, M.; Riegeler, J. (2000): „Ethnic Business". Integration vs. Segregation. Endbericht. Ohne Ort.

Heckmann, F. (1992): Ethnische Minderheiten, Volk und Nation. Soziologie inter-ethnischer Beziehungen. Stuttgart.

Heckmann, F. (1998): Ethnische Kolonien: Schonraum für Integration oder Verstärker der Ausgrenzung? In: Friedrich Ebert Stiftung (Hrsg.): Ghettos oder ethnische Kolonie? Entwicklungschancen von Stadtteilen mit hohem Zuwandereranteil. Bonn, 29-41.

Henn, S. (2007): Ethnic Business Districts. Gutachten im Auftrag der Stadt Leipzig, Amt für Stadterneuerung und Wohnungsbauförderung (ASW). Leipzig.

Hillmann, F. (1998): Türkische Unternehmerinnen und Beschäftigte im Berliner ethnischen Gewerbe. Discussion [Paper FS I 98-107, Wissenschaftszentrum Berlin für Sozialforschung]. Berlin.

Idik, E.; Schnetger, M. (2004): Barrieren einer Migrantenökonomie und Bedingungen einer geeigneten Förderstruktur. In: Hanesch, W.; Krüger-Conrad, K. (Hrsg.): Lokale Beschäftigung und Ökonomie. Herausforderungen für die ‚soziale Stadt'. Wiesbaden, 163-183.

Leicht, R.; Leiss, M.; Zimmer-Müller, M. et al. (2005): Die Bedeutung der ethnischen Ökonomie in Deutschland. Push- und Pull-Faktoren für Unternehmensgründungen ausländischer und ausländischstämmiger Mitbürger. Mannheim.

Light, I.; Gold, S. (2000): Ethnic Economies. San Diego.

Maskell, P.; Lorenzen, M. (2004): The Cluster as Market Organization. In: Urban Studies 41 (5-6), 991-1009.

Ohliger, R.; Raiser, U. (2005): Integration und Migration in Berlin. Zahlen – Daten – Fakten. (Hrsg. v. Integrationsbeauftragten des Berliner Senats). Berlin.

Porter, M. E. (1990): The Competitive Advantage of Nations. New York.

Pütz, R. (2000): Von der Nische zum Markt? Türkische Einzelhändler im Rhein-Main-Gebiet. In: Escher, A. (Hrsg.): Ausländer in Deutschland. Probleme einer transkulturellen Gesellschaft aus geographischer Sicht. Mainz, 27-39.

Pütz, R. (2003): Berliner Unternehmer türkischer Herkunft: „Ethnic" Business? In: Die Erde 134 (3), 257-275.

Schamp, E. W. (2001): Reorganisation metropolitaner Wissenssysteme in Spannungsfeld zwischen lokalen und nicht-lokalen Anstrengungen. In: Zeitschrift für Wirtschaftsgeographie 45 (3-4), 231-245.

Schuleri-Hartje, U.; Floeting, H.; Reimann, B. (2005): Ethnische Ökonomie. Integrationsfaktor und Integrationsmaßstab. Darmstadt, Berlin.

Waldinger, R.; Aldrich, H.; Ward, R. (Hrsg.) (1990): Ethnic Entrepreneurs: Immigrant Business in Industrial Societies. Newbury Park.

Wilson, K.; Portes, A. (1980): Immigrant Enclaves: An Analysis of the Labor Market Experiences of Cubans in Miami. In: American Journal of Sociology 86 (September), 295-319.

KARSTEN GERKENS, PETRA HOCHTRITT

Management und Beteiligung im Stadtteil

Bürgerbeteiligung im Leipziger Osten – ein innovatives Instrument und unverzichtbarer Baustein der integrierten Stadtteilentwicklung

Stadterneuerung ist undenkbar ohne die unmittelbare Einbeziehung von Bewohnerinnen und Bewohnern sowie die Kooperation mit den Eigentümerinnen und Eigentümern: Hier gilt im Gegenstromprinzip, dass Ansätze und Maßnahmen sowohl „von oben" als auch „von unten" partizipativ entwickelt, umgesetzt und getragen werden müssen.

Stadterneuerung kann nur dann erfolgreich sein, wenn die neu entstehenden Qualitäten auch rege genutzt werden, sich die Zufriedenheit der Bewohnerinnen und Bewohner erhöht und damit ihre Verwurzelung mit dem Stadtteil verbessert. Darüber hinaus sollen Bürgerinnen und Bürger ebenso wie Eigentümerinnen und Eigentümer aktiviert und vernetzt werden, um die Entwicklung ihres Stadtteiles eigenverantwortlich in die Hand nehmen zu können.

Um diesem Anspruch gerecht zu werden, findet sich im Integrierten Handlungskonzept für den Leipziger Osten ein explizit konzipiertes Handlungsfeld Gebietsmanagement und Kooperation. Darin wurden folgende Ziele formuliert:

- Starkes bürgerschaftliches Engagement und Eigeninitiative
- Selbsttragende Organisationsstrukturen
- Programm- und projektbezogene Öffentlichkeitsarbeit
- Stadtteilplanung in Kooperation mit Bürgerschaft und Verwaltung
- Gefestigte lokale Identität und positives Stadtteilimage
- Organisationsstrukturen für eine weitgehende Kooperation mit der Stadtteilbevölkerung

Die Realisierung der Beteiligungsprozesse findet – dem integrierten Ansatz folgend – inhaltlich in allen Handlungsfeldern statt. Auf den verschiedenen Ebenen der Information, Beteiligung und Kooperation werden Instrumente gewählt, um in der Bürgerschaft wahrgenommen zu werden und mit involvierten und interessierten Partnern zielorientiert zusammenarbeiten zu können.

1 Organisationsstruktur

Voraussetzung ist zunächst eine mit den erforderlichen Ressourcen ausgestattete Organisationsstruktur. Mit Beginn der Umsetzung des Programms „Soziale Stadt" wurde seit 2000 eine Struktur entwickelt und aufgebaut, die die Erreichung der spezifischen Programmziele sowie der im Zielkonzept für den Leipziger Osten genannten stadtteilbezogenen Ziele sichert. Das Amt für Stadterneuerung und Wohnungsbauförderung kooperiert mit allen relevanten Partnern innerhalb und außerhalb der Verwaltung.

Derzeit sind innerhalb der Organisationsstruktur (Abb. 1) als wichtigste Elemente zu nennen:

- Arbeitsgruppe Leipziger Osten – „Ämterrunde" der Stadt Leipzig (Amt für Stadterneuerung und Wohnungsbauförderung, Stadtplanungsamt, Sozialamt, Jugendamt, Kulturamt, Amt für Wirtschaftsförderung, Amt für Stadtgrün und Gewässer u. a.);
- Projektkoordinierungsgruppe („Proko"), die als Umsetzungsgruppe auf Ebene der Bearbeitenden für alle Projekte im öffentlichen Raum wirksam wird und aus Vertreterinnen und Vertretern des Amtes für Stadterneuerung und Wohnungsbauförderung, des Stadtplanungsamtes sowie des Amtes für Stadtgrün und Gewässer besteht;
- Programmsteuerung (innerhalb des Amtes für Stadterneuerung und Wohnungsbauförderung);
- InfoCenter Eisenbahnstraße IC-E;

- Forum Leipziger Osten (mit Themenarbeitsgruppen);
- Beauftragter Öffentlichkeitsarbeit;
- Koordinator Wirtschaft;
- Beauftragte für Einzelprojekte;
- Quartiersmanagement;
- Vergabeteam Verfügungsfonds;
- Lokaler Begleitausschuss im ESF-Projekt „Lokales Kapital für Soziale Zwecke" bzw. „Stärken vor Ort";
- Fachforum Integrierte Stadtteilentwicklung (mit gesamtstädtischem Auftrag).

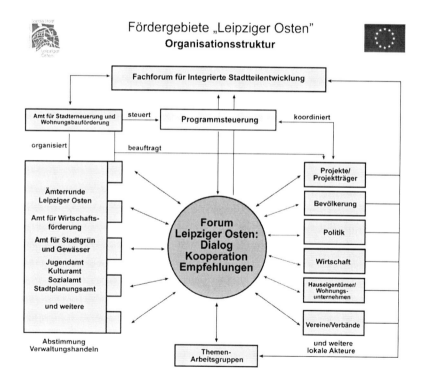

Abb. 1: Organisationsstruktur im Leipziger Osten (Quelle: ASW)

1.1 Programmsteuerung

Die Steuerung, Organisation und Weiterentwicklung der Umsetzung der Förderprogramme im Leipziger Osten obliegt innerhalb des Dezernats Stadtentwicklung und Bau der Stadt Leipzig dem Amt für Stadterneuerung und Wohnungsbauförderung (ASW). Ein explizites Aufgabenfeld ist – neben den konzeptionellen und verwaltenden Aufgaben – die Vernetzung der verschiedenen Akteure und Handlungsansätze im Gebiet, um Kooperation und Beteiligung zu be-
fördern sowie die für eine Realisierung notwendigen Strukturen aufzubauen und
zu stabilisieren. Dazu gehören zunächst eine Bestandsaufnahme und Analyse der
Situation im Stadtteil, im operativen Bereich Fragen der Öffentlichkeitsarbeit
und der Verzahnung von Stadtteilleben und Verwaltungshandeln, aber auch die
strategisch angelegte Initiierung und Organisation der Konzeptentwicklung.

Zur Beantragung und zum zielgenauen Einsatz von Fördermitteln ist die Erarbeitung und Fortschreibung des Integrierten Handlungskonzeptes sowie die Definition realistischer Ziele ein wichtiges Handlungsfeld der Programmsteuerung.
Im Rahmen des Forums Leipziger Osten, in den Arbeitsgruppen sowie in den
verschiedenen Gremien erfolgt das intensive Einbeziehen der vor Ort am Prozess Beteiligten. Daneben sind auch die Aktivierung der lokalen Akteure und die
Entwicklung von Beteiligungs- und Mitwirkungsinstrumenten erforderlich. Die
ergebnisorientierte Verzahnung aller Beteiligten und die Organisation der Zusammenarbeit mit den Vertreterinnen und Vertretern der Stadtverwaltung erfolgt, um ein effizientes Projekt- und Maßnahmemanagement zu erreichen.

Eine weitere nicht zu unterschätzende Aufgabe ist die Gewährleistung eines
ordnungsgemäßen Finanzierungsmanagements. Es beinhaltet die Ermittlung
aller für die Umsetzung relevanten Kosten und deren Finanzierung, die Erschließung möglicher Finanzierungsquellen, die Akquisition von Mitteln und
die Organisation der Mittelbündelung, die ordnungsgemäße Abwicklung öffent-

licher Ausschreibungen und Vertragsabwicklung sowie das Berichtswesen und die Abrechnung gegenüber den zuständigen Behörden.

Ausgehend von der neuen Qualität und Vielfalt dieser Aufgaben in den einzelnen Förderprogrammen, aber auch um die im Stadtteil zunächst bestehende Distanz von Bürgerschaft und Verwaltung aktiv abzubauen, wurde die Programmsteuerung bis 2009 durch eine externe Beauftragung eines „Stadtteilmanagements" unterstützt. Inzwischen ist ein Niveau erreicht, das die Fortführung dieser Aufgaben durch die Programmsteuerung im Amt in unmittelbarem Zusammenwirken mit dem Quartiersmanagement, den Projektbeauftragten und den Akteuren im Stadtteil in hoher Qualität sichert.

1.2 Quartiersmanagement

Mit dem Ziel, das Quartier und die Beteiligung im Ortsteil Volkmarsdorf zu stärken, wurde bereits 1999 durch die Stadt Leipzig ein Quartiersmanagement eingerichtet. Es geht vorrangig darum, eine nachhaltige, sich selbst tragende Quartiersentwicklung zu erreichen. Dabei sollen vor allem

- die Attraktivität des Wohnumfeldes erhöht und das Image des Stadtteiles verbessert werden, um die Bewohnerinnen und Bewohner an das Gebiet zu binden und neue potenzielle Anwohner für das Gebiet zu interessieren,

- Strukturen für ein bürgerschaftliches Engagement in Volkmarsdorf aufgebaut und verstärkt werden sowie

- Konflikte innerhalb der Bewohnerschaft, die zu einer weiteren sozialen Entmischung führen könnten, abgebaut werden.

Die Bedürfnisse und Sichtweisen der Bewohnerinnen und Bewohner im Gebiet sind der Ausgangspunkt für alle inhaltlichen Aktivitäten. Ihre Erwartungen und Ideen werden aufgegriffen, systematisiert und gewichtet. Konflikte, die dabei erkennbar sind, sollen problematisiert und ausgehandelt werden. Dabei sind die verschiedenen Interessengruppen im Gebiet gleichberechtigt zu berücksichtigen.

Die Initiierung und Durchführung von Projekten kann langfristig nicht Aufgabe des Quartiersmanagements sein, sondern muss durch die Bewohnerschaft und die Stadtteilakteure erfolgen. Dennoch war es gerade in den ersten Jahren des Quartiersmanagements wichtig, die überwiegend schwachen Entwicklungskräfte im Gebiet durch eine aktive Mitwirkung bei der Projektvorbereitung und Umsetzung zu unterstützen. Inzwischen werden die Übergänge in selbsttragende Strukturen erfolgreich vollzogen. Das Quartiersmanagement kann damit stärker eine koordinierende als auch konzeptionelle Rolle übernehmen und die Programmsteuerung bei der Einbeziehung der Bewohnerinnen und Bewohner sowie der Vernetzung der einzelnen Projekte und Partner im gesamten Leipziger Osten unterstützen. Das ehemalige Quartiersmanagement Volkmarsdorf hat nun 2010 eine neue, dem Entwicklungsstand angepasste Aufgabenbeschreibung und ist für das gesamte Fördergebiet (und damit auch weiterhin für den Stadtteil Volkmarsdorf) tätig.

1.3 Ämterrunde Leipziger Osten

Das Amt für Stadterneuerung und Wohnungsbauförderung leitet und moderiert die dezernatsübergreifende Arbeitsgruppe „Leipziger Osten" („Ämterrunde"), in der gebietsbezogen die Aktivitäten der an der Programmumsetzung im Stadtteil beteiligten Ämter auf Ebene der Bearbeitenden abgestimmt und koordiniert werden. Darüber hinaus entwickelt und diskutiert dieses Gremium neue Projekte und deren Finanzierungsideen, recherchiert Fördermöglichkeiten und bündelt öffentliche Ressourcen. Durch eine unmittelbare Abstimmung verkürzen sich Dienstwege, so dass Entscheidungen fundierter und schneller herbeigeführt werden können.

In den Beratungen werden die Arbeitsstände der durch die Ämter realisierten bzw. beauftragten Projekte dargestellt, Steuerungsbedarfe und Korrekturen beraten sowie Arbeitsabläufe koordiniert. Hier werden aktuelle stadtteilbezogene

© Frank & Timme Verlag für wissenschaftliche Literatur

Fragen behandelt und Finanzierungsmöglichkeiten für Projektvorschläge und Angebote aus dem Stadtteil oder von lokal tätigen Trägern entwickelt.

Darüber hinaus gibt es die Projektkoordinierungsgruppe („Proko") für Projekte im öffentlichen Raum. Sie wurde 2002 gebildet, um die umfangreichen Stadtumbaumaßnahmen schnell und ohne hohen Verwaltungsaufwand abzustimmen und zu realisieren. Ein erfolgreiches Beispiel für deren Arbeit ist die erfolgreiche Umsetzung des Projekts „Stadtteilpark Rabet".

Das Fachforum für Integrierte Stadtteilentwicklung tagt seit 2002 (zunächst als Beirat für Integrierte Stadtteilentwicklung) auf Einladung des Bürgermeisters und Beigeordneten für Stadtentwicklung und Bau unter Beteiligung von Vertreterinnen und Vertretern von Politik, Vereinen und Verbänden, der Verwaltung und der Arbeitsagentur/ARGE SGB II. Es spricht Empfehlungen für die Umsetzung der integrierten europäischen oder Bund-Länder-Programme in allen Leipziger Programmgebieten aus. Der Leipziger Osten ist durch die Programmsteuerung und einen Bürger (legitimiert durch das Forum Leipziger Osten) vertreten. Hier besteht die Möglichkeit zum Transfer innovativer Ideen und Erfahrungen aus dem Leipziger Osten in die gesamtstädtische Diskussion und die Aufnahme von stadtweiten Impulsen in die Arbeit im Leipziger Osten.

2 Information und Öffentlichkeitsarbeit

Mit dem InfoCenter Eisenbahnstraße (IC-E) besteht seit 2002 ein besonderes Angebot im Leipziger Osten. Anwohnerinnen und Anwohner sowie Akteure finden vor Ort im ständig besetzten IC-E:

- Informationen,
- Beratung,
- einen Projektstandort für Schlüsselprojekte (wie die Beratung von Unternehmen innerhalb der OstWerkStadt als „one-stop-agency"),
- Vermittlung kompetenter Ansprechpartner sowie

- Präsentations- und Treffmöglichkeiten für Themen-Arbeitsgruppen, Projekte, Vereine, Workshops, Ausstellungen u.v.a.m.

Während der täglichen Öffnungszeiten steht eine kompetente Mitarbeiterin für Anfragen zur Verfügung oder vermittelt Kontakte bzw. Gespräche mit Expertinnen/Experten zu einzelnen Themenbereichen. Das IC-E hat sich zum entscheidenden Anlaufpunkt im Stadtteil entwickelt, der sowohl von Bürgerinnen und Bürgern als auch von den unmittelbaren Akteuren rege genutzt wird. Die Gestaltung der Räume ist durch verschiedenste Schautafeln, Fotodokumentationen, Modelle, Plakate und andere Informationsmaterialien geprägt.

Durch die Programmsteuerung wird auch die umfangreiche Öffentlichkeitsarbeit abgesichert, die Printmedien, Internet sowie den Versand von Mail-Newslettern nutzt, um die Bürgerinnen und Bürger, aber auch die Leipziger Öffentlichkeit zu informieren.

Im Printbereich werden themenbezogene Flyer, Plakate für Veranstaltungen, mehrsprachige Broschüren sowie die vierteljährlich in einer Auflage von 12.000 Exemplaren erscheinende

Stadtteilzeitung „Leipziger Osten" erstellt. Im Internet steht unter www.leipziger-osten.de (Abb. 2) eine umfassende Informationsmöglichkeit zum Stadtteil, zu den Projekten und zu Förderprogrammen im Leipziger Osten zur Verfügung. Die Internetpräsenz zeichnet sich durch eine hohe Aktualität zu Terminen und Kontaktdaten aus. Über Verlinkungen werden Einzelprojekte ausführlich dargestellt. Newsletter erscheinen als eine „Blitz-Info" aus gegebenem Anlass.

Abb. 2: Internetauftritt www.leipziger-osten.de (21.6.2010)

3 Beteiligung: Forum Leipziger Osten

Information allein genügt jedoch nicht, um die gewünschte und erforderliche Akzeptanz zu schaffen, die im Stadtteil für einen nachhaltigen Entwicklungsprozess benötigt wird. Erst die tatsächliche Beteiligung und Kooperation der lokalen Akteure kann Rückhalt und Anpassung, zum Teil auch die „Erdung" der erdachten Lösungsansätze bei den verschiedenen Ziel- und Nutzergruppen herbeiführen.

Die stadtteilweite Diskussionsplattform ist das „Forum Leipziger Osten". Hier werden Entwicklungsziele, Prioritäten und Handlungsansätze vorgestellt, diskutiert und geschärft sowie Projekte bekannt gemacht. Das Forum dient dem Informationsaustausch und der Koordination von Aktivitäten der unterschiedlichen Akteure und widmet sich insbesondere der verstärkten Integration von bürgerschaftlichen und Verwaltungsaktivitäten (Abb. 3).

Abb. 3: Forum Leipziger Osten (Foto: ASW)

Seit 2000 haben mehr als 25 Foren mit durchschnittlich jeweils 120 bis 150 Besucherinnen und Besuchern stattgefunden; das Forum steht allen Akteuren im Stadtteil offen und hat sich im Stadtteilleben fest etabliert.

Es spricht Empfehlungen aus, kann aber – da es nicht demokratisch legitimiert ist – grundsätzlich keine Entscheidungen treffen. Es stellt damit keine Konkurrenz zu gewählten Gremien dar, ergänzt diese aber durch seine offene Diskussionsmöglichkeit. Die Forumssitzungen werden inhaltlich und organisatorisch durch die Programmsteuerung vorbereitet und extern moderiert.

Zwischen den Forumssitzungen finden sich zusätzlich aus dem Kreis der Forumsteilnehmer gebildete Arbeitsgruppen zu bestimmten Themen zusammen, die durch beauftragte Moderatoren begleitet werden. Derzeit (2010) werden die Themen Integration sowie Kultur/Jugend/Soziales im Stadtteil bearbeitet.

4 Kooperation: Projekte von Bürgern in Eigeninitiative und Ehrenamt in Zusammenarbeit mit der Kommune

Die höchste Qualität von Beteiligung wird auf der Ebene der Kooperation erreicht, wenn Bewohnerinnen und Bewohner, Eigentümerinnen und Eigentümer sowie Gewerbetreibende mit der Unterstützung durch öffentliche Mittel und durch die Verwaltung unmittelbar eigene Projekte durchführen. Erfolgreich war z. B. die temporäre Nutzung von Brachflächen als „Bürgergarten" an der Meißner Straße mit Spielgeräten und einem Schulgarten für die Schüler/-innen der nahen Grundschule – eine Aktion des Bürgervereins „Neustädter Markt e. V." – oder der „Frauengarten" in der Ludwigstraße.

Mit einem Verfügungsfonds wurde zudem eine Möglichkeit geschaffen, kleinere Projektideen aus der Bürgerschaft unbürokratisch zu finanzieren. Ein aus Akteuren des Stadtteiles gebildetes Vergabeteam entscheidet kurzfristig und unbürokratisch über die Projektanträge. Derzeit (2010) ist der Verfügungsfonds aus dem Programm „Soziale Stadt" allerdings nur noch für investive Projekte anwendbar.

Der Lokale Begleitausschuss des ESF-Programms „Stärken vor Ort" (bis 2008 ESF-Programm „LOS – Lokales Kapital für soziale Zwecke") arbeitet vergleichbar. Beide Gremien sind mit Vertreterinnen und Vertretern aus der Bürgerschaft sowie Verwaltungsmitarbeiterinnen/-mitarbeitern besetzt; sie sind im Stadtteil etabliert und akzeptiert.

5 Beteiligung konkret: Stadtteilpark Rabet und Bürgergarten Meißner Str.

5.1 Beteiligung Stadtteilpark Rabet

Die Erweiterung und Neugestaltung des Stadtteilparks Rabet zwischen Neustadt-Neuschönefeld und Volkmarsdorf war eine der drei Schwerpunktmaßnahmen des Stadtumbaus, weil dadurch aktuell und zukünftig Impulse für Freizeit, Erholung und Image im gesamten Gebiet gesetzt werden. Durch die Erweiterung des seit Anfang der 1980er Jahre (durch Flächenabriss nach damaligen Stadtumbauaktivitäten) bestehenden, zwischenzeitlich jedoch verwahrlosten Parks, wurden weitläufige Freiflächen sowie hochwertige Aufenthalts- und Aktionsbereiche geschaffen. Ein neuer Parkrand ist entstanden und bildet einen attraktiven Standort für Familienwohnen im eigenen Stadthaus.

Die Stadt Leipzig führte ein Gutachterverfahren durch, um ein gestalterisches und funktionales Gesamtkonzept zu entwickeln. Eine Fachjury aus Vertreterinnen und Vertretern der Stadtverwaltung, der Politik, der Anwohnerschaft, des Stadtteil- und Quartiersmanagements sowie Landschaftsarchitekten beurteilte die Beiträge und fand einen überzeugenden Siegerentwurf.

Bereits während des Verfahrens wurden Kinder, Jugendliche und Erwachsene beteiligt, um alle Bedürfnisse der zukünftigen Nutzer zu integrieren (Abb. 4)

Abb. 4: Bürger- und Jugendbeteiligung zum Stadtteilpark Rabet (Foto: ASW)

In der Aktion „Check the Rabet" prüften Kinder und Jugendliche die Entwürfe und stellten ihre Ergebnisse der Jury vor. Eine Befragung von Kindern und Jugendlichen ergab wichtige Erkenntnisse für Gestaltung und Ausstattung vorgesehener Spielbereiche, die nach Abwägung von Machbarkeit und Kosten umgesetzt wurden. Als „empfehlende Bürgerstimme" begleitete die zu der Zeit aus dem Forum Leipziger Osten heraus gegründete Themenarbeitsgruppe „Rabet" die weiteren Schritte der Umgestaltung.

Auch hier gab es zahlreiche öffentliche Veranstaltungen wie den „1. Spatenstich" mit dem Stadtbaurat, Baustellenbegehungen mit Oberbürgermeister und Teilnehmenden des Forums Leipziger Osten oder Veranstaltungen des Kinder-Projektes „Stadtumbau nicht ohne uns – eine Stadt als Spielraum". Eine zeitweise tätige „Kinder- und Jugendbeteiligungsbeauftragte" konnte 2004 einen Fassadenwettbewerb im Rahmen der Sanierung und Erweiterung des mitten im Park gelegenen Offenen Freizeittreffs organisieren. Eine Kinder- und eine Erwachsenenjury wählte zwei, im Anschluss erfolgreich zusammengeführte Entwürfe aus, die wiederum von Jugendlichen in gemeinsamer Aktion auf die Wände gebracht wurden. Im September 2005 konnte die Fassade feierlich enthüllt werden: Ein ambitioniertes und sehr gut angenommenes Projekt, das vom Deutschen Kinderhilfswerk mit einem „Spielraum-Preis" anerkannt wurde.

Das „Rabet" hat mit verschiedenen Stadtteilfesten die Bewährungsproben hinter sich und wird von der Bevölkerung angenommen und im besten Sinne benutzt. Vandalismus ist kein vordringliches Problem; dies ist ein Hinweis auf die hohe Akzeptanz im Stadtteil, auch weil von Anfang an kooperiert wurde.

5.2 Beteiligung Bürgergarten Meißner Straße 42-46

Anwohnerinnen und Anwohner rund um den Neustädter Markt und vor allem auch die Mitglieder des Bürgervereins Neustädter Markt störten sich an einer Brache gegenüber der Kirche und hatten die Idee, die Freifläche für das Quartier nutzbar zu machen. Im Jahr 2000 wurden die ersten Gespräche mit der Stadt aufgenommen und die Idee vorgestellt. Parallel wuchsen die Überlegungen zur temporären öffentlichen Nutzung von privaten Grundstücken, die über Gestaltungsvereinbarungen Dynamik in die Entwicklung von Quartieren bringen können (siehe hierzu auch das Kapitel von Gerkens/Hochtritt/Seufert in diesem Band). Neben der organisatorischen Unterstützung finanzierte die Stadt die Erarbeitung des Nutzungskonzepts und beauftragte ein Landschaftsplanungsbüro mit der Ausführungsplanung sowie der Bauleitung. Zuvor fand ein Ideenwettbewerb mit Kindern und Jugendlichen einer nahe gelegenen Jugendeinrichtung statt, dessen Ergebnisse in die Planung einflossen. Durch freiwilliges Engagement von Bürgerinnen und Bürgern aus dem Stadtteil, kofinanziert durch öffentliche Mittel, konnte so ein Kleinod geschaffen und 2005 eingeweiht werden.

Abb. 5 (li.) u. 6 (re.): Bürgergarten des Bürgervereins Neustädter Markt e. V. (Fotos: ASW)

Der Bürgergarten lädt ein, neu gewonnene Eindrücke auf sich wirken zu lassen. Die künstlerische Interpretation von Hauseingängen durch eine Installation von Hausnummern auf mannshohen Holzstelen (Abb. 5) symbolisieren beispielsweise die Interimslösung der Fläche – langfristig kann sie durchaus wieder durch eine erneute Bebauung genutzt werden. Heute ist der Garten, der durch den Bürgerverein gepflegt und instand gehalten wird, offen für alle Anwohnerinnen und Anwohner (Abb. 6).

Autorenverzeichnis

Dr. phil. Manfred Bauer (Jg. 1958), Geschäftsführer der GMA Gesellschaft für Markt- und Absatzforschung mbH, beschäftigt sich seit 1992 mit Fragen der gewerblichen Entwicklung im Städtebau; seit 1993 auch als Gutachter für die Stadt Leipzig und die private Wirtschaft tätig; u. a. fungierte er mehrfach als verantwortlicher Projektleiter des „Einzelhandels- und Zentrenkonzeptes in Leipzig"

Dr. oec. habil. Michael Behling (Jg. 1957), Dipl.-Ök., freiberuflicher Consultant, beschäftigt sich seit 1998 mit Themen im Spannungsfeld von Stadtentwicklung, Strukturentwicklung und Kompetenzentwicklung; im Leipziger Osten seit 2003 tätig zu Fragen der Stärkung der Lokalen Ökonomie

Karsten Gerkens, Dipl.-Ing. (Jg. 1953), Architekt, leitet seit 1991 das Amt für Stadterneuerung und Wohnungsbauförderung der Stadt Leipzig

Dr. rer. nat. Birgit Glorius (Jg. 1970), Dipl.-Geogr., wissenschaftliche Mitarbeiterin bei der Stadt Leipzig im Rahmen des Bundesprogramms "Lernen vor Ort", beschäftigt sich in ihren Forschungen u. a. mit der Integration von Migranten sowie mit Bildungsmonitoring

Michael Hanslmaier (Jg. 1983), Soziologe, M.A., Promotionsstipediat am Kriminologischen Forschungsinstitut Niedersachsen, beschäftigte sich im Rahmen seiner Magisterarbeit mit Segregation und Lebenszufriedenheit in der Stadt Leipzig

Dr. rer. nat. Sebastian Henn (Jg. 1977), Dipl.-Geogr., wissenschaftlicher Mitarbeiter an der Martin-Luther-Universität Halle-Wittenberg, Fachgruppe Wirtschaftsgeographie, beschäftigt sich in seinen Forschungen u. a. mit der ethnischen Ökonomie im Leipziger Osten

Petra Hochtritt (Jg. 1961), Dipl.-Ing., seit 1992 in der Stadterneuerung tätig, von 2000 bis 2007 als Programmsteuerin für integrierte Programme, leitet seit

2007 die Abteilung Stadterneuerung Ost und EU-Regelprogramme im Amt für Stadterneuerung und Wohnungsbauförderung der Stadt Leipzig

Kristin Leimer (Jg. 1982), Mitarbeiterin an der Martin-Luther-Universität Halle-Wittenberg, Fachgruppe Wirtschaftsgeographie, beschäftigte sich in ihrer Diplomarbeit mit der zwischenbetrieblichen Vernetzung der ethnischen Ökonomie im Leipziger Osten

Matthias Pink (Jg. 1982), Dipl.-Geogr., Senior Consultant Research bei der Savills Immobilien Beratungs-GmbH, Berlin

Dr. rer. nat. Andrea Schultz (Jg. 1978), Dipl.-Geogr., Sachbearbeiterin Stadtforschung im Amt für Statistik und Wahlen der Stadt Leipzig, beschäftigt sich u. a. mit der kleinräumigen demographischen Entwicklung in der Stadt Leipzig im Rahmen der amtlichen Bevölkerungsvorausschätzung

Heiner Seufert (Jg. 1959), Dipl.-Ing. (FH), seit 1990 im Stadtteil tätig in Sanierungsprojekten, seit 2007 zuständig für die Programmsteuerung Leipziger Osten im Amt für Stadterneuerung und Wohnungsbauförderung der Stadt Leipzig

© Frank & Timme   Verlag für wissenschaftliche Literatur

.